DE MENOS A MÁS

CONVIERTE LAS DESVENTAJAS EN PUNTOS A TU FAVOR

LAURA HUANG

TALLER DEL ÉXITO

DE MENOS A MÁS

Copyright © 2020 - Taller del Éxito y Laura Huang
Copyright © 2019 By Laura Huang
Título original: Edge -*Turning Adversity into Advantage*

Copyright © All rights reserved including the right production in whole or in part in any form. This edition published by arrangement with portfolio, an imprint of Penguin Publishing Group, a division of Penguin Random Houese LLC.

Reservados todos los derechos. Ninguna parte de esta publicación puede ser reproducida, distribuida o transmitida por ninguna forma o medio, incluyendo: fotocopiado, grabación o cualquier otro método electrónico o mecánico, sin la autorización previa por escrito del autor o editor, excepto en el caso de breves reseñas utilizadas en críticas literarias y ciertos usos no comerciales dispuestos por la Ley de Derechos de Autor.

Publicado por:
Taller del Éxito, Inc.
1669 N.W. 144 Terrace, Suite 210
Sunrise, Florida 33323
Estados Unidos
www.tallerdelexito.com

Editorial dedicada a la difusión de libros y audiolibros de desarrollo y crecimiento personal, liderazgo y motivación.

Diseño de carátula: Diego Cruz
Diagramación: Joanna Blandon
Traducción y corrección de estilo: Nancy Camargo Cáceres

ISBN: 9781607388197

25 26 27 28 29   R|GIN   07 06 05 04 03

Contenido

Introducción 7

   1 Triunfo es más que trabajar *duro* 19

Parte 1 Aportando valor 39

   2 Tus bienes básicos 41
   3 Reconociendo lo incongruente 57
   4 El valor de las limitaciones 75
   5 Perfeccionando tu instinto y las señales que te envía 91

Parte 2 Simpatía en acción 113

   6 El poder de lo inesperado 115
   7 Improvisación reflexiva 129
   8 Importancia de amoldarse y saber agradar in situ 143

Parte 3 Sirviendo de guía 157

   9 Todos somos diamantes que brillan de infinitas maneras 159
   10 Convirtiendo cambios, sesgos y estereotipos a tu favor 183
   11 Enmarcando tus percepciones y capacidades a tu manera 201

12 **Cuando dos puntos marcan una trayectoria** 219

Parte 4 Esfuérzate 235

13 **Reforzando tu ventaja** 237

Principios para construir una ventaja 249

Agradecimientos 251

Bibliografías 255

Notas 279

Introducción

No hace mucho, un colega me comentó acerca de alguien que logró tener un encuentro persona a persona con Elon Musk, el famoso emprendedor que fundó Tesla y SpaceX. Conseguir una reunión con él no es una hazaña fácil de realizar. Este es un hombre que una vez le solicitó a su alma mater (Wharton School of the University of Pennsylvania) que no lo contactara más de una vez al año y que, incluso así, lo más probable sería que recibirían una respuesta negativa de su parte. Su portafolio de negocios vale alrededor de $20.200 millones de dólares, así que cada minuto de su tiempo vale miles de dólares y eso calculándolos de una manera conservadora.

Pero la razón por la que esta historia es digna de mención no es porque al primer intento alguien desconocido y sin importancia haya logrado conseguir una reunión con Musk, sino porque él la terminó en no más de 30 segundos. Según cuenta la historia, le echó un vistazo a su visitante y le dijo: "No. Salga de mi oficina".

Es indudable que una experiencia como esa ilustra lo difícil que es tener acceso a un empresario de semejante nivel. (Y cómo, incluso si alguien lo logra, ese hecho no le garantiza que él lo escuche). Además, enfatiza cómo los ricos y poderosos deben ser francos y mantener un enfoque inquebrantable en todo aquello que en verdad catapulte sus carreras. Demuestra que el tiempo y los recursos de alguien como Musk están tan bien protegidos que el acceso a ellos —para no hablar de cualquier beneficio que pueda resultar de tal encuentro— es casi imposible.

Cuando mi colega terminó de contarme esta historia, comentó: "De todos modos, no sé si eso sea realmente cierto".

A lo que respondí: "Sí, es cierto". Y sé que es cierto, porque yo fui esa persona a la que Elon Musk echó de su oficina.

• • •

La reunión con Elon sucedió por casualidad. Un amigo mío se encontraba entre la audiencia en una ocasión en que Elon estaba pronunciando un discurso de graduación de la universidad y él tuvo la suerte de conseguir la información de contacto del multimillonario. Y así fue como este amigo mío, Byron (quien, con gran generosidad, me invitó) y yo resultamos sentados en la oficina principal de SpaceX esperando nuestra cita con Elon.

Byron sabía que yo estaba trabajando en una investigación enfocada en examinar cuáles son esos desafíos a los que se enfrentan las empresas emergentes de la industria espacial privada cuando compiten con grandes actores de la industria como Boeing, Lockheed Martin e incluso con el gobierno de los Estados Unidos y la NASA. Así las cosas, planeamos hablar con Elon sobre sus puntos de vista respecto al futuro del turismo espacial privado —la oportunidad que tendría la gente normal (en este caso, "normal" significa aquellos que tienen $200.000 dólares para gastárselos en un viaje a bordo de un transbordador espacial) de tomar un vuelo suborbital y experimentar entre tres y seis minutos de ingravidez, el paisaje de una multitud de estrellas sin centelleo y la vista de la redondez de la Tierra a sus pies.

Sabiendo lo especial que era esta oportunidad, Byron y yo nos habíamos preparado muy bien. Invertimos una gran cantidad de trabajo y esfuerzo en nuestra investigación. Sabíamos muchísimo sobre SpaceX y la industria espacial privada. Conocíamos toda la historia de vida de Elon. Teníamos a mano una lista de preguntas inteligentes y bien investigadas. Contábamos con unos temas específicos en mente, con una buena comprensión de cualquier evento actual que él pudiera mencionar y perspectivas reflexivas sobre todos los aspectos de su negocio (no solo sobre SpaceX, sino también sobre Tesla, PayPal e incluso sobre Hyperloop). Incluso íbamos con algunas ideas sobre cómo podríamos ayudarles a sus empresas y hasta le llevábamos un pequeño obsequio. Estábamos preparados.

Excepto que nada de nuestro arduo trabajo habría de marcar ninguna gran diferencia. Porque, como mencioné antes, nos echaron de su oficina (que en realidad era solo un cubículo en la esquina de una oficina de campo abierto en caso de que alguien estuviera interesado en abordarlo).

Casi lo logramos, pero la cosa salió mal. Elon intentó echarnos de su cubículo. Sin embargo, de alguna manera, logramos recuperar la compostura y convertir lo que fue casi un desastre de 30 segundos en una interesante conversación que duró una hora.

...

Es cierto que la primera palabra que Elon nos dijo fue *no*. Literalmente, nos sentamos, él nos miró y dijo: "No". Su extraña negativa me dejó desorientada. Lo miré sin comprenderlo y le pregunté: "¿No?", a lo cual él respondió: "No". Y luego, nos pidió que nos fuéramos.

No sé cómo, durante ese instante bastante desorientador en que uno piensa "¡Oh, mierda!", de repente, me di cuenta que era un hecho que sus ojos no estaban puestos en nosotros. Más bien, se centraron en algo que Byron sostenía: el regalo que le habíamos llevado.

Comprendí en un segundo que Elon no sabía que nosotros éramos académicos. Él pensó que se trataba de un par de empresarios que intentarían convencerlo de hacer alguna inversión y que el regalo era algún producto prototipo de muestreo. Pensó que queríamos algo de él: su respaldo o su dinero o apoyo para la empresa que tal vez estaríamos comenzando. Ante esa posibilidad, por supuesto que dijo que no de entrada. Este es un hombre al que, *con bastante frecuencia*, le piden cosas y lo bombardean con solicitudes. Su respuesta predeterminada tiene que ser siempre no. Incluso cuando las solicitudes provienen de personas 100% legítimas y poderosas, pero en especial, cuando provienen de dos personas jóvenes y, aparentemente, sin importancia.

Y así fue como esta reunión casi termina hecha un desastre, excepto que hice algo inesperado que, de alguna manera, lo complació más allá de lo creíble.

No fue nada especial. Ni siquiera fue premeditado. Simplemente, comencé a reírme. Tal vez, debí haber asentido con cortesía e irme, pero mi risa hizo que Elon se detuviera en su intento de sacarnos de allí. Entonces, balbuceé como pude en medio de mi incontrolable risa: "¿Está usted pensando que vinimos en busca de su dinero? *[Risa aun más incontrolable]*. ¡No, nosotros no queremos su dinero! ¡Qué! ¿Acaso es usted rico o algo así?".

Eso lo desconcertó por completo y, acto seguido, él también se echó a reír incontrolablemente[1]. En seguida, se dio cuenta de que nosotros no queríamos nada de él (o al menos, no su dinero o respaldo para nuestro supuesto "producto") y le caímos en gracia lo suficiente como para que, por lo menos, no nos expulsara de su oficina.

La verdad sea dicha, la reunión fue todo un éxito. Charlamos, debatimos, discutimos y al final éramos como viejos amigos (bueno, está bien, en realidad, no, pero él sí me dio un abrazo al salir).

Al irse, Elon nos dio una tarjeta con los datos de contacto de alguien que dirige las operaciones de SpaceX. Nos dijo que esa persona podía ayudarnos a obtener más información sobre lo que estábamos estudiando. Al final, nos ofreció justo el tipo de recursos y conexiones que él entendió que buscábamos desde un comienzo.

¿Por qué logramos transformar la situación a nuestro favor y caerle bien?

Porque supimos generar una cierta ganancia a nuestro favor. Obtuvimos una especie de margen de ganancia, cierta ventaja sobre uno de los hombres más ricos y poderosos del país.

...

¿Qué quiero decir con "margen"? Generar un margen de ganancia a nuestro favor es saber obtener una ventaja, pero el hecho va más allá del simple acto de obtenerla. También se trata de reconocer que los demás tienen sus propias percepciones acerca de nosotros bien sean acertadas o no. Tanto así que, cuando reconoces el poder de esas percepciones y aprendes a usarlas a tu favor, entonces, estás en total capacidad de generar ese margen de ganancia o ventaja a tu favor.

Ciertas personas parecen estar dotadas de ventajas únicas que les permiten obrar más rápido y mejor en aras de alcanzar lo que necesitan, porque están posicionadas de tal manera que quienes las rodean les ayudan a avanzar. Tienen un camino bien planeado hacia el éxito que hace que los logros que se propongan fluyan hacia ellas con mayor acierto. Es como remar en la misma dirección con la corriente en la que vas.

En algunas circunstancias, este podrías ser tú. Pero en *muchas* otras —en aquellas que son importantes y definitorias—, no.

Obtener una ventaja consiste en saber que, incluso sin ciertas prerrogativas, tú sabes cómo generar puntos a tu favor, sobre todo, en circunstancias desafiantes y trascendentales.

Te diré más.

Por lo general, la gente subestima dos cosas:

1. Qué tan difícil es poner un pie en la puerta y ver las cosas desde afuera, como espectador (sea cual sea la definición que tengas de "espectador").
2. Qué tan amplias se abren las puertas una vez que estás adentro.

De eso se trata este libro. De mostrarte que tú eres capaz de generar ventajas o puntos a favor y abrir puertas —y me refiero a puertas de par en par.

Lograr un margen a favor es fundamental en casi todas las situaciones de la vida. A veces, se trata de hacerte cargo de desafíos difíciles en el momento, por ejemplo, en reuniones para hacer alguna presentación, en entrevistas de trabajo o en discursos públicos. Pero hay otros momentos en que también se trata de promover tu carrera a largo plazo de la manera más estratégica posible. La falta de equidad estructural y las preocupaciones son reales y debemos reconocer que juegan un papel importante en el éxito. Este libro trata sobre cómo ir inclusive más allá de aquellos a quienes solemos considerar con alguna ventaja y cómo el hecho de tenerla trasciende el género, la raza, la etnia, la edad y la riqueza y te ayuda a florecer y prosperar independientemente de estos factores. De vez en cuando, todos nos encontraremos en desventaja. Por lo tanto, generar un margen de *ventaja* significa que nosotros mismos podemos desarrollar la capacidad de convertir cualquiera que sea la desventaja en un activo único que contribuya a transformar la adversidad que enfrentemos en un punto a nuestro favor.

• • •

A lo largo de mi carrera, he dedicado tiempo a estudiar a quienes, de ciertas maneras, suelen ser subestimados y desfavorecidos —empresarios que no logran obtener fondos para sus empresas, empleados que nunca son llamados a ascender a niveles más altos dentro de la organización a la cual pertenencen, pacientes que mueren en las salas de Emergencia por trato desigual—. Así que, como resultado, he estudiado cómo hacemos percepciones y concesiones sobre el carácter, las capacidades y debilidades de las personas. He observado cómo ciertas habilidades "blandas"[2] —la personalidad, el grado en que cada individuo es o no considerado digno de confianza, entusiasta o comprometido y la forma en que este interactúa con los demás—, en lugar de datos objetivos, impulsan las decisiones y los resultados de las personas y empresas. Mi trabajo me ha ayudado a comprender mi propia experiencia de vida —desde el hecho de ser hija de inmigrantes con orígenes humildes, pasando por los años en que me sentí subestimada y enfrentando todo tipo de obstáculos, limitaciones y reveses hasta llegar a donde estoy ahora, ocupando la posición de profesora de Harvard con el privilegio de tener la oportunidad de compartir lo que ha aprendido sobre cómo sí es posible que las personas generen un margen de ventaja y puntos a su favor en la vida.

Me baso en mis propias experiencias personales, recordando lo que pasaba por mi cabeza al enfrentarme a aquellos que me subestimaban. También me he basado en personas, equipos y empresas que siempre parecen tener una ventaja natural en ellos, ellos, así como en ejemplos de quienes han tenido que generar su propia ventaja y en otros que la obtuvieron y la perdieron. El hecho es que comparto sus historias y la mía, porque he visto el poder de quienes son capaces de tomar las percepciones, capacidades y estereotipos de los demás —esas mismas caracteristicas que estaban destinadas a perjudicarlos personalmente— y transformarlos de tal modo que obren a su favor. Se trata de toda clase de personas y empresas que han convertido sus adversidades en ventajas, los obstáculos en oportunidades y los prejuicios en nuevos paradigmas. Además, iluminaré estas historias con investigaciones y teorías sociológicas, sicológicas y comerciales de gran importancia.

Este libro *no* trata de cómo "engañar al sistema", ni de confiar en métodos poco honestos. No existe una fórmula mágica que ofrezca un éxito instantáneo. Más bien, está enfocado en mostrar cómo aprovechar nuestra personalidad y nuestras fortalezas e incluso nuestras debilidades para construir una ventaja única que nos impulse y nos saque al otro lado. Después de todo, es un hecho que, cuanto más pongamos de nosotros mismos en la construcción de esta ventaja, más poderosa se volverá hasta llegar al punto de convertirse en una ventaja que solo puede ser nuestra.

Y esa es la clave, porque, a lo largo de esta lectura, no solo te conocerás a ti mismo más íntimamente, sino que también tendrás las herramientas para influir en cómo hacer para que los demás te valoren y te comprendan. Aquellos que son capaces de crear la ventaja más eficaz y permanente son los que en realidad son más sinceros, porque su ventaja proviene de su autenticidad y autoconocimiento.

Lo cierto es que bien sea que se trate de un proceso reflexivo y premeditado o de una reacción natural espontánea, tú tienes la capacidad de echar mano de tu eficacia y convertir a tu favor circunstancias externas, como hicimos con Elon.

Es indudable que, gracias a que logramos sorprender a Elon a favor nuestro y de manera natural y espontánea se nos abrió una puerta para desvirtuar la percepción que él tuvo de nosotros al vernos como emprendedores a punto de pedirle dinero. Fue por nuestro actuar sincero que él comprendió lo que en verdad pretendíamos y dejó de basarse en sus propios juicios rápidos y en estereotipos. A su vez, nosotros le mostramos cómo le aportábamos valor a la discusión y cómo su interacción con nosotros enriqueció su propia perspectiva. De modo que, quienes tienen la capacidad de generar ese margen de ventaja por sí mismos son quienes *le aportan valor a su vida y a la de los demás, manifestándoles simpatía, guiándolos* y haciendo que sus *esfuerzos* vayan más allá de sus propios límites. Estos cuatro conceptos constituyen la estructura central de este libro.

La primera parte de este libro se llama *Aportando valor*. La esencia de tu margen de ventaja debe ser tu capacidad para engrandecer tu vida y la de quienes te rodean. Esta sección se centra en la diferencia que existe entre quienes en verdad se preocupan por mejorar la existencia de los demás y aquellos que, en definitiva, no aportan nada de valor (pero son buenos para convencer a otros de que sí lo hacen). La gente con la mentalidad de servicio es la primera en colaborarles a quienes lo necesitan; les aportan verdadero valor en lugar de posar sobre el supuesto valor que aportan (todos conocemos personas así). Sin embargo, eso no es todo, pues las personas que han sabido construir un margen de ventaja a su favor también deben demostrar y comunicar eficazmente cuál es ese valor que ellas aportan en lugar de dejar que los demás lo adivinen.

Compartiré algunas de las formas de identificar cómo constribuirles a quienes nos rodean de maneras que les generen ventajas, así como las herramientas que tú tienes a tu disposición para identificar y comunicar el valor que aportas. Te desafiaré a reflexionar sobre por qué vemos las limitaciones como impedimentos y te compartiré historias sobre cómo convertir todo lo anterior en oportunidades. En el camino, descubrirás la importancia del autoconocimiento, el cual te brindará un tipo de valor inigualable —con la vista puesta en tus verdaderos activos *y* también en tus defectos, estarás preparado para crear tus propias y magníficas ventajas.

La segunda parte del libro se llama *Simpatía en acción*. Antes de que estés en capacidad de aportar valor, será necesario que lo construyas. Byron y yo sabíamos cómo le aportaríamos valor a los negocios de Elon, pero él no lo sabía. Por esa razón, primero, tuvimos que agradarle para ahí sí tener la oportunidad de mostrarle que teníamos qué y cómo aportarle a su negocio. Las personas que ya tienen una comprensión clara de cómo ayudarles a otras están más equipadas para generar simpatía. Mostraré lo que significa agradar y por qué es tan importante. Verás que ser simpático no es sinónimo de ser encantador o entretenido o carismático en el sentido tradicional. Todo el mundo tiene la capacidad de agradar, como aprenderás en la historia de una mujer que fue despedida de su trabajo solo para terminar viendo a sus jefes rogándole que se quedara. Verás que la cualidad de la simpatía suele contribuir a pacificar el escepticismo y los recelos. Te daré ejemplos de cómo el director de una película famosa logró convencer a una banda aún más famosa de dejar de lado los estereotipos para que juntos se dedicaran a reescribir la narrativa sobre los prejuicios y las obsesiones; te contaré cómo un padre de familia cambió la opinión de su pequeña hija sobre lo que significa ser una persona empoderada y valiente para que ella también aprendiera a generar ventajas en su propia vida.

La tercera parte del libro se llama *Sirviendo de guía*. Obtener ventaja se trata de ti en relación con otras personas. Consiste en navegar por las diversas percepciones que tenemos de nosotros mismos, así como por las que otros tienen sobre nosotros, teniendo en cuenta nuestras habilidades, nuestra competencia y el carácter que formamos como resultado de todas nuestras vivencias. Esta sección explica cómo empoderarnos para guiar y liderar nuestros propios contextos.

Cuando sabemos (y logramos descubrir) cómo nos ven los demás, este conocimiento nos da la capacidad de guiar y redirigir esa percepción, de modo que podamos influir en cómo otros captan y aprecian el valor que tenemos y la ventaja que aportamos. Verás cómo esto allanó el camino de una mujer en su transición de contadora a ejecutiva de Louis Vuitton y cómo un emprendedor obtuvo un jugoso cheque de financiamiento a pesar de haber sido menospreciado en un principio, debido a su acento extranjero. A partir de ahí, expondré por qué, cuando somos más dueños de lo que hay dentro de nosotros, al hacer concesiones con lo que nos rodea, terminamos impactando a los demás de maneras más orgánicas y auténticas, aumentando así el margen de ventaja que ya tenemos.

La parte final se llama *Esfuérzate* y en ella te señalaré cómo el esfuerzo y el trabajo arduo refuerzan la ventaja que cada uno se forja para sí mismo. A veces, cuenta tanto el esfuerzo que hacemos como el que ponemos en no hacer otras cosas. No te equivoques, el trabajo duro es fundamental. Pero en última instancia, para obtener una ventaja, *también* se requiere de trabajo duro. Necesitas esforzarte y trabajar al máximo, pero cuando tantas decisiones son impulsadas por las percepciones externas de los demás, también necesitas saber en qué y en dónde enfocar tu esfuerzo.

Entonces, cuando aprendas a identificar cuáles son estas percepciones, cómo operan y lo que la gente está pensando sobre tu carácter y tus habilidades, podrás empoderarte para enfrentar los desafíos con mayor certeza y allanar tu camino hacia el éxito. Te darás a ti mismo la capacidad de agradarles a los demás, la posibilidad de abrirte a más oportunidades y de guiar estratégicamente las interacciones con tu prójimo. En resumen: generarás un muy buen margen de ventaja.

Una nota final: al comienzo, cuando me propusieron que escribiera este libro, me sentía muy indecisa. No quería escribir algo que fuera como los libros que han escrito otros profesores de escuelas de negocios, así que manifesté que no daría ejemplos de personas destacadas y conocidas, ni me referiría a cómo ellas obtuvieron su propia ventaja. Tampoco presentaría historias idealizadas sobre personas que conocemos, como Thomas Edison[3], Elvis Presley, Bruce Lee, Margaret Thatcher, W. E. B. Du Bois o Frida Kahlo. Más bien, contaría historias sobre Oussama, un hombre francolibanés anodino que me encantó tanto con su historia que terminé diciéndole a mi esposo que se postulara para trabajar en la empresa que Oussama fundó más tarde. En otras palabras, decidí que, por cada historia que contara sobre alguien como Mirai Nagasu, la patinadora artística ganadora de la medalla olímpica, compartiría el doble de ejemplos de emprendedores como Oussama o como mi peluquera del barrio, Jennie, o sobre

Peter, un estudiante mío que en este momento está buscando hacer una pasantía.

Y fue precisamente *porque* podría compartir las historias de gente común y corriente que al fin acepté escribir este libro. Mi esperanza es que, a través de las experiencias de personas del común, por lo demás, poco excepcionales, como tú y yo, aprecies cómo ellas fueron capaces de crear una ventaja a pesar de su aparente desventaja. Mi anhelo es que notes en qué consiste el poder y el potencial de crear *tu* propia ventaja en medio de esas situaciones en que te subestiman, tal como he aprendido yo a lo largo de mis años de investigación sobre las desventajas. Espero que tanto la investigación como las historias incluidas en este libro te muestren lo que funciona, pero lo que es aun más importante, lo que no funciona.

CAPÍTULO 1

Triunfar es más que trabajar *duro*

"A veces, el éxito se disfraza de trabajo duro".
—S. Truett Cathy

En 2018, Mirai Nagasu se convirtió en la primera mujer americana en lograr un salto triple Axel en los Juegos Olímpicos. ¿Cómo lo hizo? Con trabajo duro y perseverancia, por supuesto.

Antes de poner un pie en una pista de hielo, Nagasu pasó la mayor parte de su infancia en la bodega del restaurante de sushi que tenían sus padres en los suburbios de Los Ángeles. No podían pagarle una niñera, así que, mientras trabajaban, Nagasu hacía sus tareas escolares por su cuenta y luego dormía en una estera de yoga hasta la hora de cierre. Fue allí, sostiene ella, donde adquirió las habilidades propias del trabajo duro y la perseverancia, tan importantes para la vida. "Tengo una gran ética de trabajo, porque he visto a mis padres trabajar muy duro", manifestó Nagasu en una ocasión. A menudo, ella habla de cómo su padre, Kiyoto, se negaba a tomar vacaciones y rara vez se tomaba un descanso, pues cerrar el restaurante significaba que sus empleados se quedaban sin paga. De hecho, la misma noche en que ella realizó su histórico triple Axel, sus padres estaban trabajando en su restaurante a la hora de la cena.

Con esta clase de ética de trabajo e impulso no es de extrañar que sus compañeros olímpicos, como Vincent Zhou, quien hizo Historia en los Juegos Olímpicos al conseguir el primer cuádruple Lutz, hayan descrito a Nagasu como "la trabajadora más esforzada que conozco".

La historia de Nagasu ejemplifica una premisa de trabajo fundamental: aquellos que trabajen duro y se esfuercen serán recompensados. Les enseñamos esto a nuestros hijos desde el primer día e incluso redoblamos este consejo, ya que es inevitable que ellos enfrenten grandes desafíos y decepciones, enfatizando una y otra vez que el trabajo duro es el boleto al éxito.

Sí, lo más probable es que experimentarás dificultades y fracasos, pero con aún más trabajo, más esfuerzo y más perseverancia, los superarás. Todos hemos escuchado alguna versión de esta premisa, pero se trata de un mensaje que está arraigado universalmente en nosotros, es un fenómeno que trasciende las culturas: "Roma no se construyó en un día, pero la gente que lo hizo estaba colocando ladrillos segundo a segundo". "Un ganador es un perdedor que lo intentó una vez más"[1]. "La forma más segura de tener éxito es intentándolo una vez más".

En mi familia, durante nuestra etapa de crecimiento, siempre oímos la historia sobre cómo mi madre emigró a los Estados Unidos desde Taiwán con tan solo $22 dólares en el bolsillo. Gracias a su arduo trabajo y perseverancia, ella logró proporcionarnos todo lo que mi hermano y yo necesitábamos, incluso después de que perdimos a mi padre y ella se convirtió en madre soltera.

Muchos de nosotros tenemos alguna versión de esta clase de historias familiares. También las encontramos en los libros que frecuentamos y en las películas que vemos. Como Daniel-san, en *The Karate Kid*,² un adolescente acosado por sus compañeros que aprendió a defenderse gracias a la ayuda del Sr. Miyagi, un jardinero anciano que además era maestro de kárate. Con trabajo duro y perseverancia, Daniel no solo derrotó a su contrincante en el torneo final, sino que también se quedó con la chica.

O *Braveheart*³, ¿la has visto? Es la historia de un hombre que se propone vengar la muerte de sus familiares y su novia secreta asumiendo el poder de una potencia gobernante para convertirse en un símbolo de libertad para su país. Existe una razón por la que esta película recaudó $210,4 millones de dólares en ventas mundiales y ganó cinco premios de la Academia, incluidos Mejor Película, Mejor Director y Mejor Cinematografía: porque es una historia extremadamente poderosa que nos da la esperanza y el empuje que necesitamos para pelear nuestras batallas.

Estos son sentimientos arraigados muy en lo profundo de nuestro ser que también trascienden las fronteras culturales. Son historias como la de Gac Filipaj, un refugiado albanés que fue conserje de una escuela durante casi dos décadas, lavando pisos y vaciando botes de basura. A pesar de su trabajo agotador y de su bajo salario, él guardaba dinero y energía para tomar una o dos clases cada semestre hasta que, a los 52 años, recibió su título y se graduó con honores.

Todas estas son historias como la de Sanghoon, quien se crió en una pequeña granja en un pequeño pueblo. Tenía que caminar cuatro millas diarias para asistir a una escuela con un solo salón de clase, pero gracias a su arduo trabajo y determinación terminó asistiendo a la Universidad Sungkyunkwan, una de las universidades más prestigiosas de Seúl, Corea del Sur, y se convirtió en físico nuclear.

En un momento en el que los problemas de clase social están al frente y en el centro del ojo del huracán de la vida, historias como estas nos transmiten un recordatorio de que, aunque existen distinciones de clase[4], sigue siendo posible avanzar. Tu pasado no limita qué tantos éxitos logres en la vida —si eres capaz de alcanzarlos.

Pero rara vez la realidad transcurre de esa manera. ¿Qué tal si pensamos en Mirai Nagasu y analizamos lo que *en verdad* sucedió? Bueno, antes de triunfar en el triple Axel en los Juegos Olímpicos de 2018, Mirai fue excluida sin compasión del equipo de patinaje artístico de los Juegos Olímpicos de 2014. Ella logró ubicarse en el tercer lugar en los campeonatos nacionales, hecho que debió significarle uno de los tres lugares en el equipo olímpico. Sin embargo, la Asociación de Patinaje Artístico de Estados Unidos, ejerciendo su poder de decisión, resolvió darle ese lugar a Ashley Wagner, quien quedó en la cuarta posición en el campeonato, por considerarla como una mejor opción para el equipo que Nagasu.

Este tipo de sustitución de la Federación de Patinaje no tenía precedentes. ¿Cuál fue una de las razones que ellos citaron para tomar esta decisión? Que Nagasu solo tenía 20 años y que Wagner, a los 23, era más madura y experimentada. Sin embargo, Polina Edmunds, quien por sorpresa quedó en segundo lugar en 2014, justo frente a Nagasu, tenía solo 15 años y menos experiencia que ella.

Quizá, sí fue por esa razón que el patinaje artístico estadounidense estuvo en contra de Nagasu. O, lo que es más lamentable, quizá, fue porque Nagasu no era la imagen perfecta de una patinadora de hielo estadounidense, rubia y de piel clara, como lo eran las otras tres patinadoras seleccionadas[5]. La federación negó cualquier prejuicio racial explícito, pero las decisiones hablan más alto que las negaciones.

Entonces, ¿qué sucede cuando el trabajo duro no funciona?

• • •

Todos estamos tratando de avanzar en nuestras carreras, metas y ambiciones. A veces, se trata de llegar a los Juegos Olímpicos. A veces, es cuestión de generar un impacto o un cambio. Otras veces, la meta es conseguir ese ascenso que anhelamos o la financiación necesaria para montar una nueva empresa. No importa cuál sea el objetivo, lo cierto es que se nos dice que el secreto del éxito es trabajar duro. El trabajo duro hablará por sí solo.

Pero algo en el fondo de nuestra mente nos dice que esta no es toda la historia. Que es posible tomar a dos personas que trabajen extremadamente duro e incluso que hagan exactamente esa misma cantidad de trabajo duro y con todo y eso una tendrá más éxito y la otra se quedará corta. O, como muestra la historia de Nagasu, incluso podemos desempeñarnos mejor que nuestros competidores y aun así ser excluidos.

A todos nos han inhabilitado en algún momento. Todos hemos tenido experiencias en las que trabajamos duro, entregamos el mejor producto y de todos modos terminamos perdiendo. De lo que nos damos cuenta, cuando lo admitimos, es que el éxito rara vez se trata de méritos —de la calidad de tu idea, de todo el esfuerzo que hagas, de las habilidades objetivas que tengas—. Aquellos que tienen acceso a los ingredientes indispensables para alcanzar el éxito —recursos vitales y dinero, tiempo y consejos de otros que les ayuden a alcanzar sus metas— no siempre son quienes poseen las mejores credenciales o ideas.

∙ ∙ ∙

Hace unos años, fui mentora voluntaria en un programa que se enfocaba en conectar a jóvenes en riesgo que recién comenzaban la escuela secundaria con mentores que estuvieran bastante establecidos en sus carreras. Una de las cosas que hicimos fue pasar toda la primera semana de clases con ellos y el objetivo era ayudarlos a adaptarse a un nuevo entorno para que tuvieran un muy buen comienzo. Mi "hermana pequeña", Cerelina, era una niña brillante y valiente de 13 años, y rápidamente conecté con ella. La acompañé a su primera clase, una clase de Historia para estudiantes de primer año, y me senté en silencio en la parte de atrás del salón, después de darle un "choque esos cinco" de ánimo.

Debido a que era el primer día de clases, vi cómo su maestro de Historia repasó las reglas básicas de su asignatura y les dio a sus estudiantes una breve descripción del contenido académico que cubrirían ese año. Luego, hacia el final de la clase, le entregó a cada estudiante una tarjeta y les pidió a todos que escribieran allí una meta, algo en lo que se esforzarían por lograr al final de la escuela secundaria. Les dio unos minutos y luego las recogió. Después, las leyó en voz alta a la clase, una por una. Les había dicho que escribieran sus nombres en sus tarjetas, pero él no leyó de quién era ninguna de ellas (gracias a Dios).

Las tarjetas incluían ideas como: "Mi objetivo es formar parte del equipo de fútbol", "Quiero vencer a mi hermano en Mario Kart" y "Mi objetivo es ahorrar suficiente dinero para unos Steph Currys" (al parecer, una marca de zapatos). También había una de un chico bromista que de inmediato se hizo popular y pareció ser venerado por todos en tan solo un instante al levantar la mano y reconocer con seguridad: "Esa es mía", cuando el maestro leyó en voz alta: "Mi objetivo es enseñarles a todos en esta clase a deletrear Zimbabue".

Así que el profesor de Historia estaba revisando estas tarjetas, leyéndolas en voz alta y comentando después de cada una. "Sí, tienes brazos como para jugar fútbol, creo que lo lograrás", "¿Steph Currys? ¿Qué pasó con Air Jordans?", e incluso dijo: "Zimbabue. ¡Me aseguraré de que todos sepan cómo se escribe ese país y dónde está!".

Entre todas, el maestro leyó una tarjeta que decía: "Mi objetivo para la escuela secundaria es estudiar mucho y obtener una beca Rhodes para estudiar en la Universidad de Oxford". De inmediato, supe a quién pertenecía; antes, Cerelina me había hablado de un libro que acababa de leer sobre una chica que obtuvo una beca

Rhodes para ir a Oxford y me preguntó dónde estaba Oxford. Mi corazón se llenó de orgullo.

A medida que el profesor leía la tarjeta de Cerelina, noté que él sonreía y luego lo escuché reír y comentar: "¡Qué ambicioso!", y luego, en voz baja, agregó: "No nos hagamos ilusiones". Recuerdo haberle echado un vistazo a Cerelina y vi que su rostro estaba ardiendo de vergüenza.

Entonces, la llamé aparte después de la clase y le dije que Oxford era un objetivo maravilloso, que ella era capaz de lograrlo y que, con trabajo duro y perseverancia, nada, ni nadie podrían detenerla. Pero años más tarde, a pesar de su arduo trabajo (y de mi constante motivación con respecto al poder del trabajo duro), se quedó muy corta, resultó embarazada y abandonó la escuela secundaria.

¿Y la parte que siempre me perseguirá? El día que ella se retiró, después de disculparse conmigo por decepcionarme, lo cual no era así, sacó esa tarjeta que escribió su primer día de escuela secundaria y me dijo: "Debería haber escrito que quería formar parte del equipo de porristas[6]. El trabajo duro no hace que gente como yo llegue a Oxford. El trabajo duro no funciona de esa manera para mí".

No es necesario que nos recuerden la importancia del trabajo duro y el esfuerzo. Ya la sabemos. Pero lo que no sabemos muy bien es cómo navegar por entre la naturaleza matizada de las desventajas que todos enfrentaremos en algún momento, ni cómo desarrollar la capacidad para cultivar las habilidades y herramientas que nos permitirán tomar el control y crear una nueva posición de partida para empezar a cumplir nuestros sueños. No sabemos cómo crear circunstancias en las que el trabajo arduo obtenga beneficios, recompensas y éxito. "La vida no es cuestión de tener buenas cartas, sino de jugar bien una mala mano", dijo una vez Robert Louis Stevenson. Eso es lo que obtienes construyendo un margen de ventaja en tu vida.

No solo es cuestión de sesgos

Cerelina y Mirai enfrentaron adversidades en términos de cómo las percibían los demás, por decir lo menos. El maestro de Cerelina vio sus sueños como demasiado ambiciosos para alguien como ella, una niña de un vecindario de bajos ingresos. Y en cuanto a Mirai, es innegable que la elección de la Asociación de Patinaje Artístico de EE. UU. sugirió una toma de decisiones racista y discriminatoria.

Pero aun así, quitar las percepciones dañinas como estas pueden ser la clave para superar la adversidad. Si crear una ventaja es el antídoto, las percepciones son el veneno, pero también parte de la cura. Somos criaturas limitadas desde el punto de vista cognitivo, que debemos confiar en nuestras percepciones para ayudarnos a organizar y darles sentido a aquellos con quienes nos encontramos por el camino. No hemos evolucionado más allá de las respuestas de lucha o huida que les ayudaron a nuestros ancestros a lidiar con los peligros de su entorno y estas reacciones han terminado convirtiéndose en prejuicios y desventajas. A veces, nuestras percepciones conducen a parcialidad y a prejuicios explícitos, como cuando un gerente de Recursos Humanos decide no contratar candidatos mayores debido a la percepción de que ellos no comprenden, ni saben manejar muy bien la tecnología.

Otras veces, ni siquiera somos conscientes de los prejuicios, por ejemplo, cuando contratamos al candidato al cargo de más alta estatura. Las investigaciones demuestran que muchos creemos implícitamente que las personas altas son más inteligentes, mejores líderes y, en última instancia, más exitosas en la vida. De hecho, mientras que solo el 15% de la población total mide más de seis pies de altura —el 58% de los directores ejecutivos en los Estados Unidos lo es—, solo el 4% de la población en general mide más de 2 mts., pero casi el 33% de los directores ejecutivos mide 1,90 o 2 mts. o más. Incluso mis colegas y yo hemos descubierto que algo tan básico como el atractivo de las personas puede darles, más que todo a los hombres, puntos adicionales en cuanto a las percepciones positivas que tienen los demás hacia ellas.

En mi propia investigación, descubrí que las interacciones entre paciente y médico se ven afectadas en cuanto a las decisiones del tratamiento a seguir, porque los pacientes consideran que tienen el umbral de dolor más alto (alerta: se supone que las mujeres saben manejar más el dolor). De hecho, mis inimitables y brillantes coautores, Brad Greenwood y Seth Carnahan y yo descubrimos que las percepciones implícitas de los pacientes son tan considerables y tan importantes que las mujeres tienen menos probabilidades de sobrevivir a ataques cardíacos de emergencia cuando son tratadas por un médico varón. Las percepciones pueden afectar, literalmente, los resultados de vida o muerte[7].

Pero las percepciones no se refieren solo al género, ni a la raza, ni a la etnia, ni a ninguno de los caracteres estándar que nos vienen a la mente cuando pensamos en prejuicios. En pocas palabras, nadie es inmune. No se trata de una jerarquía competitiva de a quién le va peor. La desventaja es situacional. He visto a los hombres, por ejemplo, enfrentarse a prejuicios atroces. No hace mucho, se descubrió que un distrito escolar de Filadelfia estaba contratando maestras con niveles salariales mucho más altos que sus colegas masculinos y, además, les estaba dando más crédito por su experiencia docente previa. Pero lo que quizá es aún peor es que fue durante sus entrevistas, a estos maestros varones se les hicieron preguntas y comentarios como: "¿Por qué quieres trabajar con niños? Siempre me pregunto por qué un hombre saludable querría trabajar con niños" y "Solo quiero asegurarme de que no eres un pervertido".

Es importante señalar que el sesgo no afecta tan solo a la minoría desfavorecida. Más bien, es omnipresente y adopta muchas formas diferentes. Es fácil etiquetar a alguien como un "niño rico privilegiado". Es más difícil recordar que *todos* tenemos algo a qué aferrarnos.

Y no es un tipo particular de persona el que está influyendo. He descubierto, por ejemplo, que los hombres y las mujeres tienen la misma probabilidad de estar predispuestos a favor de los empresarios masculinos.

Lo que llamamos prejuicio o desventaja es en realidad el resultado de percepciones que han salido mal, cuando vinculamos nuestras percepciones sobre las personas con sus atributos para describir lo que es "bueno" y "malo" en la sociedad. Cuando, por ejemplo, la negritud está vinculada a la masculinidad, pero también a la criminalidad. Cuando la vejez está relacionada con la confiabilidad, pero también con menos motivación y capacidad para aprender. Cuando las mujeres son percibidas como compasivas, pero también como incompetentes.

No se necesita mucho para que la gente se forme percepciones. Y nos cuesta menos hacer atribuciones basadas en estas percepciones. Los sicólogos Nalini Ambady y Robert Rosenthal descubrieron que incluso los encuentros "breves", los que duran menos de 15 segundos, dan como resultado percepciones sólidas sobre el carácter —cuán amables, honestas y confiables creemos que son otras personas.

Las percepciones, junto con ciertas capacidades de los demás, se realizan de manera rápida. Pero lo que es más importante, tienden a perdurar, incluso cuando las personas tienen evidencia de lo contrario. Una vez que percibimos algo, estas percepciones influyen en la forma en que interactuamos con los demás y en cómo ellos evalúan el valor que les aportamos, junto con el tipo de recompensas que ellos creen que merecemos.

Échale un vistazo a la siguiente tabla. No podemos escapar de las percepciones que otras personas tienen sobre nosotros, ni de las atribuciones resultantes de ellas. El éxito en el trabajo depende de las habilidades sociales, más hoy que en el pasado. Existe una tendencia con respecto a quienes son expertos en coordinación, negociación, persuasión y percepción social. Este tipo de habilidades tiene el mayor potencial de exponernos a prejuicios. Sin embargo, también nos brinda la mayor cantidad de oportunidades para convertir las desventajas innatas en ventajas. Nos dan la oportunidad de guiar el proceso de cómo las personas perciben el valor que les aportamos.

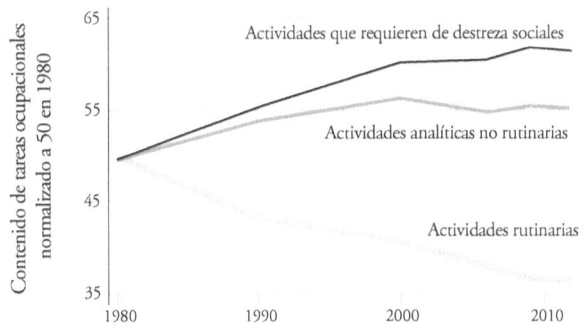

LA CRECIENTE IMPORTANCIA DE LAS DESTREZAS SOCIALES EN EL LUGAR DE TRABAJO

"destrezas sociales": (i) coordinación, (ii) negociación, (iii) persuacion y (iv) perspectiva social

No odies al jugador, odia el juego

¿Por qué debemos asumir esta carga nosotros? ¿No deberían las estructuras que tenemos y las organizaciones en general ser las responsables de crear entornos más equitativos donde la desigualdad no exista?

Por supuesto que sí. Todos deberíamos hacer nuestra parte para cambiar el sistema y llegar a tal punto en que funcione la meritocracia, sobre todo, si estamos en posiciones de poder. Sin embargo, es igual de importante reconocer que la desigualdad no va a desaparecer tan pronto como quisiéramos.

Primero, hay (y siempre habrá) quienes, de forma radical, *no* quieren cambiar el sistema. Y por desgracia, ellos tienden a ser los más poderosos de cualquier grupo. Las investigaciones han demostrado que aquellos que se han beneficiado de un sistema en particular son más propensos a apoyar y racionalizar el *statu quo* que los demás, incluso si hay problemas y estos saltan a la vista. Más bien, optan por justificar la inequidad generalizada con frases frecuentes como: "Si trabajas lo suficiente, surgirás por tu propia cuenta. Solo es cuestión de motivación, talento y coraje". Una rama de la sicología llamada *Teoría de la justificación del sistema* describe cómo la gente tiende a ver los sistemas sociales, económicos y políticos como buenos, justos y legítimos siempre y cuando haya tenido éxito como resultado de esos sistemas. Según Erin Godfrey, profesora de Sicología Aplicada en la Universidad de Nueva York: "Las personas que están en la cima prefieren creer en la meritocracia, porque esta significa que ellas merecen los éxitos que han alcanzado". En otras palabras, los que están en una posición aventajada en la sociedad tienen más probabilidades de creer que el sistema es justo y no ven ninguna razón para cambiarlo.

En segundo lugar, sobrestimamos hasta qué punto la gente se da verdadera cuenta de lo que debe cambiar y sabe cómo hacerlo. Esto aplica incluso entre quienes apoyan el cambio. Las investigaciones muestran que la mayoría de los triunfadores tiene un punto ciego, una especie de *ceguera con respecto a las ventajas* la cual podría ser un resultado involuntario de la justificación del sistema, pero no tiene por qué serlo. El trato especial parece normal, porque esa siempre ha sido su norma y muchos de ellos no logran imaginar cuál y cómo sería otra alternativa.

En tercer lugar, incluso si la gente arregla algunos aspectos, otros permanecerán. Por ejemplo, los estudiosos han descubierto que un mayor contacto entre individuos puede cambiar la tendencia hacia el prejuicio racial. El sociólogo de Harvard, Letian Zhang, descubrió que los jugadores de la NBA reciben más tiempo de juego con entrenadores de la misma raza, incluso cuando no hay diferencia en su desempeño. Si un entrenador pasaba más tiempo con un jugador específico de otra raza, el tiempo de juego de ese jugador aumentaba, pero el entrenador retrocedía a los niveles originales de sesgo tan pronto como el jugador era remplazado por otro de la misma raza.

Piensa también en iniciativas que buscan combatir de manera explícita los prejuicios y el acoso. Si bien estas pueden tener buenas intenciones, investigadores como Freada Kapor Klein y Allison Scott, de Level Playing Field Institute, observaron que los resultados son mixtos. Cada vez hay más evidencia de que las empresas que declaran que "acaban de comenzar con iniciativas de género" en realidad retrasan sus esfuerzos por lograr la diversidad en otras dimensiones, además de la del género. La creación de la paridad de género (que a menudo beneficia de manera diferente a las mujeres blancas y asiáticas) podría estar creando un mayor prejuicio basado en el género, el acoso y la descortesía generalizada hacia las mujeres negras e hispanas.

Como observa Katy Waldman, redactora del equipo de *The New Yorker*: "El prejuicio no desaparece cuando la gente decide que ya no lo tolerará. Lo que ocurre es que busca formas de evitar ser detectado". Supongamos, por ejemplo, que desistes de los exámenes de admisión estandarizados, porque los niños ricos tienen los medios necesarios para pagar clases que les permitan estar mejor preparados. Si es así, entonces, deberás darte cuenta que ellos también pueden pagar para ser mejores en los deportes, inscribirse en clubes y tutorías y para disfrutar de experiencias relacionadas con el voluntariado.

Así las cosas, tendrás que asumir que el sistema no va a cambiar. Pero incluso si cambia, ¿por qué deberías esperar a que esto ocurra? No puedes dejarte paralizar por esta inequidad, ni menos tener miedo de enfrentarte al sistema tal como está.

Cuando estás *en el sistema*, debes hacerte cargo de tus propios resultados. Sí, haz lo que puedas para cambiarlo, promueve que haya mejores prácticas de contratación, lucha contra la injusticia y educa a los demás sobre la realidad irrefutable acerca de los prejuicios. No esperemos a que las personas tomen decisiones justas en nuestro nombre, a que hagan las decisiones correctas sobre nuestro futuro o logren que las cosas funcionen de manera ideal. Crear un marco de ventaja nos permite tener éxito dentro de un sistema imperfecto.

Construye tu propio margen de ventaja

Para empezar, monitorea las percepciones que los demás tienen con respecto a ti. Después de todo, así es como sacas más provecho de tu arduo trabajo. Al igual que las personas que brindan consejos sobre inversiones dicen: "Deje que su dinero le genere beneficios", así también te digo que debemos lograr que nuestro arduo trabajo funcione a nuestro favor y nos brinde beneficios. Los sicólogos Shai Davidai y Thomas Gilovich describen esta estrategia como *manejar los vientos de cola y en contra*. Tienes que esforzarte mucho. Eso es imprescindible. Cuando generes una ventaja, busca vientos de cola que te ayuden a capitalizar tu arduo trabajo de la manera más efectiva posible. Los vientos en contra son los prejuicios y las desventajas que tienen el efecto contrario, son todo aquello que dificulta que nosotros o quienes nos rodean salgamos adelante. Quizá, sea posible que aún con los vientos en tu contra llegues a tu destino, pero te llevará mucho más tiempo, a lo mejor, sea más doloroso y, al final, lo más probable es que te sientas exhausto y frustrado. Por eso, es mejor que procures viajar con vientos de cola. Haz que tu arduo trabajo funcione a tu favor. Convierte tus vientos en contra en vientos de cola. Capacítate tomando medidas; no te limites a sentarte y dejar que otros determinen que tu arduo trabajo no es suficiente.

Tal vez, parecerá poco auténtico e incluso deshonesto hacerlo, sobre todo, cuando has sido condicionado a creer que el trabajo duro es lo único que importa. Pero, de hecho, de lo que debes tener cuidado es de permitir que otras personas decidan tu destino.

¿Por qué deberías permitir que *otros* hagan suposiciones inútiles con respecto a ti basándose en sus percepciones desinformadas? ¿Por qué no eres tú quien les dices a los demás quién eres? Si dejas que ellos "lo hagan bien" por ti, estarás dejando mucho al azar y terminarás esperando demasiado de los demás. Habrás dejado tu éxito en manos de sus percepciones y opiniones. Tu trabajo importa, pero es función tuya ayudarle al mundo a comprender qué tanto importa.

Te toca jugar con la mano que te repartan, pero eres tú quien juega. No hay nada falso en recibir una mano y luego decidir que no vas a dejar que otros te digan que la que te tocó es una mala mano. Más bien, remplaza las viejas creencias por otra nueva con la que toda persona exitosa comienza sea cual sea su posición inicial o las desventajas que enfrente: el futuro puede ser mejor que el presente y yo tengo el poder para que así sea.

• • •

Poco después de haber sido expulsada sin contemplación del equipo olímpico de 2014, esto es lo que Nagasu se escribió a sí misma:

Mis miedos

Los significados que transforman mis propias palabras en armas y explotan dentro de mí. La lista de criterios que no entiendo. El juicio al que tienen derecho los aficionados. La gente que solía admirar y que ahora me critica. La ropa que me pongo. Lo que como. Mi cuerpo. La competencia. ¿Para qué todo eso?

Me pregunto todos los días [sic].

Escucho decir: "Los esfuerzos de Nagasu por recuperar parte de su antigua magia pueden ser agonizantes de ver y escuchar".

Esas palabras realmente le atraviesan una flecha a mi corazón.

Todo el mundo me dice que no las escuche, pero cómo no hacerlo cuando me dan vueltas en la cabeza. Escucharlas a través de las palabras de otra persona solo verifica mis mayores temores.

Mi tiempo se terminó.

No hay margen para mejorar…

Sabemos de su triple Axel en los Juegos Olímpicos de Invierno de 2018. Lo que nos atrae de ella es que trabajó duro y superó la adversidad. Pero estas palabras son cómo ella se sintió durante esa difícil etapa. Se quedó fuera del equipo olímpico de EE. UU. 2014 en un polémico desaire que aún hoy duele.

Sí, ella se esforzó mucho.

Pero el trabajo duro por sí solo no fue suficiente, pues de lo contrario, ella habría participado en los olímpicos de ese año. Entonces, ¿qué fue lo que ocurrió? Ella era una luchadora, sí. Perseverante, también. Sin embargo, lo que comprendió durante aquellos siguientes cuatro años fue que el hecho de llegar a los Juegos Olímpicos no era una mera cuestión de trabajo y habilidad. También era cuestión de las *percepciones e interpretaciones* que el comité olímpico generó en torno a lo que es trabajo duro y habilidad. Quizá, fue cierta percepción con respecto al concepto de madurez. También pudo ser alguna percepción sobre el programa de patinaje único que llamaría la atención y despertaría interés en el equipo de EE. UU. como uno de élite en lugar de pasado de moda, junto con lo que eso significaba al estar integrado por una patinadora asiática-americana y no por una patinadora rubia americana.

Lo cierto es que, a partir de esa experiencia, Nagasu decidió que ella misma guiaría todas las percepciones e interpretaciones futuras acerca de ella. Su historia no se trataba de lo que le había pasado en los nacionales de 2014, sino de una patinadora con unas cualidades que traspasaban los límites de su deporte. La historia de Nagasu trataba sobre su enorme capacidad para practicar el deporte que ella eligió, sobre el salto triple Axel que perfeccionaría e integraría a su repertorio para así allanar su propio camino y darle protagonismo al equipo de EE. UU. Ella generaría las percepciones adecuadas con respecto a su nivel de profesionalismo e influiría en la atención de los medios de tal manera que lograría controlar y presionar a USFSA para que no la dejara fuera del equipo nuevamente. El monólogo de Nagasu sobre sus miedos demuestra con claridad diáfana su naturaleza creativa y reflexiva. Le atribuimos estas palabras a una Nagasu artística, centrada y madura y no a una Nagasu joven e ingenua. Le atribuimos su arduo trabajo y esfuerzo para conseguir un triple Axel a una Nagasu solemne, perseverante y potencial ganadora de una medalla olímpica. El salto se convirtió en una parte clave de su plan para, esta vez, llegar a los siguientes Juegos Olímpicos. Una vez que se convirtió en la capitana de sus propias percepciones y de las percepciones que generaría usando los medios de comunicación a su favor, Nagasu logró crear su propio margen de ventaja.

Aunque algunos podrían argumentar que se trataba solo de una marca personal, la ventaja que Nagasu creó para sí misma se extendió mucho más allá del mero marketing. ¿Qué hizo Nagasu específicamente? Ella sabía el valor que generaba. Conocía el valor de un triple Axel y cómo este enriquecería al equipo. Pero también sabía que, antes de que los demás creyeran en su valor, lo esencial era que ella más que nadie estuviera safisfecha con su historia y su personalidad. Así que dejó que todo eso se notara. Reconoció las controversias en su carrera, diciendo: "Todos cometemos errores y, como es apenas obvio, yo he tenido altibajos". Pero Nagasu también declaró que no tenía nada de qué avergonzarse y se apropió de su sinuoso camino diciendo: "No tengo miedo de mostrarles a todos quién soy".

Luego, continuó cuidando la percepción que los demás tuvieran acerca de ella mostrándose como una deportista honesta, auténtica y reflexiva, con tweets como: "No tienes que ser perfecto todo el tiempo. Solo tienes que levantarte y seguir adelante". Así que ella siguió adelante, convirtiendo los vientos en contra en vientos de cola.

Tu arduo trabajo y esfuerzo obran más a tu favor cuando comprendes que las percepciones impulsan las interpretaciones que hacen las personas y estas a su vez impulsan las decisiones que ellas toman. Para la mayoría de ustedes, se tratará de posicionarse como un antídoto contra los estereotipos, actitud que les permitirá monitorear las percepciones e interpretaciones de los demás, complacerlos y, en última instancia, esto hará que ellos vean el valor único que ustedes son capaces de aportar. Como veremos a lo largo de este libro, descubrir tu propio posicionamiento y tus propios contextos es lo que te dará *tu* ventaja única.

Cuando tienes un margen de ventaja, el esfuerzo y el trabajo duro te alimentan y te sirven de motor de manera más eficiente. Esta lectura se trata de saber cómo, cuándo y dónde poner el esfuerzo y hacer el trabajo duro.

La última década de mi carrera la he dedicado a estudiar el mito de la meritocracia, pero lo que es más importante, a estudiar lo que es posible hacer cuando reconoces el hecho de que el riesgo y el fracaso funcionan diferente para diferentes personas en un mundo que nunca será del todo justo.

He estudiado lo que sucede cuando sabes que la percepción es un arma de doble filo y cómo hacer para cultivar una ventaja a tu favor teniendo conciencia de esto. Descubrí que hay formas de tener una ventaja sobre otros que parecen ya tener la de ellos, así como sobre aquellos que aún no saben cómo crear su propia ventaja.

Aprovecha esa ventaja. Te pertenece. Hazla tuya y transfórmala cada vez más a tu favor. Muéstrala. Haz que quienes te rodean se den cuenta de ella. Sé tú la prueba feasciente de que no es suficiente con la intuición.

Y como mi padre solía decirme cuando era niña cada vez que me quejaba de que yo era mucho peor en los deportes que todos los demás niños: "Si vas a jugar, ponte los cordones. ¡Amárrate bien los tenis y prepárate para jugar!". Así que preparémonos para jugar.

Principio 1

El trabajo duro debería hablar por sí mismo.
(Pero no es así).

PARTE 1

Aportando valor

CAPÍTULO 2

Tus bienes básicos

"La simplicidad es el resultado final de un trabajo arduo y largo, no el punto de partida".
—Frederick Maitland

Obtener una ventaja a tu favor, para tu equipo o tu organización es bastante simple. Se necesitan solo dos componentes para lograrlo:

1. *Aportar valor.*
2. *Que otros también crean que tú aportas valor.*

Eso es todo. Simple, ¿verdad? Pero como sugiere el historiador Frederick Maitland, la simplicidad del trabajo duro solo puede entenderse después de haber experimentado la totalidad de las tonalidades del acto de trabajar.

¿Cuál sería la tonalidad más importante? Sí hay una y conecta los dos componentes ya mencionados:

Aportar valor

Y

Que otros también crean que tú aportas valor.

Aquí es donde las cosas se ponen difíciles. Algunas personas parecen tener una ventaja al lograr esta segunda premisa de la ecuación —que la gente *perciba* que ellas aportan valor—, incluso si no es así. Muchos son buenos para convencer a los demás de que eso es lo que ellos hacen. Y es exasperante.

Hay quienes obtuvieron ese ascenso deseado, porque siempre estaban congraciándose con el jefe —preguntándole cómo le fue en su fin de semana o jugando squash con él— mientras tú hacías todo el trabajo por el cual ellos se llevaron el mérito.

¿Cómo explicas que tu organización esté siendo acribillada en las ventas en comparación con la de ellos, cuando la tuya fue la primera empresa en ofrecer determinado producto o servicio? Simplemente, porque ellos fueron la empresa despiadada que te robó tus ideas, siendo que las tuyas eran las verdaderamente originales y, sin embargo, ellos las reclamaron como propias.

Imagina por un momento que tú eres Henri Poincaré, quien fue nominado al Premio Nobel de Física *51* veces[1] en el transcurso de ocho años (1904 a 1912), incluidas 34 nominaciones en 1910 (ese año, hubo 58 nominaciones en total, lo que significa que Poincaré recibió el 59% de ellas) por su trabajo pionero en física teórica y mecánica celeste. Pero ese año, el Premio Nobel fue para Johannes Diderik van der Waals, quien obtuvo solo *una* nominación. ¿Por qué Poincaré no recibió el premio? Robert Marc Friedman, profesor de Historia de la Ciencia en la Universidad de Oslo, en Noruega, explica:

> "Poincaré no consiguió el apoyo del miembro más influyente del comité, el Presidente Svante Arrhenius. En gran parte, porque él se oponía a un rival en la academia que se encargó de iniciar la campaña a favor de Poincaré, así que Arrhenius apoyó con más fuerza la candidatura del compatriota Knut Ångström".

Cuando Ångström falleció, antes del anuncio del premio (el Premio Nobel no se otorga póstumamente), Poincaré todavía no contaba con el apoyo de Arrhenius. Friedman continúa:

> "Arrhenius acababa de desempolvar y adjuntar documentación en señal de apoyo hacia Johannes van der Waals, quien había sido rechazado como candidato durante mucho tiempo y cuya investigación crítica se había llevado a cabo en la década de 1870 (a pesar de que el legado de Alfred Nobel requería que los premios se basaran en logros alcanzados 'durante el año anterior')".

Poincaré continuó recibiendo nominaciones antes de su muerte, en 1912, y siguió siendo galardonado por sus logros científicos en la relación masa-energía, relatividad y ondas gravitacionales, pero nunca ganó el Nobel.

Este fue un hecho que la opinión pública percibió como bastante injusto. Para muchos, nuestro instinto natural es pensar en la ventaja en términos de cumplir con el primer componente —aportar valor—, como hizo Poincaré. Creemos que, si hacemos un buen trabajo y mostramos cómo proporcionamos un valor único, entonces, será suficiente y la gente por sí misma lo verá y se beneficiará de él, pero no es así.

Entonces, en respuesta, comenzamos a sentir que necesitamos combatir fuego con fuego. "¿Adulan al jefe? Bueno, yo también puedo adularlo". Pero al hacerlo, a menudo nos estamos preparando para más angustia y evitando obtener una verdadera ventaja.

Una vez que comenzamos a enfocarnos en el grado en que las personas *perciben* que proporcionamos valor, comenzamos a minimizarlo y a veces hasta nos olvidamos de brindarlo. Dejamos, hasta cierto punto, de intentar ser útiles. Saboteamos nuestra propia capacidad de ayuda; dejamos de aprovechar lo que tenemos a nuestra disposición para aportarles a los demás.

También pasamos por alto el hecho de que no todo el mundo logra figurar como si aportara valor sin proporcionarlo realmente. Claro, es posible que conozcas gente que logra salirse con la suya con esta estrategia. Hay muchos que lo logran. ¿Pero yo? Yo no puedo. Así que no trato de hacerlo —como hacen otras personas.

Para tener una ventaja debes, bien sea, ser bueno para convencer a los demás de que tu propuesta enriquece y aporta valor (aunque en realidad no aporte ningún valor distintivo) o aportar valor *y* convencer a la gente de ello.

De cualquier manera, necesitarás la participación de otros. Es mucho más fácil, más duradero y tendrás más impacto (además de que será más reconfortante para el alma) si logras la aceptación de tal manera que, de hecho, aportes verdadero valor. Así que comenzaremos por ahí, pero cierta y definitivamente, también comentaremos sobre la capacidad de convencer.

Brindando valor a través de tus bienes básicos

¿Qué significa realmente aportar valor?

Mejorar u optimizar la calidad o el valor de…

En lo que muchos pensamos a nivel subconsciente cuando buscamos mejorar en algún sentido es en que tenemos que hacer todo lo posible, todo *lo que esté a nuestro alcance*. Asociamos aportar valor con el hecho de "darlo todo".

Muchos nos obsesionamos con darlo todo. Nos esforzamos por lograrlo. Pensamos que, cuando somos buenos en algo, tenemos que ser tan buenos en eso que los cielos se abran y los ángeles canten. Tenemos miedo de ser mediocres en cualquier aspecto.

Pero en serio, ¿no es suficiente tener solo un superpoder, o tal vez dos, y sentirnos cómodos con tener un nivel *estandar* en todo lo demás?[2] Quiero decir, Batman tiene un intelecto y una destreza física supergeniales, pero está limitado de muchas otras formas con relación a otros superhéroes. Y Spiderman puede gatear por las paredes y tiene una velocidad y reflejos admirables, pero su fuerza no se compara con la fuerza sobrehumana de Superman. Incluso los superhéroes son reconocidos por tener solo una o dos ventajas a su favor.

Y esto no les ocurre solo a los superhéroes. Hace dos años, mi esposo y yo llevamos a nuestros hijos en un viaje por carretera a lo largo y ancho de Texas, comenzando en Houston (donde mi esposo se crió y donde sus padres todavía residen). Luego, continuamos por Austin, San Antonio y otras partes más rurales del Estado. Antes de irnos, mi suegra nos insisitió: "¡No olviden pasar por Buc-ee's!". Me sentí confundida, así que mi esposo me susurró: "Buc-ee's es una estación de gasolina", lo cual no me ayudó a salir de mi confusión.

Pero después de un par de cientos de millas de viaje, vimos un Buc-ee's y mi esposo decidió detenerse a echar gasolina. Quedé *impresionada*. El lugar era un espectáculo digno de ver, un reino soberano ante el cual inclinarse. Los baños estaban impecables. Había toneladas de dispensadores de bebidas y montañas de hielo para rellenar nuestra nevera. La tienda estaba repleta de suvenires con temas de Texas y todos eran tan ingeniosos que yo quería publicarlos todos en Instagram. Había ropa estampada con divertidos juegos de palabras que me encantaron y su propia marca de deliciosos pasabocas como carne seca y palomitas de maíz con caramelo. Podría haberme quedado allí durante horas. Y por supuesto, había filas y filas de dispensadores de gasolina para que no tuviéramos que esperar.

Cautivada, me pasé la siguiente parte de nuestro viaje en automóvil investigando y leyendo sobre esta gloriosa estación de servicio. Descubrí que la primera de ellas abrió en 1982, en Lake Jackson, Texas. Los cofundadores, Arch "Beaver" Aplin III y Don Wasek, se enfocaron en solo dos cosas: hielo barato y baños impecables, a las que ellos llamaron sus productos esenciales. Verás, lo que ellos identificaron es que la gente va a las estaciones de servicio por gasolina y a usar el baño (y según los tejanos, para "conseguir hielo para su Dr Pepper").

Así que Aplin y Wasek se aseguraron de que Buc-ee's tuviera gasolina, eso era imprescindible. Luego, se enfocaron en proporcionar baños limpios y hielo a precios bastante económicos. Y así, amigos míos, es como hicieron de Buc-ee's un destino inevitable durante los viajes por carretera. Ciertamente, las paradas para echar gasolina le aportaron valor a la experiencia de nuestro viaje.

Buc-ee's en Texas City tiene 33 orinales solo para los hombres. Eso significa que, rara vez, tienen que esperar. Este lugar ha ganado premios por tener los mejores baños públicos; los clientes se maravillan de lo limpias que están las instalaciones, incluso a las 4:00 de la madrugada. Su estación en New Braunfels tiene 120 surtidores de gasolina y una tienda con una superficie de 67.000 pies cuadrados. La ubicación en Katy, Texas, tiene el récord de la cinta transportadora de lavado de autos más larga. Buc-ee's tiene más de 30 sucursales en Texas y se está expandiendo a Florida y Alabama, con ubicaciones adicionales en desarrollo.

Aunque Buc-ee's comenzó como una estación de servicio, en la actualidad, solo el 60% de los ingresos de la empresa proviene de las ventas de gasolina, mas un impresionante 40% proveniente de artículos bastante convenientes incluidos algunos de marca que generan muy buena rentabilidad. Buc-ee's cambió la forma en que los consumidores piensan en la frase "área de descanso", debido al valor que les aporta su magnífico servicio. Además de la gasolina, proporcionar baños impecables y hielo barato se convirtieron en sus superpoderes y fue eso lo que los llevó a merecer el premio como el "mejor servicio de baño de Estados Unidos" y a que los clientes se jactaran de que "¡Buc-ee's es como un parque de atracciones para adultos!" y sientieran que "¿Qué *no* tiene de bueno Buc-ee's? ¡Nada!".

• • •

He llamado superpoderes a estos rasgos, pero eso los hace parecer mucho más esquivos y raros de lo que en verdad son. En definitiva, aportar valor es un hecho relacionado con aquellas pocas cosas que te hacen singular. Después de todo, no hay nada tan complicado en brindar unos baños grandes, unos buenos dispensadores de gasolina y vender hielo en abundancia. Mejor, prefiero pensar en ellos como ejemplos de "bienes básicos".

En casa, antes que mi madre taiwanesa comience a preparar algo en la cocina, los productos básicos —los alimentos esenciales que ella debe tener a su disposición— son el jengibre, las cebolletas, el aceite de sésamo y la salsa de soja. ¿Y los de mi esposo italiano? Ajo, cebolla, aceite de oliva y queso. (Junto con una copa de vino tinto y una buena porción de prosciutto di Parma como inspiración).

Por lo tanto, es muy conveniente que identifiques cuáles son tus bienes básicos o los de las organizaciones que lideras, porque es a ellos a los que te remitirás una y otra vez, pues son los elementos clave que asegurarán tu supervivencia y tu capacidad para brindarles a los demás verdadero enriquecimiento.

Pregúntate esto: cuando las personas interactúan contigo o con tu organización, ¿qué es lo más esencial que ellas esperan que les brindes en aras de ayudarles a continuar ascendiendo en la escala de influencia?

Para Beaver Aplin III y Don Wasek sus bienes básicos son gasolina, hielo y baños limpios, todo al mejor precio. Con esa base sólida, Buc-ee's logró diversificarse para vender alimentos, suvenires y ropa, pero lo que hace que la gente vuelva una y otra vez siguen siendo sus productos básicos.

Por consiguiente, para identificar nuestros bienes básicos, debemos ser dueños no solo de nuestras fortalezas, sino también de nuestras debilidades. Cuando reconoces y aceptas tus debilidades, comienzas a ver tus entornos más ampliamente, ya que conocer tus debilidades y tus bienes básicos te ayuda a descubrir dónde generar una ventaja.

Como profesora de emprendimiento he tenido estudiantes que se me acercan con ideas para constituir nuevas empresas. Algunas son bastante buenas. Por ejemplo, un estudiante tuvo la idea de montar una empresa que ayudara a cerrar la brecha entre el momento en que una persona realiza una llamada al 911 y el momento en que el asistente médico de emergencia que está de turno llega al lugar de los hechos proporcionándole al herido una tecnología que le permita bien sea al técnico de la Unidad de Emergencias o al conductor de la ambulancia comunicarse por video con el paciente. La comunicación por video lo confortará y a la vez le permitirá a quien lo esté asistiendo ver cuál es el alcance de sus lesiones y conocer de antemano cualquier condición preexistente.

También he escuchado otras ideas un poco menos trascendentales, pero no por eso menos inteligentes, como una aplicación para ayudarles a los clientes a hacer un seguimiento de las promociones de las tarjetas de crédito y las tarifas anuales con el fin de tomar las mejores decisiones sobre cuáles de las tantas ofertas de las tarjetas de crédito que ofrecen las aerolíneas vale la pena descartar y cuáles aprovechar.

El caso es que, sea cual sea la idea, muchos de mis estudiantes suelen comenzar su presentación con la consabida frase "Tengo una idea increíble" para luego terminan preguntando: "¿Me podrían ayudar a encontrar un técnico que sepa aconsejarme al respecto?".

¿Cuál fue el caso del estudiante con la idea del 911? Tenía experiencia en finanzas y cero conocimientos en medicina y en tecnología. ¿El del estudiante con la idea de la aplicación? Contaba con experiencia en medicina, pero no sabía nada de finanzas o tecnología. Entonces, ¿cómo construir una ventaja a favor sin comprender los conceptos básicos de un emprendimiento?

Esto no quiere decir que las ideas no puedan surgir de una inspiración aleatoria. Por supuesto que sí, pero cada vez que escucho que un emprendedor está buscando a alguien con habilidades que él mismo no posee y que son el *quid* de la idea que él está tratando de implementar, no puedo evitar pensar que este emprendedor no está encontrando y cultivando su propia ventaja, ni su capacidad de aportarles valor a los demás. Por el contrario, está pasando por alto sus propios bienes básicos.

Imagínate que alguien se me acerca y me dice: "Tengo la idea más asombrosa para escribir una novela *bestseller*. Y ahora, solo necesito encontrar un escritor para que me ayude a escribirla". O que tal esto: "Tengo la mejor idea para pintar una obra maestra. Solo necesito encontrar un buen pintor". Es lo mismo.

Si crees que la tuya es la idea del siglo, pero se basa en programación y tú no eres un programador, sé consciente de ti mismo y admite que necesitarás desarrollar ese músculo[3]. No solo no estás ofreciendo tus puntos fuertes, sino poniendo sobre la mesa tus debilidades.

Cuando hayas identificado y analizado tus debilidades y fortalezas habrás descubierto dónde tienes una ventaja. No solo sabrás dónde eres valioso, sino también dónde eres invaluable. Warren Buffett, empresario e inversor estadounidense, Presidente y Director Ejecutivo de Berkshire Hathaway, y la tercera persona más rica del mundo, describe este proceso como comprender su círculo de competencia, el cual le ayuda a evitar problemas, identificar oportunidades para mejorar, aprender de los demás —y adquirir y aportar valor.

Cada uno de nosotros, a través de nuestras propias experiencias únicas, ha acumulado conocimientos útiles en ciertas áreas distintas y finitas. Algunos son más genéricos y otros son más especializados. Thomas Watson, fundador de IBM, afirmó: "No soy un genio. Soy inteligente en ciertas áreas, pero me quedo en ellas". Ese es el círculo de competencia.

Buffett describió una vez el círculo de competencia de una de sus gerentes, una inmigrante rusa a la que él llamaba Sra. B. Dijo sobre ella: "La Sra. B. no entiende acerca de los movimientos de las acciones de la bolsa… de lo que ella entiende es de muebles". Buffett hizo énfasis en que "ella no compraría 100 acciones de General Motors así estuvieran a $0,50 centavos la acción", pero añadió que no saber sobre el mercado de valores no era lo importante para ella. La Sra. B. construyó la tienda de muebles más grande de todo Nebraska, concentrándose en sus productos básicos. Ella entendió que lo importante no es el tamaño del círculo de competencia, sino conocer sus límites. Por lo tanto, identifica cuáles son tus debilidades para que nunca se te conviertan en un pasivo. Ahí es cuando tus puntos fuertes tienen la oportunidad de brillar más.

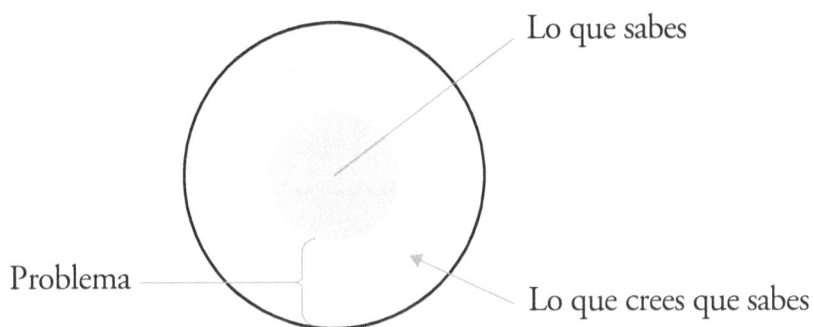

Cuando averiguamos e identificamos cuáles son nuestros bienes básicos, estamos listos para responder la pregunta esencial: ¿A qué debemos dedicarle nuestro corto tiempo en la vida para lograr el mayor éxito? Charlie Munger, la mano derecha de Warren Buffett, comenta acertadamente lo siguiente: "Descubre cuáles son tus propias aptitudes. Si participas en juegos en los que otras personas tienen las aptitudes y tú no, perderás esos juegos".

Menos es más

Siempre estamos en busca de la combinación perfecta entre lo más grande, lo mejor y lo más extremo —somos una sociedad obsesionada con lo que más impacte—. En los negocios, casi todo el tiempo estamos hablando de esforzarnos por ser como aquellos que parecen más grandes que la vida misma —Larry y Sergey y su fama con Google, Steve Jobs y Steve Wozniak con Apple, Sir Richard Branson y su imperio Virgin, Jeff Bezos y su propio imperio que es Amazon, la familia Tata, Jack Ma y el mítico Alibaba… y podría seguir y la lista de magnates y sus empresas sigue.

Pero lo que no escuchamos es la frecuencia con la que ellos mismos —estos unicornios míticos como Bezos y Ma— hablan sobre sus productos básicos y de los productos y servicios principales que ellos organizaron para *sus* empresas. Estos íconos saben que son los conceptos básicos lo que les permitió crecer, pero nosotros nos metemos en problemas, porque seguimos tratando de emularlos, pretendiendo lograr *más*. Casi todos ellos, a pesar de su espectacular crecimiento y tamaño, tienen éxito, porque todavía se rigen por la noción de sobresalir en algunas áreas en lugar de lograr la mediocridad intentando hacer de todo.

¿Y qué tal si tomamos a uno solo de ellos, como Richard Branson? Lo que veríamos de entrada es lo que él ha hecho con su enorme conglomerado Virgin. Branson se centró en ofrecer viajes aéreos con Virgin Atlantic y viajes espaciales con Virgin Galactic, sin mencionar su presencia en la música y el entretenimiento, la salud y el bienestar, y en los servicios financieros, solo por nombrar algunos de sus campos de acción.

Pero si tomamos la historia de cómo Branson fundó Virgin Atlantic, pronto descubriremos que él comenzó exclusivamente con lo básico y además, que a medida que hacía crecer su empresa, continuó manteniendo sus conceptos básicos. ¿Cómo inició la empresa? Con un solo Boeing 747 volando entre el Aeropuerto de Gatwick, de Londres, y el Aeropuerto Internacional de Newark, en Nueva Jersey. Ahora, fíjate, podría haber comenzado con una flota completa de aviones y con múltiples rutas, pero no lo hizo. ¿Por qué? Porque estaba probando lo que veía como el círculo de competencia de Virgin Atlantic: la experiencia de volar.

El empresario multimillonario Richard Branson[4] fundó la aerolínea por algo así como un capricho. Estaba programado para tomar un vuelo (por casualidad, iba rumbo a las Islas Vírgenes Británicas), pero este fue cancelado.

Entonces, necesitando llegar a su destino, hizo lo que la mayoría de nosotros haría[5] y contrató un avión privado para que lo llevara hasta allá. Mientras lo reservaba por teléfono, el agente de reservas le preguntó: "¿Y cuántos pasajeros irán?", lo que le hizo darse cuenta de que, en efecto, había otros pasajeros que también necesitaban llegar a las Islas Vírgenes. "Espera", dijo, y (en broma, dice él) escribió "British Virgin Airlines" en un tablero, reuniendo a otros pasajeros. Una versión de la historia sostiene que le cobró $39 dólares a cada uno, escribiendo "$39 ida y vuelta a las BVI" en la pizarra. Otra versión afirma que no dio un precio y que, de hecho, había tantos otros pasajeros interesados que comenzó una guerra de ofertas y Branson terminó ganando dinero con el alquiler privado del avión.

Sin embargo, ambas versiones sostienen que Branson y los demás pasajeros se divirtieron tanto en ese vuelo juntos que algo ocurrió dentro de él: estaba harto de otras aerolíneas y de la experiencia que ofrecían, así que hizo una llamada telefónica a Boeing, compró un 747 y probó su hipótesis: que viajar en avión podía ser una experiencia agradable y especial y que Virgin podría ser la aerolínea que la proporcionara de tal manera que fuera asequible para los clientes y rentable para la compañía.

Fue así como nació una aerolínea que no era básica en sus ofertas —presentaba la posibilidad de una mejor experiencia de vuelo para el pasajero, cómodos asientos de cuero, pantallas de TV individuales y una amplia selección de opciones de entretenimiento a bordo—, pues todo en Virgin era mejor que viajar con otras aerolíneas cuyo servicio sí resulta bastante básico.

¿Todavía no estás convencido? ¿Qué tal lo que hizo Steve Jobs con Apple? Esta es una empresa cuyo producto estrella, el iPhone, les ayudó a captar entre $89.000 y $93.000 millones de dólares en ingresos por *trimestre*. Nunca he escuchado que el iPhone sea descrito como un aparato básico. Lo conocemos por su amplia gama de ingeniosas funciones: reconocimiento facial, procesadores biónicos, sonido estéreo, cámara modo ráfaga y con otras funciones para tomar fotos perfectas.

Pero lo que Jobs sí reconoció fue el bien básico del iPhone —que es un dispositivo combinado que la gente valora, porque se puede usar como teléfono y como cámara; además en él puedes acceder a la web. Cuando Apple lanzó el iPhone original, no tenía reconocimiento facial, ni procesadores biónicos, ni sonido estéreo… ni siquiera tenía la función de cortar y pegar o la capacidad de buscar contactos.

Verás, Apple no tenía ni la menor idea de si el iPhone sería una bomba comercial o no. Tenía miedo absoluto de que la gente no quisiera o incluso no usara un dispositivo que pudiera hacer varias cosas a la vez. ¿Qué pasaría si los clientes terminaran no usando la función de la cámara, porque sintieran que su cámara digital toma fotografías más claras y mejores? ¿Y qué tal si prefieren usar su computadora portátil para obtener navegación y funcionalidad online?

Así que probaron lo que vieron como su bien básico: la elegancia de su combinación de ofertas todo en uno. Y con cada nuevo intento, con cada nueva característica, ese bien básico aun continúa guiando lo que está por venir. Con su iPhone X, Apple entregó exquisitez y elegancia. Y con su Apple TV+, la empresa se mantuvo fiel a una experiencia de visualización de televisión simplificada, optimizada y elegante. Sin lugar a dudas, Apple continuará lanzando nuevos productos que nunca dejen de ofrecer sus bienes básicos de elegancia, simplicidad y utilidad.

En conclusíon, de Virgin, Apple e incluso de Buc-ee's podemos aprender que el hecho de no distraernos con cosas más grandes, mejores y más extremas puede brindarnos una experiencia enriquecedora. La creación de una ventaja comienza con la identificación de tus bienes básicos, la definición de tu círculo de competencia y la capacidad de operación dentro de ese perímetro. Por supuesto, con el tiempo, es posible trabajar en aras de expandir tu círculo, como lo hizo Buc-ee's, pero nunca pierdas de vista los conceptos básicos que son la base de *tu* ventaja.

Principio 2

No se trata de darlo todo. Tus bienes básicos te ayudarán a conseguirlo todo.

CAPÍTULO 3

Reconociendo lo incongruente

"Ver cómo serán las cosas desde sus inicios, eso es genialidad".
—**Lao Tse**

Cuando todos los demás buscan las mismas pequeñas recompensas siguiendo las mismas fórmulas y ejecutándolas de la misma manera es inevitable que los verdaderos grandes premios vayan a parar a otra parte. Aun existen otros senderos por explotar y para recorrerlos y conquistarlos se requiere de enfoques diferentes. Diferentes mercados. Diferentes valores. Diferentes redes. Diferentes tipos de mentalidad resultantes a partir de diferentes experiencias de vida. Como dijo un sabio amigo mío: "Diferente no siempre es mejor, pero mejor siempre es diferente".

Creces donde te plantan

Brian Scudamore nunca obtuvo su diploma de escuela secundaria. El día de su graduación, él *pensó* que sí lo obtendría, pero cuando se acercó a recogerlo encontró que donde debería haber estado su diploma había un aviso informándole que había fallado a demasiadas clases de álgebra y que era necesario que volviera a tomarlas durante el verano para obtener su diploma.

Sin embargo, en lugar de volver a tomar esta asignatura, él decidió postularse a un programa de estudios de dos años en Dawson College, Montreal, su ciudad natal. Le escribió una carta a la universidad implorándole que lo dejara ingresar y explicó que, durante su último año escolar, no estuvo tan concentrado como debería haber estado, pero que ahora sí estaba listo. Su argumento le funcionó.

Más tarde, terminó abriéndose camino en Concordia University, una institución de programas académicos de cuatro años, también en Montreal (donde solo asistió durante dos). Después, se inscribió en University of British Columbia, solo para volver a abandonar sus estudios una vez más. En pocas palabras, resultó que la universidad no era para él (aunque hablar de *ingresar* a ella sí era su tema de conversación favorito). Pero para entonces, ya había iniciado una empresa de remoción de chatarra inspirada en un viejo camión destartalado que vio anunciando un servicio de recolección de basura que pasaba por un McDonald's. En ese momento, Brian pensó: "Yo puedo hacerlo mejor". Fundó una compañía llamada Rubbish Boys, la cual se convirtió en su compañía actual, 1-800-GOT-JUNK?, que le genera más de $200 millones de dólares en ingresos anuales.

Lo cierto es que, aunque su camino hacia el éxito parece sencillo y la falta de un diploma de escuela secundaria ya parece un recuerdo lejano, este tema sigue siendo relevante para Scudamore. De hecho, me dijo que no ha habido un solo mes, desde 1998, el año en que fundó Rubbish Boys, en el que, por alguna razón, alguien no haya mencionado frente a él las frases "desertó de la escuela secundaria" o "desertó de la universidad".

Recién fundó Rubbish Boys, los posibles inversores, desde bancos hasta amigos y familiares, se negaron a prestarle dinero y le preguntaron: "¿Qué estás haciendo? ¿Hacia dónde te diriges con esta idea? ¿Cómo vas a hacer que este emprendimiento te lleve a algún lado cuando ni siquiera pudiste ser constante en la universidad?".

De ahí en adelante, Scudamore se aseguró de no permitir que otros se hicieran cargo de su situación, ni le asignaran la etiqueta de "desertor". "Decidí que tenía que usar esa desventaja a mi favor y sacarle provecho", manifestó. "Nadie me permitía olvidarlo, así que tuve que aceptarlo como uno de mis activos, al igual que otros aceptan sus sólidas habilidades cuantitativas o de comunicación". Desde entonces, Scudamor mencionaba con orgullo su propio historial académico, declarando: "Soy una persona que aprende haciendo, así que cada movimiento que hice no fue por querer abandonar la escuela, sino por despejar el camino para hacer lo que quería hacer".

Sin embargo, aun así, la etiqueta de desertor persistió. Incluso cinco años después, cuando su empresa alcanzó el medio millón de dólares en ingresos, seguía enfrentándose a críticas a ese mismo repecto. La gente le decía: "Abandonaste la escuela secundaria y ahora estás en el negocio de la basura. ¿De verdad quieres estar en esa clase de negocio toda tu vida?".

Scudamore continuó cargando con esa marca y esta incluso se le duplicó a tal punto que él mismo reconoció que ese rasgo siempre sería parte de cómo la gente lo ve aunque él tenga sus propias habilidades y talentos, como toda persona. Ahora, se refiere a su estado de deserción escolar como su "insignia de honor". "Creces donde te plantan", afirmó. "Y ahora, la gente se refiere a mí como un desertor —y no se aparta de ese concepto—. La gente me subestima por eso y yo uso esa falla tratando de sacarle el máximo provecho. Vuelvo hermosas algunas cosas que otros piensan que es basura".

Tu vida y tu historia son parte de tus bienes esenciales. No subestimes dónde fuiste plantado. Más bien, cultiva allí. O cultiva donde el suelo esté menos saturado con otras plantas y sea menos probable que te sientas asfixiado.

Las filas más largas no siempre llevan a lo mejor de lo mejor

Cuando era pequeña, recuerdo mis visitas a Chinatown con mis padres. Fue en los días anteriores a Yelp. Es decir que no había forma de buscar reseñas en línea para saber en cuestión de minutos qué restaurantes de cuatro estrellas y media con más de 200 reseñas se adaptarían mejor a nuestro paladar.

Lo que hacíamos en esos días en que nos íbamos a Chinatown sin saber qué restaurante frecuentar era mirar las filas de clientes. Mis padres solían encontrar los dos restaurantes con las filas más respetables (léase: más largas) y luego se separaban, cada uno esperando en una fila distinta. Yo me dirigía con mi padre hacia una fila, mi hermano iba con mi madre a otra y él y yo servíamos como "informantes" atravesando una y otra vez los corredores de los dos restaurantes con el fin de mantener a cada uno de nuestros padres informado sobre la rapidez con la que se movía la fila del otro. Cuando estábamos cerca de la puerta de entrada, le dábamos al anfitrión o a la anfitriona nuestro nombre y el número de personas que conformaban el grupo (así era como funcionaba Chinatown, en la Ciudad de Nueva York, al menos, en la década de 1980) y tomábamos la decisión con respecto a cuál de los dos sería el restaurante en el que cenaríamos.

"Los mejores restaurantes tienen las filas más largas", dice todavía mi madre. Durante décadas, esa también fue mi heurística. Cada año, regreso a Taiwán y la escena de los restaurantes en el centro de Taipei no es diferente a la del barrio chino de la Ciudad de Nueva York en la década de 1980. ¿Y la fila más larga? Siempre es en Din Tai Fung, un restaurante pequeño y discreto que se especializa en albóndigas de sopa al vapor llamadas xiao long bao y en otro tipo de cocina de Huaiyang. Din Tai Fung ahora tiene sucursales en Australia, China, Hong Kong, Indonesia, Japón, Macao, Malasia, Filipinas, Singapur, Corea del Sur, Tailandia, Estados Unidos, Reino Unido y Emiratos Árabes Unidos, pero su ubicación original en Xinyi Road, en el Distrito de Da'an, de Taipei, que sigue siendo la más popular y frecuentada. No importa la hora que sea, siempre verás una fila que sale del restaurante y varias veces al año me verías esperando en esa fila.

Hasta que un día, mi esposo me dijo que había encontrado otro pequeño restaurante de albóndigas anodino. Yo apenas sí lo escuchaba. "Hay restaurantes de albóndigas por todo Taipei", le contesté. "Hemos comido en docenas de ellos y están bien. Está bien para una comida normal, pero nada especial. Cuando queremos algo especial, vamos a Din Tai Fung". Sin inmutarse, él continuó explicándome: "*Este* es especial. Sus bolas de masa son… *mejor* que en Din Tai Fung". "¡Qué horror!", pensé. Era un sacrilegio de su parte sugerir que allá era mejor que Din Tai Fung. De inmediato, me incliné por ir a aquel místico restaurante.

El lugar era extremadamente pequeño. En caso de que estuviera lleno (no lo estaba), podría haber atendido a unas 10 o 12 personas y de manera incómoda. El "menú" tenía entre 10 y 12 opciones… pero eran mis favoritas, las que habría ordenado si estuviera en Din Tai Fung.

Y la comida… era mejor. Mucho mejor. La mejor sopa de albóndigas que he probado hasta el día de hoy. No solo sabían mejor, sino que también eran las albóndigas más perfectas que he visto hasta ahora.

Este restaurante anodino[1], dirigido por el dueño y su esposa, sin filas, era mejor que el Din Tai Fung de fama mundial. Resultó que el esposo fue aprendiz en Din Tai Fung. Un día, después de intentar innovar con una taza de albóndigas de cangrejo, lo despidieron y no volvió a encontrar trabajo en ningún otro lugar. Así que, estando en su propia casa, preparó una canasta de seis bolas de masa al vapor, instaló afuera una mesa y allí hizo su primera venta.

Aprendí tres cosas. Primero, a confiar en mi esposo cuando se trata de comida. (Esta primera lección fue sin duda la más difícil de aprender). En segundo lugar, aprendí que lo mismo puede decirse de las filas en un parque de atracciones: las mejores atracciones no son siempre las que tienen las filas más largas. (¿Recibiría un amén de todos los padres que han pasado horas esperando en la fila para subir al Dumbo en Disney?) Y tercero, entendí que, generalmente, las multitudes son sabias, pero es una sabiduría con límites.

Tendemos a mirar donde hay gente abarrotada, porque las multitudes van a donde está lo más vistoso y resplandeciente. Este tipo de mentalidad de manada suele ser útil en muchas situaciones, como cuando se trata de decidir qué tipo de teléfono comprar, pero también puede llevar a toda una industria por el camino equivocado, como el que presenciamos en la primavera de 2000, cuando la burbuja tecnológica del mercado de valores colapsó o durante la crisis hipotecaria hace apenas unos años.

Por eso, desplazarse entre la multitud es a veces muy difícil. A veces, trabajar en función de aumentar tus bienes básicos y hacer el uso más eficaz de ellos se logra mejor cuando tienes la capacidad de ir más allá de lo que diga, piense o vea la multitud. Así, te las ingenias para identificar algo distintivo por tu propia cuenta; es entonces cuando suceden cosas bastante especiales.

Los inversores ángeles adoptan esta misma premisa. En mi investigación, y en mis entrevistas con ellos, este tipo de inversionistas reconoce que, si mira las mismas oportunidades de inversión que todos los demás inversores han visto, e invierte en todas las nuevas empresas sobre las cuales todos están de acuerdo en que serán un éxito, sí se logra algún nivel de éxito. Sin embargo, al tratar de detectar ese diamante en bruto —esa extraordinaria puesta en marcha que tal vez te proporcione ganancias descomunales—, debes ir donde otros no van: rumbo a sacarles partido a oportunidades que otros han descartado y pasado por alto.

No subestimes a los rezagados

En 1981, surgió un producto revolucionario: la primera computadora portátil[2] del mundo. Esta, llamada Osborne I, pesaba casi 25 libras y requería de un paquete de baterías. La tapa se abría dejando al descubierto un teclado. Costaba $1.795 dólares. A pesar de su tamaño y peso gigantescos, fue revolucionaria, porque ofrecía algo que ninguna otra computadora podía ofrecer: portabilidad. Era portátil en el sentido de que podía transportarse incluso en un vuelo comercial.

Pero a pesar de su éxito inicial, la Osborne I luchó bajo una fuerte competencia. Debido a las expectativas del mercado y a su creciente demanda, competidores como Andrew Kay, el inventor del voltímetro digital, y Steve Jobs, Steve Wozniak y Ronald Wayne, quienes juntos fundaron Apple, se apresuraron a ofrecer sus propias versiones de computadoras portátiles. Las mentes técnicas detrás de estas empresas continuaron impulsando el producto y la tecnología detrás de las computadoras portátiles se desarrolló a gran velocidad. Estas se volvieron más pequeñas y livianas, mientras que su memoria y capacidad de procesamiento aumentaron de manera exponencial y más interesados en el tema se subieron al tren de las oportunidades.

En 1986, vimos la introducción de la IBM PC[3] convertible que, originalmente, fue diseñada y construida por 12 ingenieros dirigidos por William C. Lowe bajo el nombre en clave Acorn. Fue la primera computadora portátil viable desde el punto de vista comercial, con un peso de solo 12 libras, menos de la mitad de la Osborne I. Costaba $3.500 dólares y contaba con 256 kilobytes de memoria, dos unidades de disquete, una pantalla LCD, espacio para un módem interno y el diseño de concha que se usa en las computadoras portátiles de hoy, y fue un éxito. Menos de cuatro meses después de que IBM presentara su PC, la revista *Time* nombró a la computadora el "Hombre del año".

La tecnología continuó progresando y la gente de compañías como Hewlett-Packard, Compaq y Microsoft quería hacer parte de este nuevo mercado. Los ingenieros desarrollaron más avances y mejoras: espacio para un reposamanos, la inclusión de un dispositivo señalador (una bola de seguimiento) y elementos como paneles táctiles, pantallas en color opcionales y audio integrado. Estas empresas buscaban aprovechar lo que los especialistas en marketing llaman "mayoría temprana" y "mayoría tardía". La idea tenía sentido: existía la posibilidad de ganar más y más dinero a medida que las computadoras portátiles se volvieran cada vez más comunes.

No obstante, a principios de la década de 2000, la mayoría de las empresas de tecnología estaba comenzando a avanzar sin prestarles interés a los consumidores rezagados que aún no habían comprado computadoras portátiles. Si bien continuarían sirviéndoles a los clientes que estaban interesados en computadoras portátiles de gama alta, las empresas de este campo vieron que el interés de los clientes se movía hacia otra parte: notaban las largas filas proverbiales de gente desplazándose de las computadoras portátiles hacia las tabletas, supuestamente, la próxima gran novedad.

Y sí, las tabletas como el iPad y la tableta Samsung se volvieron grandes inventos y la multitud se estaba moviendo en esa dirección. Mientras tanto, un grupo casi desconocido e insignificante de personas de una empresa aún más desconocida, llamada Asus, decidió que estaba interesado en ingresar al mercado menos concurrido de las computadoras portátiles. Asus ni siquiera fabricaba computadoras; era un proveedor de empresas establecidas como IBM. Pero estos ingenieros reconocieron algo que los titulares no reconocieron: que entrar en esta industria con la mentalidad de "más" (más avances, más funciones y más mejoras) no iba a ser efectivo. Las grandes empresas existentes en esta área continuaban tratando de mejorar la utilidad y el rendimiento aplicándole una mejor tecnología a la batería, diseñando procesadores de ahorro de energía, pantallas de visualización mejoradas, avances en la tecnología de almacenamiento, mejor conectividad y la adición de dispositivos como cámaras de video integradas y sensores de huellas dactilares, por nombrar solo unos pocos.

El equipo de Asus decidió que se enfocaría en *menos* de estos aspectos. De lo que ellos se dieron cuenta fue que la gente que "todavía estaba en la fila de espera" no eran personas que quisieran más y mejor —pero sin embargo, eran una parte importante del mercado—. Los que se quedaron por fuera fueron los rezagados, los que recién ahora estaban comenzando a usar computadoras portátiles. Personas como padres ancianos o abuelos que no necesitaban todas las alertas y sonidos de los computadores, pero que empezaban a querer un dispositivo en el cual pudieran, simplemente, consultar el correo electrónico, navegar por la web y que tal vez les sirviera para entretenerse con algunos juegos como Solitario[4], Buscaminas o Freecell. Entonces, en junio de 2007, Asus lanzó su versión de computadora portátil. Era pequeña y liviana y funcionaba muy bien con esas características básicas. Con un precio de alrededor de $300 dólares resultaba mucho más barata que otras computadoras portátiles en el mercado (que promediaban alrededor de los $2.300 dólares) y se convirtió en un éxito espectacular y rotundo. Asus continúa fabricando laptops de bajo costo y bajo consumo y los expertos de la industria han dicho que si hay una línea de productos a la que pueda dársele crédito por la creación casi por sí misma de toda las categorías de netbooks —quizá, el mayor cambio de paradigma en la computación móvil— es a la línea de Netbook Eee para PC, de Asus.

· · ·

Un beneficio secundario de ir primero donde haya menos gente es que tienes la posibilidad de disfrutar de sus productos básicos donde es menos competitivo, antes de ir a los mercados más poblados. Comenzar en un lugar menos concurrido te permite perfeccionar tus competencias básicas antes de expandirte hacia mayores competencias. Además, te ayuda a evitar la tendencia humana a confundir la popularidad con la excelencia.

El brillante erudito en administración, Ryan Raffaelli, capta este punto con total precisión en su minuciosa descripción de cómo resurgió la industria relojera suiza después de ser golpeada por competidores de bajo costo de Asia, junto con la creciente disponibilidad de teléfonos inteligentes y otros dispositivos que indican la hora. Raffaelli sostiene que, en sus comienzos, los relojes eran apreciados como máquinas complejas creadas a través de una ingeniería suiza asombrosa y sofisticada. En lugar de intentar competir con los teléfonos inteligentes y los relojes baratos por la mayor parte del mercado, como habían comenzado a hacer muchos relojeros, los relojeros suizos duplicaron sus características básicas. Ellos volvieron a enfatizar en el estilo, en el significado profundo y en la tradición de aplicar ingeniería avanzada en sus relojes para así distinguir sus productos de esas "cosas que usamos en nuestras muñecas". Las ventas globales de relojes suizos son ahora más fuertes que nunca. Aunque, por lo general, estos relojes se venden al por menor entre $1.000 y $5.000 dólares, las ventas son más fuertes en la parte superior de la pirámide de precios; relojes con un precio de $5.000 dólares y más representan casi la mitad de las ventas de todo el mercado de los relojes suizos.

Por todo lo anterior, es innegable que conocer tus bienes básicos te ayuda a detectar oportunidades que las multitudes no ven, así podrás distinguirte de las multitudes que abarrotan los mercados. Y además, te ayuda a detectar posibles problemas que podrían surgir en medio de las llamativas ideas que obsesionan a la multitud.

Un ojo crítico para las incongruencias

Elizabeth Holmes, fundadora de una empresa llamada Theranos, era la "chica popular" de Silicon Valley: estudiante atractiva y bien conectada, egresada de la Escuela de Ingeniería de Stanford. La historia del ascenso de Theranos, la empresa que ella fundó en

2003, quizá ya te sea familiar; fue el tema de un *bestseller* de 2018 llamado *Bad Blood*. La compañía de Holmes resolvió un problema increíble y a gran velocidad se convirtió en el favorito de los ecosistemas de emprendimiento. Ella había desarrollado una tecnología capaz de usar una sola gota de sangre obtenida de un pinchazo en el dedo para ejecutar con precisión docenas de exámenes de laboratorio comunes. La única alternativa que existía era extraer sangre de forma invasiva en distintas venas.

En pocas palabras, esta tecnología fue una gran oportunidad, una que le dio a Holmes acceso a hordas de inversionistas prominentes, incluida la firma de capital de riesgo Draper Fisher Jurvetson y el fundador de Oracle, Larry Ellison, de quien recaudó más de $400 millones de dólares. En su apogeo, Theranos estaba valorada en $9.000 millones. Entre los incluidos en su junta directiva se encontraban personas de alto nivel como el ex Secretario de Estado Henry Kissinger, el capitalista de riesgo Pete Thomas, de ATA Ventures, y el ex Presidente de Pharmacia Corp., Robert Shapiro. Los inversores, los medios de comunicación e incluso los actores de la industria como Cleveland Clinic y Walgreens estaban enamorados de Holmes y su visión sobre el futuro de los análisis de sangre.

Hasta ahí, la historia parecería trillada y conocida. Sin embargo, la parte que no es tan conocida es la relacionada con un grupo de científicos que intentó evitar que Theranos llegara a existir.

Verás, antes de que todo esto surgiera, hubo un grupo de expertos médicos que escuchó un discurso temprano de Holmes y ellos no podían dejar de sentir que sus proyecciones, simplemente, no tenían sentido. Lo que estos expertos médicos no lograron entender fue cómo Holmes pudo realizar una variedad tan amplia de pruebas con su dispositivo confiando 100% en una gota de sangre de un dedo; simple y llanamente, la cuestión parecía no cuadrar. Y además, tampoco pudieron determinar cómo cada una de estas pruebas variadas lograría la precisión de las pruebas médicas aprobadas por FDA.

Lo que sí conocían estos científicos —lo que sí estaba dentro de su círculo de competencia— era la fisiología humana básica. Una gota de sangre de un dedo no es lo mismo que la sangre que proviene de una vena, pensaban. Esa sangre de la yema del dedo debe haber viajado a través de células grasosas, de compartimentos en el cuerpo humano y entre los pequeños vasos capilares más cercanos a la superficie de la piel. Las moléculas pequeñas, como la glucosa, pueden viajar por ese camino y medirse con la suficiente precisión en una prueba de azúcar en la sangre. Pero otras moléculas más grandes, como las proteínas que comprenden hormonas y lípidos que componen el colesterol, no se pueden identificar de manera uniforme a partir de la sangre que proviene de la punta de un dedo de la misma manera que a través de la sangre extraída de una vena.

Años más tarde, estos científicos se habían olvidado de Theranos. Pero una vez que vieron los titulares de la prensa —llamativos al principio; luego, más escépticos a medida que surgían preguntas sobre tecnología—, sus recuerdos se refrescaron. Una serie de artículos en *Wall Street Journal* informó que Theranos estaba falsificando datos, proporcionando resultados por medio de instrumentos y procedimientos tradicionales y no utilizando sus propios dispositivos de análisis de sangre. Así las cosas, los reguladores federales le prohibieron a Holmes trabajar en la industria del análisis de sangre durante un tiempo mínimo de dos años y Theranos enfrentó una investigación criminal por engañar a los inversores.

¿Por qué Holmes pudo llegar tan lejos como llegó? ¿Cómo fue que personas famosas y ampliamente respetadas creyeron en Theranos cuando un grupo de científicos prefirió mantenerse alejado desde el principio? Por un lado, Holmes era una joven fundadora carismática, con la capacidad de cautivar. También era una emprendedora simbólica a quien los inversores podrían señalar como un ejemplo de una empresaria exitosa. Holmes logró mantener el secreto relacionado con su tecnología en un entorno que les permite a las empresas operar en "modo sigiloso", debido a problemas de propiedad intelectual. ¿Pero cuál fue la mayor razón de su éxito? La oportunidad. Millones de dólares en dinero de inversionistas, años de tiempo de desarrollo, todo se dio debido a esta increíble oportunidad sobre la cual se ocultó la incongruencia.

A veces, aquellos que tienen un buen ojo para identificar los peligros de la innovación y son capaces de detectar las oportunidades perdidas suelen tener una ventaja aún mayor que quienes son famosos por ser innovadores. Un ojo para la incongruencia te ayuda a reconocer defectos que nadie más ve. La capacidad de identificar tales oportunidades perdidas tiene que ver con el reconocimiento de patrones o con la capacidad de "conectar los puntos" entre todos los cambios en la tecnología, la demografía, las fuerzas sociales, los mercados, las políticas gubernamentales y otros factores en juego en nuestra vida. Saber reconocer patrones o hacerlos coincidir se trata en realidad de saber cómo asegurarse de que las piezas importantes encajen entre sí.

La coincidencia de patrones no siempre requiere de un campo específico de experiencia o de un conocimiento especializado en particular. No hace mucho, se me acercó un inventor que había descubierto una muy buena solución relacionada con el uso de los paraguas. Piénsalo: los paraguas suelen ser una molestia. Sí, son útiles, nos mantienen secos cuando afuera está lluvioso, pero también son un fastidio. Si pienso al respecto solo por tres segundos, puedo nombrar varias molestias que tengo con relación a los paraguas. Por ejemplo, que al entrar a cualquier parte después de cerrar tu paraguas dejas todo mojado y te ves en líos para no mojar a los demás. Entonces, te ves en la necesidad de usar esas fundas de plástico, pero el hecho es que nadie quiere usarlas (y algunos lo hacemos solo cuando la gente nos está mirando). Abrir los paraguas, cerrar los paraguas. Entrar en un auto en un día lluvioso, intentando cerrar el paraguas mientras abres la puerta y procuras por todos los medios mantenerte seco. Y no olvides esos días ventosos en que terminas luciendo como un tonto cuando el paraguas se rompe.

Así que, cuando este joven inventor llamado Sam se acercó a mí con una solución que resolvería todos estos problemas relacionados con los paraguas, lo escuché con total atencón. Sam me entregó un prototipo de aspecto atractivo. Imagina el mango de un sable de luz de Star Wars. Cuando presionas un botón, una corriente de aire de alta potencia se dispara y crea esta bolsa de aire sobre ti, con la forma de la cúpula de un paraguas. Acto seguido, el agua golpea esta cubierta de aire y gotea lentamente por los lados. Súper Genial, ¿verdad? Sam había pensado hasta en un mecanismo de seguridad para que este aire no se dirigiera, por ejemplo, al ojo de alguna persona cercana. Cuando terminas de usarlo, todo lo que tienes que hacer es presionar de nuevo el botón y la corriente de aire se retrae. No más líos empalagosos con el uso del paraguas. No hay duda en que este es un invento en el que todos estamos de acuerdo que sería magnífico que así ocurriera. Y, de hecho, Sam ya había presentado su paraguas frente a decenas de grupos, cada uno con un coro resonante de asistentes que manifestaban que querían adquirir su novedoso paraguas.

Una vez hecha su demostración, Sam me preguntó si yo invertiría en su empresa. Le dije que no a pesar de lo interesante y conveniente que era su paraguas y a pesar de todas las opiniones positivas de los participantes de los grupos focales donde este invento fue evaluado. Sin embargo, varios amigos míos que también invierten en nuevas empresas sí lo hicieron. Pocos meses después de que se fabricara y comercializara el stock inicial del paraguas, Sam se dio cuenta que nadie los estaba comprando.

Antes de contarte por qué nadie estaba comprando los paraguas, permíteme decirte por qué no invertí. ¿Qué fue aquello de lo que me di cuenta desde el principio, que me permitió conectar los puntos y que mis compañeros inversores ángeles no vieron? Bueno, a veces, los malos productos están destinados a ser malos con un propósito. No necesitamos una solución funcional para todo. Yo fui más allá de las molestias normales de cargar un paraguas, más allá de la oportunidad de inversión que se me presentaba.

Porque ¿sabes lo que también resulta doloroso con respecto a los paraguas? Que 9 de cada 10 veces, cuando comienza a llover, no tienes tu paraguas contigo. En mi caso, prefiero ingresar a un CVS local y comprar un paraguas de $5,99, pues suelo perder mis paraguas todo el tiempo. Así que no es tan doloroso para mí perder un paraguas de $5,99 como perder un paraguas tipo sable láser de $199 dólares.

Sí, ese es el precio del paraguas, $199 dólares. Por eso nadie lo compraba.

Este no era un problema en los grupos focales, cuando se les preguntaba a los asistentes: "¿Cuánto pagaría por esto? ¿Estarías dispuesto a pagar $200 dólares?".

En esos grupos focales, la gente estaba pensando en la oportunidad —en la elegancia de la corriente de aire de alta potencia, en la innovación, en los problemas que este paraguas resolvería—. Nadie estaba pensando en perder un paraguas de $200 dólares.

Aquellos que tienen una perspectiva inusual y son capaces de identificar incongruencias y fallas fundamentales aportan ventajas una y otra vez, ahorrándoles tiempo y dinero a programas y organizaciones enteras, sin mencionarse a ellos mismos, que también se evitan enormes cantidades de dinero, tiempo y vergüenza.

No es frecuente escuchar perspectivas alternas que difieran en gran manera de las nuestras. Tendemos a juntarnos con personas que son como nosotros, que comparten nuestras creencias, nuestros valores y hábitos. Nos asociamos dentro de los límites en los que nos movemos. Así que el simple hecho de ser la voz atípica te permite aportar valor.

Después de que su producto fracasó en el mercado, Sam se acercó a mí una vez más, preparado para trabajar en un mejor diseño del producto. Yo le expliqué por qué no había invertido y por qué mis razones iban más allá del diseño del paraguas. Según mis comentarios, Sam usó su talento para aventurarse en otros productos y ahora dirige un exitoso negocio de estilo de vida que genera más de $2 millones de dólares en ingresos cada año vendiendo portabebés, coches, bicicletas y otros artículos para bebés que resultan bastante funcionales, puesto que están inteligentemente diseñados, todos con una capota que ofrece no solo protección contra el viento y los rayos UV, sino también, como era de esperarse, protección contra la lluvia.

Jugo exprimido a mano

La gente consciente de la gran importancia de la salud está de acuerdo en todas estas cosas: hay que comer muchas frutas y verduras, comprar solo productos orgánicos y de granja y mantenerse alejado de los carbohidratos "malos" y el gluten. Todos conocemos ese tipo de personas —tú podrías ser una—. Yo no lo soy, por mucho que lo intente.

Juicero, fundada en 2013 por Doug Evans, ofreció un producto que resonó dentro de este círculo consciente de la salud: un exprimidor con conexión Wi-Fi que te permitiría tener jugo de frutas y verduras recién exprimido en la comodidad de tu propio hogar, con solo presionar un botón mientras aún estás en la cama o en el momento que lo desees. Con el elegante Juicero, los consumidores insertarían un contenedor individual preempaquetado de frutas y verduras picadas y obtendrían una bebida deliciosa, nutritiva y lista para beber (piensa en Keurig, pero para jugo y controlado desde cualquier dispositivo móvil).

Evans recibió $120 millones en fondos de inversores prominentes como Kleiner Perkins y Google Ventures. El producto tenía un precio de $699 dólares, con paquetes de frutas y verduras de un promedio de $6 dólares cada uno. ¿Quién no querría esto en la comodidad de su hogar?

Evans no era un veterano de Silicon Valley, pero hablaba como uno y comenzó a considerarse a sí mismo como uno, siempre entusiasmado con su producto. "No todos los jugos son iguales", afirmaba. "¿Cómo mides tu fuerza vital? ¿Cómo mides el chi?".

Como ya estarás comenzando a pensar, un paraguas de $199 es incómodo y un exprimidor de $699 es desconcertante, pero no para la gente de Kleiner Perkins o Google; para ellos, un exprimidor con conexión Wi-Fi era una oportunidad novedosa. Evans enamoró a estos inversionistas con su exprimidor miniaturizado de potencia industrial que, según él, algún día, estaría en millones de hogares, ayudando a licuar frutas y verduras, brindando nutrición cruda a base de plantas, como él la llamó. El caso es que este invento no logró entrar en la mente de aquellos que quizás no lo deseaban.

Pero lo que es más importante, Evans estaba tan alejado de la realidad de su invento que ni siquiera había caído en cuenta de una gran debilidad de su producto. No fue sino hasta cuando dos periodistas publicaron una historia que sugería que los paquetes de frutas y verduras de Juicero se podían exprimir a mano, lo cual hacía que el exprimidor de $699 fuera 100% irrelevante.

Estos paquetes de frutas y verduras se pueden exprimir fácil y rápido, produciendo un jugo que luce y sabe igual que el jugo exprimido en el Juicero de $699 dólares. La complejidad y la ingeniería técnica del exprimidor de Juicero eran por completo innecesarias, debido a lo que el capitalista de riesgo Ben Einstein llamó una total "falta de restricciones en los costos durante el proceso de diseño". Básicamente, este es el problema de los ricos: que piensan que todo el mundo necesita los dispositivos que ellos tienen. No se toman la molestia de exprimir con la mano cuando existe una máquina sofisticada que hace el trabajo por ellos.

Se necesitó de alguien que no perteneciera a su círculo íntimo para que Juicero cayera en cuenta de la situación. Alguien que fuera capaz de ver las cosas de manera diferente y utilizara estas diferencias en aras de pensar más allá de la norma. Así queda demostrado que la solución óptima no siempre es obvia.

•••

Entonces, ¿cómo usamos nuestros bienes básicos para aportar valor?

Reconociendo que es posible comenzar donde haya menos gente y tomándote tu tiempo para pasar de ser un novato a un profesional. Tómate el tiempo que quieras para dominar *tus* conceptos básicos —los tuyos, no los de quienes te rodean.

Acepta que se necesita tiempo para ser bueno en cualquier área. Disfruta del proceso de mejorar y aprovecha para mejorar cada día. Así, comenzarás a disfrutar de los mejores resultados sin tener que sentirte asfixiado en lugares abarrotados.

Y finalmente, alégrate al saber que tus bienes básicos y tu perspectiva son importantes. Ya sea que tengas habilidades y talentos únicos y especializados —como los médicos que no invirtieron en Theranos— o un punto de vista práctico —como el de los reporteros de Bloomberg que vieron a través de Juicero—, de todas formas, tú también estás en total capacidad para construir tu propio margen de ventaja.

Principio 3

Para utilizar tus bienes básicos de distintas formas, ve donde otros no van.

CAPÍTULO 4

El valor de las limitaciones

"Cuando la vida me da limones, hago pastel de chocolate y dejo a los envidiosos preguntándose cómo lo hice".
—**Visto en una camiseta**

Las Vegas y la represa de Hoover

Cada año, mis amigas universitarias más cercanas y yo intentamos reunirnos durante un fin de semana largo. Sin embargo, en este momento de nuestras vidas, todas vivimos en diferentes ciudades: una en San Diego, una en Wisconsin, una en Colorado, una en Irlanda (eso pensamos... porque ella es una violinista irlandesa que viaja por el mundo y nunca sabemos dónde está en un momento dado). Entonces, en lugar de encontrarnos en el mismo lugar, cada vez vamos a diferentes lugares.

Hace dos años, nos encontramos en Las Vegas. Ahora, fíjate, ninguna de nosotras es una jugadora profesional. Así que, después de algunos intentos bastante patéticos de probar suerte en las máquinas tragamonedas, y de algunas pésimas manos de blackjack, donde en broma concluimos que uno de los caballeros en nuestra mesa debió haber sido un *"cooler"* [1], terminamos en la represa Hoover, la otra opción para los turistas de Las Vegas.

Originalmente llamada Boulder Dam, la represa Hoover es hoy considerada como una de las hazañas de arquitectura, ingeniería y construcción más impresionantes del mundo. Está en la lista de Monumentos Históricos Nacionales y en 1994 la Sociedad Estadounidense de Ingenieros Civiles la escogió como una de las Siete Maravillas de la Ingeniería Civil Moderna de los Estados Unidos. Mide 726 pies de alto, 1.244 pies de largo y está compuesta por cinco millones de barriles de hormigón. La represa en sí tiene 660 pies de espesor en su base (el equivalente a más de dos campos de fútbol), suficiente como para soportar el flujo del río Colorado y aprovechar su poder para proporcionarle electricidad y agua directa al Suroeste de los Estados Unidos.

Fascinada, me enteré que antes que el equipo de trabajo pudiera comenzar la construcción de la represa, primero, tuvo que abordar la enorme tarea de desviar el río Colorado para lograr llegar al suelo del cañón y así poder echar los cimientos. Este proyecto, antes del proyecto real, tomó un año completo y requirió de cuatro túneles para desviar el agua del río.

Por fin, el 6 de junio de 1933, se vertió allí el primer balde de hormigón. Este se mezclaba en el lugar, se transportaba en vagones de ferrocarril y se vertía a través de un sistema de baldes elevados que permitía entregar un balde de hormigón cada 78 segundos.

Pero aquí está la parte que me pareció más cautivadora: sin tener para nada en cuenta lo rápido que se vertiera el hormigón, este tenía que enfriarse y curarse como si se hubieran utilizado métodos convencionales para procesarlo, pues solo así sería estructuralmente estable. El problema era que, si se hubieran utilizado dichos métodos, esa enorme cantidad de hormigón en la represa habría tardado más de 100 años en curarse. (Nunca pensé que pudiera sentirme tan fascinada con lo que pudiera pasarle a una cantidad de concreto como esa).

Pero los ingenieros no podían, simplemente saltarse el proceso de curado. Cuando el hormigón ya ha pasado por este procedimiento, las moléculas de agua se integran en la estructura microscópica del cemento, que a su vez, se une al hormigón, haciéndolo mucho más resistente. Todo esto libera mucho calor. Por lo tanto, ellos no solo tuvieron que acelerar el proceso de curado de 100 años, sino que también tuvieron que asegurarse de que el enfriamiento del hormigón fuera uniforme. Sin un enfriamiento equilibrado, se formarían grietas por tensión que debilitarían la represa. Entonces, incluso si se enfriara, el concreto se agrietaría, estropeando la represa.

¿Qué hicieron los equipos de trabajadores? Se les ocurrió la idea de verter el hormigón por secciones. Incrustada en cada sección instalaron la que sería su solución para enfriar el concreto de manera uniforme: una red de tuberías por las cuales circularía agua enfriada por evaporación a través de una gran estructura hecha de secuoya en el sitio de construcción de la represa, utilizando bloques de hielo de media tonelada producidos a diario en la planta de refrigeración de amoníaco del sitio.

Fue solo después de que la parte de debajo estuvo lo suficientemente fría que se construyeron y rellenaron más secciones sobre esa base. La temperatura del agua de refrigeración en circulación se medía con enorme meticulosidad antes que se diera el visto bueno de continuar con el proceso.

Hipnotizada, vi algunas de las tuberías de enfriamiento que aún están incrustadas en el concreto, las cuales se ven sobresaliendo de la represa. Sin embargo, la mayoría de las tuberías se rellenaron posteriormente con hormigón para aumentar la resistencia. En total, casi 600 millas de tubería de acero se tejen a través de los bloques de hormigón. La represa Hoover es virtualmente inflexible ante niveles de presión de agua de hasta 45.000 libras por pulgada cuadrada.

Y se completó dos años antes de lo previsto.

Convirtiendo las limitaciones en puntos a favor

En el capítulo anterior, vimos cómo el hecho de identificar cuáles son nuestros bienes básicos nos conduce a descubrir cómo emplearlos para aportarles valor tanto a nuestra propia vida como a la de los demás. Pero resulta que las limitaciones también nos brindan una oportunidad única para descubrir y emplear nuestras fortalezas de maneras enriquecedoras. Las limitaciones alteran los caminos que tomamos, incluso en casos en que nos hacen sentir que no tenemos opciones.

La versión de cuarto grado de mí misma me recuerda con total claridad ese sentimiento de limitación cuando mi maestra fue informada de que yo había obtenido una puntuación escandalosamente alta en las pruebas estandarizadas que teníamos que presentar cada año para medir las aptitudes en matemáticas, comprensión de lectura y lenguaje. Según mis calificaciones, yo estaba más que calificada para inscribirme en el programa de dotados y talentosos de la escuela. Pero debido a que hasta ese momento nadie había calificado con base a los puntajes de esas pruebas y por lo general los estudiantes se ubicaban en el programa solo a través de las referencias de los maestros, mi maestra instó al director a asignarme una serie de pruebas adicionales antes de admitirme en el programa. Los puntajes regresaron y los segundos resultados confirmaron los primeros —obtuve puntajes extremadamente altos en matemáticas e incluso más altos tanto en comprensión de lectura como en el área de lenguaje.

Ante esto, mi maestra estuvo de acuerdo en que yo debería ser ubicada en el programa para estudiantes dotados y talentosos en matemáticas, pero no en lectura, ni en lenguaje. Fui la única estudiante admitida en solo "la mitad" del programa, asistiendo solo a las sesiones relacionadas con las matemáticas, pero tuve que seguir tomando las mismas clases de lectura y lenguaje que estaba tomando hasta entonces. Me dijeron que, debido a que el inglés no era mi lengua materna, no podían ponerme en el programa de lectura y lenguaje para niños talentosos en esa área. Traté de explicar, tan bien como puede hacerlo un niño de 9 años, que el inglés *era* uno de mis idiomas nativos (y que hablar otro idioma no me impedía hablar también inglés). De ahí, surgió el concepto de limitación de una niña de 9 años.

El mundo conspiró para enseñarme que la vida rima y me encontré en una situación similar en mi primer año de universidad. Después de entregar mi primer trabajo para UWC, The University Writing Course que todos los estudiantes deben tomar durante su primer año, mi calificación fue una F. Conmocionada, me acerqué al instructor para preguntarle en qué me había equivocado. Su respuesta fue asombrosamente familiar para mí: "No te preocupes, dado que el inglés no es tu lengua materna, te llevará algo de tiempo aprender a escribir. Ya aprenderás".

Sospecho que aquella limitación me fue impuesta debido a mi apellido étnico. De hecho, unos días después, me encontré con otro estudiante asiático en la clase y, después de algunas miradas de complicidad secreta, nos acercamos y preguntamos cómo le había ido a él en su trabajo de UWC. Los resultados fueron consistentes[2].

Así las cosas, se nos ocurrió un plan para "sacarle ventaja" a semejante limitación. Decidimos hacer referencia a nuestro "inglés no nativo" con la mayor frecuencia posible. Por lo tanto, escribí mi siguiente ensayo sobre los desafíos de crecer siendo hablante de inglés no nativo y cómo me esforcé por superarlos, presentando a UWC como mi salvación y como el regalo que me permitiría tener éxito en este aspecto. El caso fue que el profesor no detectó nada de mi sarcasmo y me dio una B-.

Esto demuestra que, cuando nos *apropiamos* de nuestras limitaciones, suelen suceder cosas mágicas. De hecho, cuando aprovechamos nuestras dificultades para usarlas como herramientas que nos catapulten hacia el éxito, es entonces cuando comenzamos a construir nuestras ventajas. Nos enriquecemos de maneras que logramos centrarnos en nosotros y no en los demás —siempre y cuando no dejemos que otros sean quienes dicten nuestras limitaciones, claro está.

Cuando $5 < $0

Solía hacer un ejercicio con mis estudiantes. Le daba a cada equipo un sobre que contenía $5 dólares. Luego, les explicaba que este dinero era su "financiación inicial" —lo único que podrían utilizar como capital inicial para crear cualquier tipo de empresa generadora de beneficios que a ellos les interesara ofertar—. Al final de la semana, todos y cada uno de ellos debían presentarle su empresa al resto de la clase y mostrar cuánto obtuvieron en ganancias.

El objetivo de la sesión era que los estudiantes perfeccionaran sus instintos emprendedores tratando de identificar oportunidades, dado que solo contaban con $5 dólares, lo que hacía que sus recursos fueran muy limitados. De hecho, ellos tendrían que ser muy emprendedores. Estas son algunas de las ideas que he visto convertirse en realidad a lo largo de los años: lavados de autos usando los $5 dólares para comprar esponjas, jabón y cera para autos; mercados de pulgas y ventas comunitarias en las que gastaron $5 dólares en publicidad; ventas de pasteles preparados con los ingredientes que se pueden comprar con $5 dólares. A todos estos equipos les va bastante bien aprovechando sus $5 dólares a cambio de buenas ganancias[3] y, por lo general, han regresado con $400 y $500 dólares de ganacia.

Pero ¿cuáles son los equipos que han obtenido más ganancias? Aquellos que *ni siquiera usaron los $5 dólares para nada*. Esta es una lección que sorprende a todos cuando la aprenden: que aquellos que regresan con las mayores ganancias (una vez, un equipo ganó más de $4.000 dólares) son casi siempre quienes ni siquiera usan los $5 dólares. Los equipos que parecen generar las mayores ganancias son aquellos que miran los recursos a su disposición a través de una óptica 100% diferente.

Tenemos la tendencia a centrarnos en las limitaciones, incluso cuando pensamos en términos de oportunidades, pues comenzamos a analizar el entorno en busca de formas en las que podamos aportar valor y nos concentramos en oportunidades que resultan demasiado obvias —todas las formas en las que sea posible invertir $5 dólares—. Es así como esta perspectiva termina excluyendo un gran conjunto de oportunidades —aquellas que podríamos aprovechar con un capital de $4 dólares, $3 dólares o incluso con nada—. Y lo que es más grave es que esta tendencia también surge excluyendo así oportunidades en las que estamos hablando de miles de dólares de inversión. Verás, los $5 dólares en realidad se convierten en una limitación. Limitan ideas posibles de realizar. Cuando el punto focal son los $5 dólares, hay un número limitado de oportunidades a nuestra disposición, así que terminamos haciendo cosas como lavar autos o montando puestos de limonada y haciendo ventas de pasteles. Eso es en lo que piensa la mayoría.

Arlan Hamilton, una capitalista de riesgo que pasó de vivir en su automóvil a recaudar $10 millones de dólares para su fondo más reciente, afirma: "Me pones en cero y aun así no habrá límite en cuanto a lo que yo soy capaz de lograr".

Entonces, ¿qué tipo de empresas comenzaron estos equipos en ceros y se vieron a sí mismos como "agnósticos ante las limitaciones"? Por ejemplo, un equipo, después de decidir que el activo más valioso que tenía, de hecho, no los $5 dólares en sus manos, sino su espacio de presentación en clase, decidió venderle ese tiempo a una empresa que estaba interesada en contratar estudiantes para hacer trabajos de temporada. El equipo le ayudó a la empresa a hacer un comercial corto que se les exhibió a los otros estudiantes de la clase durante su tiempo de presentación.

Otro equipo también comenzó pensando en qué activos tenía más allá de los $5 dólares. Lo que ellos decidieron hacer fue, primero, escribir una lista de todos los talentos que cada miembro del equipo aportaría. Cuando comenzaron a compartir todos sus talentos, se sintieron intrigados por lo diversos y distintivos que eran sus talentos cuando pensaban en ellos como en un todo colectivo. Así que filmaron con sus iPhones una serie de comerciales con los que conformaron un programa de ofertas bastante coherente en el cual exhibían los talentos de cada miembro del equipo. Después, les enviaron los videos a sus familiares amigos y conocidos, solicitándoles que se lo mostraran a todas las personas que ellos conocieran, anunciando un taller en el que *ellos* enseñarían sus talentos. Le cobraron a cada participante $20 dólares por asistir y tuvieron más de 20 asistentes.

Otro equipo instaló una exhibición en el patio principal de la universidad ofreciendo un servicio gratuito para medir la presión de los neumáticos de las bicicletas y, si los neumáticos tenían poco aire, los interesados podrían echarles aire por el precio de $1 dólar. Y aunque el servicio de llenado de aire era gratuito en todas las estaciones de servicio cercanas, los estudiantes estaban más que dispuestos a pagar $1 dólar, debido a la conveniencia de solucionar dentro del campus la falta de aire en sus bicicletas. Aun así, sintiéndose un poco culpable, al día siguiente, el equipo decidió dejar de cobrar $1 dólar y puso un bote de donaciones. Fue ahí cuando sus ganancias se dispararon.

Uno de mis favoritos fue un equipo que organizó una "cena rally", es decir: cada plato de la cena —compuesta por aperitivos, plato principal y postre— estaba en un lugar diferente y era suministrado por un grupo diferente de personas. A las 5:30 de la tarde, cada participante recibía un mensaje de texto informándole el lugar para ir a comer los aperitivos y lo que el participante tenía que hacer era apararcerse allí a encontrarse con cuatro o cinco personas cuya identidad era desconocida para él. Luego, a las 6:30 de la tarde, recibiría otro mensaje de texto con una ubicación para ir por el plato principal y, tal como lo habían dispuesto, allí se encontraría con personas distintas a las que lo antendieron al comienzo; por último, a las 8:00 de la noche, le enviarían la ubicación del postre. Al final de la cena, recibía un mensaje de texto con el nombre y la dirección de un bar local donde los 50 participantes se reunirían de nuevo. Por esa noche de diversión, los participantes pagaron una tarifa fija por adelantado que cubrió todo el menú preestablecido que mis alumnos organizaron con cada establecimiento de comidas. Los estudiantes se quedaron con las ganancias. El problema que ellos identificaron y pretendían resolver era que el trabajo en red no siempre es divertido; conocer gente nueva no siempre es fácil.

Unas semanas después de finalizado el curso, recibí una invitación de uno de los integrantes de este equipo: la cena rally había sido un éxito tan grande que ellos decidieron convertirla en un evento mensual y estaban en proceso de coordinar la siguiente, así que él me llamó, porque quería saber si me gustaría asistir. (Lo hice).

No necesitas $5 dólares, ni tampoco 6 y 8 años de experiencia

Las limitaciones no tienen por qué ser restrictivas. Aquellos que asumieron que no tenían nada de capital inicial obtuvieron mejores resultados. No vieron los $5 dólares como un impedimento y más bien decidieron centrarse en la oportunidad y no en la limitación. En otras palabras, su actitud los liberó para pensar en qué otros activos tenían a su disposición y los impulsó a mirar más allá de los $5 dólares y a ir en pos de oportunidades más valiosas. Si dejamos que otros dicten nuestras limitaciones —que debemos usar los $5 dólares—, entonces, no podremos dictar cuáles serán nuestras oportunidades, ni mucho menos aprovecharlas.

Un estudiante lo dijo mejor: "No te enfoques en el dinero, enfócate en el valor que puedes aportar". (Esa es una gran diferencia). Este pensamiento también se aplica a nosotros como individuos. Tenemos cierta tendencia a dejar que otros dicten nuestras limitaciones, nos retengan y nos impidan pensar más allá de ellas. Nos enfocamos en nuestras debilidades, en las habilidades que no tenemos.

Esto último está respaldado por decenas de estudios. Cuando las personas solicitan empleo[4], la mayoría de las veces, ellas mismas determinan que no están calificadas para los cargos a los que aspiran, así que nunca se molestan en postularse, incluso cuando han identificado que ese es el trabajo que les encantaría tener.

Encuentras una vacante increíble, pero se requieren entre seis y ocho años de experiencia y tú solo tienes cuatro o el trabajo está relacionado con un campo de acción diferente al tuyo o hay algunas funciones en la descripción del cargo que tú nunca has desempeñado.

El hecho es que, ante situaciones así, lo que tú necesitas hacer es ver más allá de las limitaciones y buscar las oportunidades. ¿Te ajustas al menos a tres de los criterios establecidos para el cargo? Si es así, intenta encontrar una manera de enfatizar por qué esos criterios en los que tú sí encajas son tan importantes. Otros nos crean limitaciones; entonces, no deberíamos imponernos a nosotros mismos limitaciones adicionales; mejor, busquemos oportunidades que nos permitan crecer y enriquecernos en todas las formas posibles.

Estamos capacitados para analizar problemas definidos. Pero en la vida, los problemas no están definidos. Un equipo de investigadores muy capacitados de la Universidad de Washington, en Saint Louis, Markus Baer, Kurt Dirks y Jackson Nickerson, ha examinado este punto con la mayor precisión posible y concluye que es muy frecuente que nos limitemos, porque no le prestamos suficiente atención a la *formulación* del problema. Una de las maneras en que nos limitamos es no formulando los problemas de tal modo que podamos resolverlos. Nos autolimitamos al no saber identificar el verdadero problema, ni formularlo.

Tomemos, por ejemplo, una start-up de alto crecimiento a la que yo estaba asesorando, cuyas ventas estaban empezando a estancarse. Al fundador le preocupaba que su producto, un conjunto de servicios que les ayudaba a las grandes empresas manufactureras a gestionar sus procesos, ya no fuera una oferta atractiva. Él quería mi ayuda para identificar nuevas características de otros posibles productos para agregar a su lista. Yo podría haber ido directo al equipo de producción para hablar con ellos sobre las posibles innovaciones adicionales, pero en cambio, me senté con los miembros de su equipo de ventas para hablar con ellos sobre todo el proceso que hacían en el momento de realizar la venta. Para nuestra sorpresa, descubrimos que la disminución de las ventas se debía a un aspecto en particular del proceso: el paso final. Detectamos que el equipo de ventas tenía dificultades para mantener el precio que había negociado con el cliente en un comienzo y estaba ofreciendo características adicionales en un esfuerzo por justificar sus nuevos precios. En otras palabras, el que se suponía que era un problema de producto no lo era en absoluto.

Tendemos a concentrarnos en resolver problemas y casi siempre tratamos de ser coherentes al hacerlo. Buscamos personas capacitadas que brinden soluciones valiosas a problemas estratégicos. Reunimos profesionales de diversos orígenes y disciplinas, tratando de formar equipos de alto nivel con fortalezas interdisciplinarias y multifuncionales. Pero mucho de esto es en vano, porque antes de que logremos darles soluciones valiosas y efectivas a los problemas, necesitamos saber con total claridad, en primer lugar, en qué consiste el problema que vamos a abordar.

Supongamos que te asignaron la tarea de diseñar un automóvil de carreras, del tipo que se usa en la Fórmula Uno, por ejemplo, o en NASCAR (los autos para estas carreras son diferentes). Este es el problema que enfrentan muchos ingenieros del campo del automovilismo y, de hecho, ¿qué es lo que pretende lograr la mayoría de ellos? Construir el auto más veloz posible. La mejor manera de vencer a otros autos es teniendo el más rápido de todos, ¿verdad?

Al replantear el problema y no saltar a soluciones, el ingeniero jefe de Audi adoptó un enfoque diferente. Preguntó: "¿Cómo pensamos en ganar Le Mans[5] si nuestro auto no es el más rápido?". Al plantear esta pregunta, su equipo de diseño ideó una nueva solución: un automóvil de bajo consumo de gasolina que redujera el número de paradas en los pits y les permitiera compensar el hecho de no ser el automóvil más rápido, hecho que le ayudó a Audi a ganar la prestigiosa carrera durante cuatro años consecutivos.

La noción convencional de que tendemos a "apresurarnos a sacar conclusiones", si la expresamos con más precisión, es que tendemos a "apresurarnos a encontrar soluciones". Eso es lo que aprendemos en la escuela. Como estudiantes, se nos da trabajo predeterminado por hacer, problemas predeterminados por resolver. En las organizaciones y en el mundo fuera de las escuelas gran parte del trabajo en sí implica determinar en qué consiste el trabajo y cuáles son los problemas por solucionar.

Lo que sugieren los académicos de la Universidad de Washington es que, para evitar apresurarnos a sacar conclusiones, la formulación de los problemas tiene que ser más deliberada y, sobre todo, deliberada a través de dos fases distintas: la primera, enmarcando e identificando los síntomas; solo después de eso es posible pasar a la segunda fase, que es la formulación del problema en sí.

Traduciendo este lenguaje académico en las palabras de mi sabio amigo Stan van Bree: "No conviertas tu puto problema en mi puto problema".

Apóyate en las limitaciones. Aporta valor admitiendo y aceptando las limitaciones en lugar de intentar esquivarlas o ignorarlas. No permitas que las limitaciones que otros generan te impidan identificar el problema que estas representan para *ti* y, por lo tanto, la solución para *ti*. Permite que las limitaciones te ayuden a enriquecer tu vida. Úsalas a tu favor. Cuando las abordes de manera diferente a los demás, habrás generado una ventaja a tu favor.

Las limitaciones pueden ser un beneficio y una fuente que hay que saber aprovechar en favor nuestro —tanto, que *no* tenerlas también podría significar problemas, lo que resultaría en una posibilidad aún menor para generar y aportar valor.

Incubadoras corporativas

En 1959, en un almacén de Batavia, Nueva York, Joseph L. Mancuso abrió Batavia Industrial Center, considerada la primera incubadora de empresas. Su objetivo era brindar un espacio que sirviera como lugar compartido para que las empresas "incubaran" allí sus ideas e innovaciones, proporcionándoles economías de escala en los recursos que suelen faltarles, así como acceso a servicios legales, contables, informáticos, financiación y otros servicios.

Dicha incubación se expandió en los Estados Unidos en la década de 1980 y se extendió al Reino Unido y Europa a través de diversas formas, como centros de innovación, *pépinières d'entreprises* y parques tecnológicos y científicos. Por esa época, empezaron a surgir incubadoras corporativas, una clase particular de incubadoras de empresas. Estas incubadoras corporativas funcionan dentro de los límites de una corporación específica. Muchas grandes corporaciones ahora tienen una: Intel tiene una (Intel Capital), Google (Google Ventures), Facebook (Facebook Start-up Garage), Salesforce (Salesforce Ventures), Lockheed Martin, DuPont, Coca-Cola, Lowe's, Oracle, incluso Walmart (llamada Tienda No. 8, en homenaje a una ubicación inicial en donde Walmart experimentó con diseños de tiendas).

Los ejecutivos detrás de las incubadoras corporativas aceptan la idea de que tal sistema facilita la formulación y prueba de conceptos. A través de sus incubadoras, ellos pueden ofrecerles a las empresas la posibilidad de canalizar desde afuera sus ideas innovadoras para que luego las integren de manera tradicional a la organización. Estas empresas pueden utilizar sus recursos para atraer creativos innovadores y emprendedores, y dado que las empresas incubadoras están fuera de los muros de marfil tradicionales, pueden desarrollar más fácilmente una cultura que fomente las ideas y la experimentación.

Los equipos de incubación deberán proponer ideas innovadoras que se adapten a los modelos comerciales actuales y a las capacidades de la corporación patrocinadora. Luego, este tipo de innovaciones se transferirá de la incubadora a la corporación y esta utilizará sus estructuras existentes junto con sus recursos para explotar lo más pronto posible esas nuevas oportunidades comerciales.

Todo esto suena genial, ¿verdad? Buenas ideas y buenas intenciones, pero la cuestión es esta: las incubadoras de empresas no funcionan.

¿Por qué no? Porque las empresas verdaderamente grandes nacen en garajes, donde sus dueños tienen un sentido de urgencia, temen quedarse sin efectivo, están tratando de apresurarse para sacar su producto al mercado antes que sus competidores y viven con la incertidumbre de si este tendrá acogida entre los clientes e incluso dudan en cuanto a haberse dirigido a la clientela adecuada. En una palabra, es una cuestión de *limitación*. Las incubadoras corporativas tienen menos éxito, porque no tienen limitaciones y al no tenerlas surgen problemas de innovación.

¿Qué se sabe con respecto a las empresas que forman parte de incubadoras corporativas? Lo que los investigadores han descubierto es que estas incubadoras saben que están respaldadas por fondos corporativos, saben quién es su cliente y creen saber exactamente lo que ellas quieren y pueden irse a casa a las 5:00 de la tarde si les provoca. Ellas no enfrentan el temor y la inquietud que enfrentan los fundadores de las empresas emergentes.

Las corporaciones mismas sobrestiman en gran manera su conocimiento sobre los tipos de innovación que buscan. Google Ventures, por ejemplo, podría comunicarles a sus incubadoras nuevas que deberían buscar soluciones que ayuden a organizar la información del mundo y hacer que esta información sea accesible y útil a nivel universal. Google domina el 75% del mercado de búsqueda en línea de EE. UU. y cada mes millones de usuarios únicos realizan miles de millones de búsquedas, por lo que las nuevas empresas trabajan desde sus incubadoras en ideas que aporten en este aspecto.

Muy pronto, las empresas emergentes se dan cuenta de que la mayoría de las grandes ideas u oportunidades comerciales valiosas que ellas descubren morirán poco a poco en la corporación patrocinadora. Las ideas que ellas descubren no encajan en las corrientes de valor existentes, ni en las experiencias del cliente, ni en las capacidades comerciales; tal vez, no se puedan imitar de manera efectiva dentro de la estructura de la empresa más grande, o peor aún, canibalizan productos existentes dentro de la corporación patrocinadora. Las empresas emergentes de Google Ventures, por ejemplo, descubren entonces que la empresa ha gastado $1.65 mil millones de dólares en la adquisición de YouTube, $996 millones en la adquisición de Waze y $3.2 mil millones en la adquisición de Nest Labs.

Entonces, empiezan a pensar: "¿Nos dijiste que nos centráramos en la búsqueda en línea y, sin embargo, gastaste miles de millones de dólares en adquirir empresas que se dedican al intercambio de videos, patrones de tráfico y control de temperatura y humedad?".

En este punto, las incubadoras corporativas han logrado lo contrario a su intención inicial. Han debilitado la fuerza innovadora de la corporación. La ausencia de las mismas limitaciones que las incubadoras proponen para ayudar a las nuevas empresas a comenzar impide su capacidad para enriquecerse y aportar valor.

• • •

Las limitaciones restringen y controlan lo que podemos hacer. Son una parte inevitable de la vida y, en lugar de ignorarlas, lo mejor es descubrirlas y prestarles atención. Lo que a menudo no reconocemos es el valor de las limitaciones. De muchas formas, las necesitamos. Por eso, cuando notamos limitaciones, pero no dejamos que estas definan nuestras posibilidades, podemos convertirlas y generar así una ventaja a nuestro favor.

Principio 4

Acepta las limitaciones, pues nos brindan oportunidades.

CAPÍTULO 5

Perfeccionando tu instinto y las señales que te envía

"Si tuviera ocho horas para talar un árbol,
pasaría seis horas afilando el hacha".
—**Abraham Lincoln**

El otro día, mientras me cortaba el cabello, noté que Jennie, mi peluquera, pasó unos segundos más de lo previsto examinando un moretón que me salió en el lado derecho de mi cabeza, justo en la línea del cabello. Entonces, me preguntó inocentemente: "Oh, ¿qué te pasó?".

Con el nivel de detalle que suelo tener con mi peluquera, comencé a decirle: "Estaba haciendo la cama en el dormitorio del cuarto de huéspedes, pero la cama está puesta contra la pared, así que nunca es fácil ajustar la sábana en ese lado. Entonces, al tratar de ajustarla para que quedara bien tendida, me golpeé la cabeza con la parte de la cabecera y el dolor me hizo maldecir un poco…".

En cuestión de segundos, Jennie perdió el interés en mi explicación (y acto seguido, me señaló algunos mechones grises que parecían ser nuevos) y comenzó a contarme algo que escuchó de una amiga suya que vive en Chicago, también peluquera.

"¿Sabías que ahora los peluqueros en Illinois deben asistir a capacitaciones sobre violencia doméstica y agresión sexual?", me preguntó. Sorprendida, le pregunté: "¿Los peluqueros son víctimas de violencia doméstica con más frecuencia de lo normal?".

No lo son. Jennie me explicó que es bastante probable que las víctimas de violencia doméstica se sinceren con sus peluqueros y compartan con ellos los detalles de la situación cada vez que son agredidas. Debido a que a menudo los peluqueros y trabajadores de los salones de belleza tienen una habilidad única para desarrollar relaciones cercanas con sus clientes, este hecho los pone en una posición poco común y a la vez conveniente para hacerles preguntas cuando notan que algo anda mal en sus clientes e incluso aprenden a identificar a las víctimas y a ofrecerles ayuda.

Kristie Paskvan, fundadora de Chicago Says No More, un grupo regional en Illinois que busca crear conciencia sobre la violencia doméstica, resalta: "Cuando estás en tu sala de belleza preferida, tiendes a construir una relación con la persona encargada de atenderte… es una relación especial. La gente suele abrirse con su estilista o manicurista".

Esta verdad les dio a los activistas una idea: exigir que los peluqueros y profesionales de la belleza con licencia asistan a capacitaciones sobre violencia doméstica y agresión sexual para aprender a detectar cuáles son esos signos de abuso. La capacitación, que comenzó en 2017, no tiene la intención de convertir a los peluqueros en consejeros, ni en terapeutas, pero sí los ayuda a equiparse para aprender a reconocer los signos más frecuentes de violencia doméstica en sus clientes con el fin de servirles de apoyo y estar preparados para compartir con ellos los diversos recursos y ayudas que existen y luego, si fuera necesario, conectarlos con esos servicios de apoyo[1]. No se espera que estos trabajadores del campo de la belleza ofrezcan asesoramiento, ni ellos están obligados legalmente a denunciar el abuso incluso si sus clientes se lo revelan, pero su ayuda sí es valiosa a manera de prevención.

Me encanta lo inventivo e ingenioso que es este programa. En esencia, les brinda a las víctimas una forma de ser reconocidas, recibir información crucial sobre la ayuda que está disponible para ellas y cómo prevenir lo mejor posible futuros episodios de violencia y salvar sus vidas. Además, advierte que las grandes ideas surgen de la capacidad de intuir lo inesperado.

La intuición intestinal y su función exponencial

Estos peluqueros hacen preguntas, escuchan, establecen conexiones con sus clientes y, al hacerlo, salvan vidas. ¿Cómo? "Simplemente, usamos nuestra intuición", afirma mi peluquera.

"Usar tu intuición" suena simple, pero es más difícil precisar lo que esto significa. Algunos, sobre todo los científicos, dicen que la intuición es 100% irracional y que cientos de años de ciencia muestran que tomar una decisión basada en un instinto es un acto emocional e ilógico que nos lleva a resultados sesgados. De hecho, en una ocasión, recibí estos comentarios después de enviarle a un medio académico mi primer artículo sobre el papel de la intuición en los negocios:

> "Observo que el artículo entero es problemático. Examinar 'instinto' —una palabra que pertenece a una jerga y que debe mantenerse como tal— es una completa pérdida de tiempo, así como fue una pérdida de mi tiempo leer este escrito. Nos esforzamos por lograr un impacto teórico en nuestro campo y por esta razón este artículo es lo que yo definiría como ateórico".

(Si no lo notas, esta retroalimentación se realizó a través de un proceso de revisión a ciegas).

Es cierto que me tomé muy en serio esos comentarios. Habría abandonado por completo toda mi investigación sobre el instinto si no hubiera sido por un par de maravillosos académicos de la Universidad de Maryland, quienes, por suerte, me invitaron a presentar mi trabajo pocos días después. Como te imaginarás, hice mi presentación con cierto temor. Nunca olvidaré la respuesta que obtuve: tan pronto terminé mi charla, me dijeron que mi trabajo era "vanguardista" y atrevido y me pidieron que prometiera no abandonar nunca esta línea de investigación[2].

Mi investigación sobre lo que es y cómo obra la intuición parece reconceptualizar la forma en que pensamos acerca de ella. Descubrí que, en lugar de ser subconsciente o "irracional", sentir sin pensar o "hacerlo por debajo de la superficie de la conciencia", como afirmó Malcolm Gladwell en su libro de 2005, *Blink*, lo que describimos como instinto es en realidad emocional y cognitivo. Hay sentimiento al pensar y "seguir nuestro instinto" no implica necesariamente incertidumbre y decisiones erróneas.

Seré más precisa. La intuición es lo que sucede en los límites, en los extremos. Cuando tomamos una decisión normal, una que es de rutina o convencional, como qué lavadora y secadora comprar o qué candidato está más calificado para un cargo laboral en particular, no necesitamos nuestra intuición y, de hecho, hay veces en que esta nos lleva por caminos *erróneos*. Pero cuando necesitamos tomar decisiones anómalas e idiosincráticas, la intuición es invaluable.

Para ilustrar este punto, te contaré que descubrí que los inversores ángeles que usan su intuición tienen más probabilidades de identificar aquellas empresas que les devolverán 30 o más veces su inversión. Su intuición no les ayuda en el sentido de que ellos sepan a ciencia cierta que terminaran haciendo una inversión positiva o desastrosa, como alguien que invierte $200 dólares en el mercado de valores para tratar de ganar $220 al final de la jornada. A lo que me refiero es a que les ayuda cuando están dispuestos a invertir esos $200 a riesgo de perderlos, pero podrían terminar ganando $20,000[3].

En términos de béisbol, tu intuición no te ayudará a lograr un promedio de bateo más alto. Podrías terminar con un. 125, pero lo habrás logrado a través de jonrones, no de intuiciones —aunque estas últimas contribuyen.

La intuición es, simplemente, la combinación de tus propias experiencias y tu capacidad única para hacer conexiones de manera no lineal, ni incremental, sino inesperada y divertida.

Como dijo una vez el físico Albert Bartlett: "El mayor defecto del ser humano es no poder comprender la función exponencial". Tendemos a pensar de manera lineal y rara vez somos capaces de concebir una forma mejor: la función exponencial. Los eruditos en administración, Robert Costigan y Kyle Brink, describen el pensamiento lineal como basado en reglas, superficial, lógico y fácil de replicar. Si el pensamiento lineal consiste en hacer las cosas paso a paso, en línea recta, el pensamiento exponencial consiste en visualizar las cosas a pasos agigantados y zigzagueantes. Cuando piensas linealmente, subestimas lo que en realidad es posible. Cuando comienzas a pensar de manera exponencial, de tal forma que cultivas *al máximo* tus propias experiencias personales, este tipo de pensamiento se convierte en una de las formas más poderosas de perfeccionar y practicar el proceso de crecimiento y madurez. Entonces, estarás listo para aportarles valor a quienes te rodean.

El pensamiento exponencial está detrás de iniciativas innovadoras como la formación de los peluqueros de Illinois, pero también de productos profanos (y revolucionarios) como el pañal desechable. El pañal no necesita mucha presentación —en esencia, es un tipo de "ropa interior" que absorbe y contiene desechos (es conocido como "insulto", hablando en el lenguaje de los pañales, y no bromeo)—. Los pañales suelen estar hechos de tela (capas de tela como algodón, cáñamo, bambú, microfibra o incluso fibras plásticas como PLA o PU, que se pueden lavar y reutilizar) o materiales sintéticos desechables.

En realidad, el cambio de pañales se remonta a la Inglaterra de 1590, pero el pañal desechable solo alcanzó su forma moderna y realmente comenzó a enriquecer vidas en la década de 1940. En 1946, una mujer llamada Marion Donovan decidió usar una cortina de su baño para crear una cubierta de plástico que pudiera colocarse en el exterior de un pañal. Esta encapsulación de plástico fue el origen del pañal desechable tal como lo conocemos hoy.

La historia cuenta que Vic Mills —quien era ingeniero químico de Procter & Gamble y trabajó no solo en el invento del pañal desechable moderno (que luego se convertiría en la marca Pampers), sino también en las papas fritas Pringles, en el jabón Ivory, en la mezcla para pasteles Duncan Hines y en una serie de otros productos— llegó a la conclusión de que rellenar el plástico que encapsulaba los pañales con partículas de madera aumentaba su absorbencia. De ese modo, los pañales no solo aguantarían los desechos, sino que también absorberían más y mejor. Estas partículas de madera se cortaban de una manera especial que les permitiera aumentar la capacidad de absorción y ocupar un espacio mínimo dentro del pañal; de hecho, se cortaron de la misma manera en que Pringles todavía hoy corta sus rebanadas de papa.

Luego, en la década de 1980, Carlyle Harmon, un estadounidense que era jefe de investigación de telas para Johnson & Johnson, y Billy Gene Harper, quien trabajaba en Dow Chemical, descubrieron que era posible rellenar la encapsulación de plástico con material superabsorbente de polímeros, el mismo que ahora se utiliza para limpiar derrames de petróleo.

Bricolaje

Conexiones, vínculos, Pringles, derrames de petróleo. Durante las siguientes décadas, la industria de los pañales desechables experimentó gran auge, todo basado en los avances y la innovación realizados a través de los vínculos que identificaron Vic Mills, Harper y Harmon. Lo que ellos hicieron, e incluso Donovan, fue unirse a la actividad del bricolaje —que no es otra cosa que la creación de algo novedoso y emocionante a partir de la combinación de nuestra experiencia y nuestros contextos—. En el arte, la música o la literatura, el bricolaje se refiere a la construcción o creación a partir de una amplia gama de cosas ya disponibles, como una banda de punk rock que reinterpreta música clásica. En los negocios, las empresas usan cosas que tienen a mano, recombinándolas de formas no tradicionales para producir nuevos productos valiosos e innovadores, como lo hizo Airbnb cuando combinó servicios de alojamiento, buscadores de alojamiento, teléfonos inteligentes y tecnología de ubicación y una infraestructura de plataforma de pago.

Sin embargo, mi forma favorita de entender el bricolaje es probablemente a través de MacGyver, la serie de televisión que solía ver cuando era niña[4]. A MacGyver ("Mac"), el protagonista del programa, un tipo espléndido y encantador, se le pide que resuelva todos los problemas de este mundo. En un episodio, puede que haya un frasco que contenga un virus mortal que fue robado de un laboratorio de ciencias y MacGyver necesitará recuperarlo. En otro, Mac y su equipo podrían ser llamados a atrapar a una enorme red de falsificadores. El caso es que, sea cual sea el problema, es una situación que cambiará el mundo; Mac tendrá que detener a algún tipo malo que está tratando de bombardear al mundo entero, por ejemplo. Así que, en el transcurso de un episodio de una hora, necesitará usar su intelecto, su conocimiento y su colección general de habilidades para hacer cosas increíbles. Entonces, él dirá: "¡Ooh, un clip!", y verá una cerilla y una tirilla de chicle. Luego, reunirá cada uno de esos objetos de manera inteligente y, en los últimos 30 segundos del episodio, presionará un botón, desactivará la bomba y conseguirá salvar al universo.

Eso es bricolaje. Consiste en tomar lo que tengas a mano y juntarlo de una manera innovadora e improvisada para construir algo novedoso y verdaderamente especial. Las empresas que logran hacerlo van más allá de sus recursos y limitaciones y desafían las barreras y límites institucionales para formar de la nada algo interesante.

El hecho es que para hacer este tipo de vínculos y cosechar mejor los beneficios de nuestras experiencias personales, a veces, la *ventaja* debe llegar a nosotros a través de una capacitación formal, como la que están recibiendo los peluqueros de Illinois. Y aunque el bricolaje exitoso no siempre proviene de las desventajas, los fracasos y las luchas que hemos experimentado, este es un recurso que yace dentro de nosotros y nos sirve para identificar nuestras propias ventajas y patrones por medio de los obstáculos y la adversidad. Y cuando lo hacemos, este suele ser un medio particularmente valioso y enriquecedor. El resto de este capítulo explica cómo perfeccionar nuestra capacidad para ver estas oportunidades.

Tus frustraciones son las frustraciones de los demás

En 1989, Michael Eidson, un ávido ciclista, estaba compitiendo en la carrera de bicicletas Hotter'N Hell 100, en Wichita Falls, Texas. Molesto con el soporte y la ubicación de la botella de agua en su bicicleta (que requería que él se inclinara torpemente para agarrar la botella, abrirla para beber, cerrarla y devolverla a ese mismo lugar tan incómodo de maniobrar), Eidson decidió encontrarle una solución a ese problema. Se dirigió a un técnico de emergencias médicas de oficio, fue con él a su ambulancia y buscó allí una manguera y una bolsa intravenosa estériles. Acto seguido, procedió a llenar la bolsa con agua y luego le introdujo la manguera para después sujetar la bolsa a la parte posterior de su camiseta. Luego, se echó la manguera por encima del hombro y la aseguró con una pinza para la ropa. Este fue el prototipo de la bolsa de hidratación CamelBak. Eso es bricolaje en acción.

En cuestión de meses, la bolsa se puso de moda. Eidson la mejoró convirtiéndola en un contenedor compacto y delgado que se sentía muy liviano y estable y generaba muy poca resistencia al viento. Entonces, comenzó a vender su invento, lo que les permitió a los practicantes de cualquier deporte llevar agua en la espalda por primera vez, dándoles así una forma más cómoda y eficaz de beber durante su actividad física. Hoy en día, los deportistas ya no necesitan detenerse, ni tampoco reducir la velocidad para buscar torpemente las botellas de agua; ahora, lo único que tienen que hacer es agarrar la manguera conectada al depósito de agua que está dentro de su mochila (me divirtió descubrir que este depósito de agua se llama vejiga).

Hoy en día, existen múltiples tipos de mochilas de hidratación diseñadas de manera específica para todo tipo de deportes, ya sean caminatas de larga distancia, paseos en bicicleta o snowboard. Los paquetes de agua difieren en términos de tamaño (van desde pequeños para caminatas cortas hasta los que son tan grandes como para hacer pernoctaciones ultraligeras), capacidad (cuánto espacio desean para transportar su agua y suministrársela a su equipo), ajuste (asegurándose de que el paquete se ajuste a su tipo de cuerpo, longitud del torso, tamaño de la cadera, etc.) e incluso los hay con características adicionales como interruptores de encendido y apagado de la válvula de mordida y tubos adicionales de conexión rápida.

Lo que hizo Eidson fue abordar un problema personal. Los puntos de conflicto son, simple y llanamente, problemas. Y si tienes un problema, lo más probable es que muchos otros también lo tengan. Inspirado por su experiencia en EMT y en el ciclismo, Eidson creó un producto que muy pronto se hizo popular entre los ciclistas[5], así como entre otros tipos de deportistas y practicantes del deporte al aire libre. Su producto incluso fue utilizado por soldados y tropas como "sistema de hidratación personal" durante la Primera y Segunda Guerra del Golfo y en la Guerra de Afganistán. Los contratos con gobiernos estadounidenses y extranjeros ahora representan más del 40% del negocio de CamelBak.

Llegar a lo extraordinario no es tan difícil como uno se imagina. Está basado en lo que ya sabemos. Eidson sabía montar en bicicleta y conocía los suministros que van en las ambulancias. El problema es que solemos crear barreras que no nos permiten pensar de manera exponencial. Pensamos en perder 5 libras y luego 10 libras y luego más, en lugar de pensar en transformar nuestra forma de pensar con respecto a la salud y el bienestar. Empleamos estrategias de la empresa a la que pertenecemos para lograr un crecimiento incremental a través de productos que se mejoran de forma gradual con respecto a los anteriores, usando precios progresivamente mejores , procesos que se actualizan de forma escalonada o talentos que cuentan cada vez con más experiencia. Por fortuna, hay formas en las que podemos practicar y perfeccionar nuestra capacidad para ser extraordinarios y pensar exponencialmente, y al hacerlo, esta se convierte en una experiencia enriquecedora.

La transformación como antídoto contra la duda

A menudo, ningún pensamiento incremental y exponencial ocurre cuando "variamos la fórmula" que solemos aplicar. Sin embargo, cuando transformamos o variamos o modificamos algo, este cambio nos permite identificar cuáles son esos obstáculos que estamos teniendo para así eliminarlos y asegurar el éxito que queremos lograr. Como herramienta para desarrollar nuestra capacidad de enriquecimiento, hay momentos en que transformar significa abordar una situación desde el extremo opuesto del que suele parecer el punto de partida más obvio y natural.

Volviendo a mi trabajo sobre la intuición, y tomando como ejemplo las falencias que yo solía tener en el campo de la publicación, es un hecho que la mayoría de nosotros, incluida yo, enfocamos los problemas de una sola manera. En mi caso, el problema al que me enfrentaba, por mucho que no quisiera admitirlo, era dudar que mis ideas con respecto al verdadero valor del instinto eran sólidas. Y además, siendo honesta, tampoco tenía ni la menor idea de cómo escribir un artículo académico. Descubrí que la escritura académica es 100% diferente a la que yo aprendí. Entonces, llena de dudas, me acerqué a un destacado erudito en mi campo y frente a él admití de manera bastante vulnerable: "Me preocupa fracasar en este artículo y no recibir nada más que rechazos al respecto". Él me respondió: "Yo recibí 18 rechazos antes de obtener mi primera aceptación". Ahora, debo decir que él nunca le ha admitido eso a nadie más y, aun hoy, no entiendo por qué razón ese día él decidió admitirlo frente mí. Sin embargo, esa noche, mientras pensaba en su confesión, le di vueltas y vueltas al asunto y solo así pude ver desde otra perspectiva el problema al que me enfrentaba. En lugar de enfocar mi atención en que me *aceptaran* mi escrito, decidí esforzarme y trabajar más en los *rechazos* que obtuve —18, para ser exacta.

Fue entonces cuando comprendí que, si este famoso y prolífico erudito había comenzado su carrera afrontando 18 rechazos de entrada, bueno, ¿por qué no habría de ocurrirme eso mismo? Aprender de este tipo de lecciones conlleva tiempo y la mayoría de las personas se detiene, porque está paralizada por el fracaso. Sin embargo, hay veces en que superarlo (e incluso aceptarlo) es lo que nos impulsa a llegar a donde anhelamos llegar. Por mi parte, decidí que me daría el tiempo y el espacio necesarios para aprender y mejorar aunque esto significara afrontar 18 rechazos antes de recibir la primera aceptación.

Recibí 14 rechazos y 4 revisiones y reenvíos (en mi campo, esto último es lo más cercano a recibir una aceptación, momento en el cual se te invita a reenviar tu trabajo hasta que al fin sea rechazado o aceptado). Estaba exhausta, pero me comprometí a seguir adelante aunque obtuve un total de 18 rechazos (sin que importara la cantidad de aceptaciones). Y cuando el siguiente trabajo que envié ya *no* fue un rechazado, me sentí feliz y sorprendida a la vez. Pero me sorprendió aún más lo que logré indagar a lo largo de todas las presentaciones que hice de mis trabajos. Resultó que entre esos 14 rechazos y esas 5 aceptaciones descubrí ciertos patrones. Eran patrones relacionados con aspectos que ilustraban el porqué de los múltiples rechazos —y me ayudaron a tener una idea de qué proyectos debía abandonar desde el principio y en cuáles enfocarme hasta sacarlos adelante[6]—. Eran patrones sobre ciertas características en ciertos coautores en particular que generarían un rechazo casi seguro. También encontré patrones sobre coautores con quienes trabajé bien y cuyas habilidades complementaron las mías (aunque otros no[7]).

Lo cierto es que tranformar la situación teniendo en cuenta experiencias anteriores me permitió desarrollar mi estrategia —la misma que utilizo hasta el día de hoy—. Solo trabajo a fondo en un artículo a la vez (a diferencia de otros que se enfocan en seis o siete al mismo tiempo en un intento de protegerse de las tasas de aceptación que pueden ser del 10% o menos) y trato de destacarme en todos y cada uno de ellos. Si un artículo no parece estar obteniendo la tracción que quiero, o los hallazgos que hago no son sólidos, lo elimino de inmediato. Y así.

Lo anterior ilustra que transformar el pensamiento significa reconocer que, si bien a veces es bueno comenzar por el principio, a lo mejor sea más útil comenzar por el final. Transformar tu manera de pensar implica planear cómo administrarías y cumpliríás un gran contrato desde *antes* de obtenerlo para así saber cómo es más conveniente dirigir la negociación y la formulación de los términos, llegado el caso.

Para las empresas, esto significa pensar menos en términos de problemas en busca de soluciones y más en términos de soluciones en busca de problemas.

Impresora 3D y soluciones en busca de problemas

Para demostrarles a mis alumnos la diferencia entre problemas en busca de soluciones y soluciones en busca de problemas les pido que participen en un experimento mental.

Primero, les explico lo que es una impresora 3D. Es una máquina capaz de producir, prácticamente, cualquier cosa[8]. Luego, les doy los siguientes parámetros: con su impresora 3D podrán producir cualquier objeto del tamaño de un microondas o más pequeño; deberán asumir un costo de un $1 por los materiales y la fabricación de lo que sea que ellos elijan. El producto final se pondrá a la venta con fines de lucro. Mi sugerencia es que hagan una lluvia de ideas sobre todo lo que se les ocurra que podría ser su producto comercial. Ahora, inténtalo tú mismo. Tómate unos minutos para elaborar tu propia lista.

Después de un tiempo establecido, discutimos sus ideas, pero antes coloco un sobre sellado en la parte delantera del salón y les digo que en él he escrito lo que pronostico que ellos decidieron hacer. Luego, escribo todas sus ideas en la pizarra. Estas son algunos de ellas:

- Piezas de automóvil
- Joyería
- Gafas de sol
- Juguetes
- Instrumentos musicales
- Partes médicas y dentales
- Piezas de repuesto
- Maquetas y diseños arquitectónicos
- Regalos o souvenirs de conferencias

Cuando abro el sobre, ellos se sorprenden al descubrir que he predicho, por lo menos, entre el 80% y el 90% de las cosas que se les ocurrieron.

¿Por qué puedo predecir tantas de las ideas que se les ocurren a mis alumnos? Una de las razones, según dicen, es porque he enseñado esta clase muchas veces. Pero otra razón es porque he visto que suele ser predecible que nos enfoquemos en oportunidades obvias, aquellas que son impulsadas por problemas en busca de soluciones.

Luego, les propongo que vean la impresora 3D no en términos de problemas, sino como una inversión —una solución en busca de problemas—. Después de todo, les explico, una impresora 3D tiene la capacidad de generar elementos para abordar multitud de problemas. Transformar su perspectiva para que ellos vean el poder de adoptar una solución existente —como la de impresora 3D— les ayuda a comprender mejor la naturaleza de los problemas. ¿Qué pasaría si no comenzáramos con un problema frecuente y le halláramos la solución, sino con una solución innovadora y única y luego la adaptáramos como resolución a un problema? La impresión tridimensional es una solución instantánea y portátil en el campo de la fabricación. Así que, cuando mis alumnos comienzan con diversas propuestas de solución a algún problema, suelo obtener ideas como las siguientes para resolver problemas más interesantes:

Cercas de alambre que contribuyen a prevenir las heladas de los viñedos. Casi todos los enólogos luchan contra las heladas de los viñedos. Las temperaturas bajo cero y las bolsas de escarcha suelen dañar gravemente las vides y los cogollos recién salidos. La mayoría de las soluciones son torpes, como ventiladores que intentan llevarle aire caliente al terreno del viñedo, velas que emiten suficiente calor como para crear corrientes de aire tibio, máquinas de viento, aspersores, arados e incluso helicópteros. Pero es posible imprimir una cerca de alambre que se extienda por el suelo del viñedo, proporcionando así un mecanismo generador de buena temperatura distribuida de manera dispersa.

DigiPuppets. Los niños están obsesionados con las pantallas táctiles. ¿Cómo pueden los padres y maestros convertirlas en herramientas generadoras de juegos productivos? Mis alumnos tuvieron la idea de crear títeres dactilares maniobrables desde cualquier pantalla táctil. Estos estudiantes terminaron montando su empresa; se lanzaron con dos personajes adorables (Honey Bunny y Zip the Zebra) y cuatro aplicaciones educativas que les dan vida a esos personajes al mismo tiempo que les enseñan a los niños importantes habilidades y lecciones de vida.

Como conclusión, fue evidente que ver los problemas de una manera diferente les permitió hacer conexiones poco comunes y pensar en soluciones atípicas e insospechadas. De hecho, una forma de desarrollar nuestra capacidad de pensar de manera exponencial y poco común es perfeccionando nuestra capacidad para ver dónde están y en qué consisten otras conexiones menos usuales. E igualmente importante es desarrollar la capacidad de ver dónde *no* existen conexiones.

La narrativa y los números

En cada situación que encontramos, en cada industria, en cada compañía, en cada individuo, hay una narrativa y hay números. (Incluso cuando interactuamos con personas, hay números y métricas, como veremos). Es solo que no siempre son lo que parecen a primera vista.

Comencemos por mirar la narrativa y los números en el entorno de una empresa: la industria de las aerolíneas de descuento, por ejemplo, Ryanair, Spirit Airlines y Southwest Airlines.

Si alguno de ustedes ha viajado en Ryanair, lo más probable es que esté gimiendo en voz alta en este momento. Como yo. Mis experiencias con esta aerolínea fueron, francamente, dolorosas. Los asientos son pequeños, estrechos y duros. Mis rodillas golpeaban contra el asiento frente a mí, y eso que yo mido un metro y medio. Recuerdo un vuelo que tomé de Londres a Dublín en el que me olvidé de imprimir mi tarjeta de embarque por adelantado, razón por lo cual me cobraron $20 libras extra. Además, el proceso de embarque fue como arreando ganado.

Con Ryanair, no es de sorprenderse si un día te dijeran que tienes que pagar para usar los baños a bordo. De hecho, eso fue justo lo que hizo la aerolínea hace unos años, cobrarles a las personas por el baño, porque el uso de tales instalaciones es un "lujo, no una necesidad".

No hace mucho, también escuché la noticia de que Ryanair estaba considerando una sección del avión solo para pasajeros que estén dispuestos a viajar de pie, para así acomodar más personas en cada vuelo. Hasta hablaron de la posibilidad de instalar secciones con artefactos al estilo de los asientos de las bicicletas que mantendrían a los pasajeros en una posición erguida y de pie, con una barra descendente (como la montaña rusa de un parque de diversiones) que serviría para evitar que se empujen los unos a los otros mientras permanecen de pie durante el vuelo.

Y luego está Southwest Airlines. Para mí, Southwest, aunque también es una aerolínea con descuento, brinda una sensación marcadamente diferente. Los asistentes de vuelo son serviciales, alegres y muy divertidos. Hacen anuncios ingeniosos, ofrecen comida durante el vuelo y procuran que la experiencia de volar con esta empresa sea agradable. El proceso de embarque es sencillo y aún sigue siendo gratis llevar equipaje.

Aunque ambas son aerolíneas de descuento, Southwest y Ryanair tienen dos narrativas distintas sobre ese concepto. Para Ryanair, es: "Maldita sea, cuando estés pensando en cómo llegar del punto A al punto B y quieras hacerlo lo más barato posible, recuerda que Ryanair es la aerolínea más barata". Ellos quieren que *sepas* que son una aerolínea con descuento. Es barata, porque no desperdicia en lujos tales como asientos cómodos. La mala prensa en relación con la sección adaptada para viajar de pie, junto con el hecho de tener que pagar para usar el baño son, en realidad, formas de recordarnos a propósito lo barata que es la empresa. Ryanair fomenta esos artículos de prensa, pues son un gancho publicitario basado en la experiencia de viajar sin lujos. Y cuando quieras viajar en el vuelo más barato posible, elige con gusto este servicio y ten presente imprimir tu tarjeta de embarque con anticipación.

Southwest también nos recuerda que sus tiquetes de vuelo son de bajo costo (aunque hay que reconocer que ya no es tan bajo como antes). Tampoco tiene lujos, pero enfatiza en todas las cosas que hace por ti que son *gratis*: te brinda un vuelo agradable, te permite registrar tu equipaje sin costo adicional o cambiar de vuelo cuando haya asientos disponibles. ¿Y por qué no deberían hacerlo? A ellos no les cuestan nada y, por lo tanto, a ti tampoco te cuestan nada. Te recuerdan que su empresa mantiene bajos costos y aun así se esmera para que tu vuelo sea divertido a pesar de lo económico.

¿Sus números? Casi idénticos a los de Ryanair. Las finanzas son similares, pero sus narrativas marcan la diferencia.

Existen muchos tipos de diferencias en las narrativas. La forma en que las relacionas con los números y viceversa es lo que te lleva a comenzar a desarrollar tu capacidad para aportar valor. La manera de buscar la conexión perfecta entre la narrativa y los números es encontrando los baches, las pistas falsas. Esta es una muy buena técnica para buscar áreas donde sea posible que no existan conexiones y donde puede haber incongruencias. Si se trata de un nuevo paraguas tipo sable, el asunto es averiguar si la gente lo querrá *y* si estará dispuesta a pagarlo —la narrativa y los números—. Si se trata de una empresa como Juicero, los números (¿pagará la gente por tenerlo?) son una verdadera preocupación cuando se considera la narrativa en torno a lo que hace el producto por el cliente, al valor que le aporta el hecho de tenerlo. ¿Era correcto el mercado que Juicero había identificado como suyo? ¿Eran en realidad todos los hogares de los Estados Unidos? *¿Cada* hogar? Su narrativa no tenía sentido. Su precio tampoco. Y los dos, puestos el uno frente al otro, tampoco tenían sentido.

La narrativa y el concepto de números nos brindan una manera de probar nuestra intuición sobre lo que parece encajar, pero que en realidad es contradictorio; en otras palabras, ambos nos ayudan a afinar nuestra intuición sobre cosas que no parecen del todo acertadas. Nos permiten predecir y detectar fallas, como las que detectaban los primeros especialistas médicos cuando pensaban en Theranos y los reporteros en el caso de Juicero. Esta es una técnica que nos ayuda a pensar de manera inteligente para obtener esa ventaja que todos necesitamos a nuestro favor cuando se trata de implementar ideas e innovaciones que nos enriquezcan al aportarnos valor y al aportárselo a los demás.

Haz que todo tenga sentido

La narrativa que presentaron Antje Danielson y Robin Chase, fundadores de Zipcar, la exitosa empresa de autos compartidos, fue que las personas en las grandes ciudades no necesitan tener auto, pues no lo usan a diario. Pero hay ocasiones en que la gente sí está necesitando un automóvil: para comprar muebles en IKEA, para hacer una gran compra de comestibles o para recoger a un amigo en el aeropuerto. Entonces, Zipcar les permite el acceso a uno de sus autos durante el tiempo que lo necesiten.

Esa es una narrativa convincente, que sonaba bastante sólida al principio, cuando Danielson y Chase empezaron a presentarles su empresa a los inversores en enero de 2000. Pero lo que les permitió convertirse en lo que son hoy en día no fue la narrativa, sino cómo esta encajaba (o no encajaba, como era el caso) con los números que ellos presentaban.

Al observar sus primeros planes comerciales, sobre lo que algunas personas astutas tomaron nota, los números que estos innovadores presentaron no encajaban en la ecuación, uno en particular. Este número era su tasa de utilización. Zipcar tenía una tasa de utilización propuesta de casi el 85%, la cual no parecía tener sentido —después de todo, Zipcar estaba usando la industria de alquiler de automóviles como un punto de referencia y la mayoría de las empresas de alquiler de automóviles tenía una tasa de utilización similar—. Pero para aquellos que analizaron este porcentaje un poco más, una tasa de utilización del 85% no parecía tener sentido. No encajaba con la narrativa de Zipcar.

¿Qué representaba este 85%? Bueno, si lo pensamos en términos de la cantidad de horas en un día, ¿qué sucedería durante esas 24 horas? ¿Qué sucedería durante *todas* esas horas, incluso entre, digamos, las 2 a.m. y las 6 a.m.?

¿Cuántas personas crees que buscarían un Zipcar durante esas horas? ¿Cuántas personas estarían buscando hacer esa gran compra de comestibles, en ir a comprar muebles a IKEA o en usar un automóvil a esas horas? Una tasa de utilización del 85% significaría que algunos usuarios querrían un automóvil aun en ese horario y, además, que todas las demás horas fuera de la franja entre las 2 a.m. y 6 a.m. estarían cerca de su capacidad total —del 100% de utilización.

Total que, esas cifras no tenían sentido. Para una empresa de alquiler de autos, es casi seguro que, la mayoría de las veces, sus usuarios terminan pagando por el alquiler de un auto mucho más que el tiempo que en realidad lo utilizan.

Además, esos números no se alineaban con la narrativa de Zipcar con respecto a las personas que necesitan un automóvil en áreas urbanas. Es decir que su narrativa no era congruente con sus números. Así las cosas, los primeros inversores decidieron no invertir y la empresa casi no se consolida.

Fue entonces cuando los fundadores notaron que su narrativa no era congruente con los números y que sus números no eran congruentes con la narrativa. Ellos entendieron que, para que la empresa funcionara, debían cambiar la narrativa de tal modo que se ajustara a los números o modificar sus números e incluso sus proyecciones de crecimiento, sus objetivos y sus finanzas, de tal forma que encajaran en la narrativa. Y así lo hicieron. Realizaron cambios en su forma de pensar sobre su flota de automóviles y en el sistema de reservas, además de ajustar sus números y sus finanzas. Al fin, llegaron a una propuesta convincente y el resto es historia. Hoy en día, encontrarás un vehículo Zipcar en casi todas las ciudades importantes de los Estados Unidos, Canadá, Francia, España y el Reino Unido.

• • •

No es fácil desarrollar una intuición que te lleve a notar cosas que no parecen ser consistentes. Las personas se sienten muy incómodas con lo que los investigadores llaman *disonancia cognitiva* —cuando dos cosas, ya sean creencias, ideas o valores, suenan contradictorias—. De hecho, las personas encuentran tan estresante este tipo de discrepancias que reducen estos sentimientos de inquietud evitando a propósito la información e incluso cambiándola para hacerla más armoniosa. El sicólogo Leon Festinger descubrió que los seres humanos estamos programados para *no* notar cosas como las inconsistencias entre una narrativa y los números que la circundan. Cambiamos parte de nuestra cognición para eliminar la incomodidad de la disonancia cognitiva ignorando las cosas que parecen estar mal y exagerando las positivas.

Pero si nos comprometemos y hacemos un esfuerzo consciente para buscar incongruencias, crearemos oportunidades que nos resultarán enriquecedoras. Aprende a notar lo que no es evidente y a confiar en lo que sí lo es. Conocer el valor que te aporta y confiar en tu propia perspectiva es la base de tu margen de ventaja. Así, podrás mostrarles a los demás en qué consiste tu capacidad para aportarles valor. Hacia allá es a donde nos dirigiremos a continuación.

Principio 5

Tu capacidad de discernimiento proviene de confiar en tu intuición y en tus experiencias.

PARTE 2

Simpatía en acción

CAPÍTULO 6

El poder de lo inesperado

"Todo el mundo es un genio. Sin embargo,
si juzgas a un pez por su capacidad para trepar a un árbol,
el pez vivirá toda su vida creyendo que es un estúpido".
—Albert Einstein

Cuando mi hija tenía tres o cuatro años, vivía, como muchas otras niñas, obsesionada con las princesas. No tengo idea de cómo o por qué sucedió, ya que, a medida que ella crecía, yo nunca le dije ni una sola palabra sobre las princesas. De hecho, traté de no recurrir para nada a las típicas asociaciones de género.

Aun así, todas las noches, cuando mi esposo se preparaba para leerle un cuento antes de dormirla, le preguntaba: "¿Qué te gustaría que te leyera esta noche?". Acto seguido, ella miraba su estantería y le preguntaba: "¿Podemos conseguir algunos libros sobre princesas?".

Entonces, mi esposo le decía: "¿Qué tal si leemos este libro sobre Jorge el Curioso y luego, si quieres, te cuento una historia especial sobre princesas que yo mismo inventé?".

Y así, todas las noches, mi inteligente esposo le inventaba una historia de princesas —pero no cualquier historia, ni sobre princesas que son rescatadas por apuestos príncipes o de largos cabellos rubios que vivían en hermosos castillos—. Estas trataban, por ejemplo, sobre personajes como la Princesa-Ingeniera Ashley, que ayudó a solucionar un problema técnico en un motor cuando iba rumbo a visitar a su abuela; también estaba la Princesa-Emprendedora Kristin, a quien se le ocurrió una ingeniosa idea que salvó la fiesta de cumpleaños de su hermano; otra era la Princesa-Química Amy, que usaba ácidos y menjurges para resolver problemas químicos importantes; y la Princesa-Paleontóloga Rachel no solo aprendió la diferencia entre paleontología y arqueología[1], sino que también hizo un importante descubrimiento de dinosaurios.

Cada uno de sus personajes era más que una *simple* princesa. Todas estaban ligadas a una ocupación y demostraban algún rasgo de carácter clave y esencial para tener éxito en la vida —bien fuera demostrar fortaleza bajo situaciones de presión o autosuficiencia o paciencia.

El caso es que mi hija se enamoró de estas historias mucho más que si solo hubieran sido sobre princesas rescatadas o sobre una paciente paleontóloga o una química autosuficiente que asumía responsabilidades y daba cuenta de sus acciones.

Ser práctico en cuanto a los intereses de nuestra hija y encontrar formas de ayudarle a desarrollarlos apoyado en su formación como ingeniero y científico le permitió a mi esposo ser tanto empático como simpático (y a su vez, aportar valor) de una manera bastante especial. Esta es apenas una ilustración de cómo deleitarte y ser simpático con los demás viendo cómo esa simpatía te lleva a enriquecer tu vida y la de quienes te rodean. Sin embargo, mi hija se enamoró tanto de estas historias que comenzó a hallar simpatía entre sus amigos en la escuela contándoles sus propias versiones de ellas. Y cuando creció lo suficiente para escribir, empezó a escribir sus historias y a hacer pequeños bocetos para ilustrarlas.

Hoy en día, hemos escrito libros juntas, uno por uno hasta convertirlos en una serie de libros para niños llamada *Princess Heroes*, cuyo enfoque es animar a las niñas a "ser una princesa *plus*". Muchas niñas aman a las princesas y eso está bien. Sin embargo, rara vez, las princesas en las historias están hechas para representar un personaje distinto al de la heroína estereotipada o para que sus historias muestren rasgos que contribuyan al éxito en el mundo real. Por eso, el propósito de nuestra serie es incluir en ella toda esa afinidad que sienten muchas niñas pequeñas por las princesas, al mismo tiempo que muestra, alienta y enfatiza sobre las habilidades que les permiten a las mujeres construir sus propias ventajas una vez sean adultas y tengan que defenderse en el mundo real.

Al descubrir cómo llamar la atención de nuestra hija, interesándola en los personajes que él le construía, mi esposo logró que sus mensajes sobre fortaleza y autosuficiencia resonaran mucho más que los de las princesas vacías y sin mayores objetivos en la vida. En otras palabras, supo cómo aportarle valor, pues sus mensajes marcaron la diferencia.

Pasando de la cabeza al corazón

En la primera parte, hablamos sobre cómo enriquecer y agregarle valor en nuestra vida y a la de los demás. Sin embargo, lo que a menudo pasamos por alto es el hecho de que hay veces en que ni siquiera tenemos la oportunidad de hacerlo. Otras veces, es porque se nos ignora y no se nos impide hacerlo. Y otras veces, se debe a que no estamos en los círculos sociales adecuados y no se nos considera parte de ellos.

Así las cosas, conseguir esas oportunidades para ayudarles a quienes nos rodean proviene de nuestra capacidad de simpatía. Cuando tú sabes quién eres y qué tienes para aportar, cuentas con la autoconfianza suficiente para abrirte paso entre la gente y agradarla. Y al hacerlo, estás generando la posibilidad de aportar lo que tienes para dar.

La simpatía es la chispa que le permitió a Elon Musk —recuerda la historia que te conté en la Introducción de este libro— dejarme entrar. Si él no me lo permitía, yo estaba preparada para perder, pues con la puerta cerrada no tenía forma de mostrarle que le aportaría algo a su vida, pero mi capacidad para caerle bien me dio la oportunidad de que él quisiera escucharme.

De igual manera, mi esposo era 100% consciente de que nuestra hija amaba las princesas. De lo que él no era consciente era de estar practicando y cultivando con bastante eficacia las ganancias resultantes del Principio de Simpatía.

Sin embargo, al tratar de definirla, la simpatía va más allá del halago. Hay en ella un componente que la mayoría de la gente no ve: el factor *sorpresa*. La simpatía se mueve en el campo de lo inesperado. En muchas formas, es como el humor.

Hace poco, al sondear sobre esta similitud, le pregunté a Hasan Minhaj sobre cómo ser agradables y divertidos. Minhaj es un cómico estadounidense, además de escritor, comentarista político, actor y presentador de televisión. (Quizá, parezca una pregunta extraña, pero en mi defensa, ya él me había hecho una pregunta aún más extraña: "¿Cómo hacen los profesores para mantenerse educados?". Sorprendida, le respondí: "¿Cómo hacen los comediantes para mantenerse divertidos?". Y ese fue el comienzo de una alianza encantadora entre nosotros dos).

Lo que Minhaj me dijo me sorprendió. Él afirma que es importante que la comedia tenga un objetivo. Hasta ese momento, yo pensaba que el humor podría y hasta debería no tener ningún propósito, pero él prosiguió explicando que las personas deberían ser auténticas sobre aquello que les interesa. Entonces, cuando usas el humor de manera auténtica, abres una puerta que transforma la mentalidad de las personas en ese momento.

Tanto la lógica como las evidencias son persuasivas, pero solo te llevan hasta cierto punto. En cambio, una buena broma abre más las puertas. Los sicólogos Brad Bitterly, Alison Wood Brooks y Maurice Schweitzer han demostrado que el humor es una herramienta poderosa que nos permite manejar las emociones. En las negociaciones y las entrevistas, si sabes hacer bromas, es más probable que tus colegas y superiores te vean como alguien más competente y que te atribuyan un estatus más alto. Pero eso sí, tus chistes deben ser auténticos y reales, no artificiales, ni de mal gusto.

El humor hace que la gente preste atención. "Nunca le he dicho a alguien que soy musulmán y ellos dicen: '¡Genial!'", me dijo Minhaj y continuó explicándome cómo usa su humor para hacer algún comentario que tenga que ver con el hecho de ser musulmán, de tal manera que puede cambiar sutilmente las percepciones de la gente hacia ese hecho:

"Mi papá tiene una visión del racismo totalmente diferente a la mía. Para él, como inmigrante, el racismo es como un 'impuesto' —algo así como un 'impuesto de inmigración'—. Como inmigrante, soportas el racismo y la discriminación —ese es tu impuesto por ser inmigrante.

"Solo le hemos permitido la entrada a 11 refugiados sirios en Estados Unidos. Hay más gente en el equipo de playoffs de los Golden State Warriors que la cantidad de refugiados sirios que hemos dejado entrar".

Pero *yo* nací aquí. Solo estoy contando lo que eso significa. Yo solo comparo el costo de esta realidad… así como comparo precios cuando voy a Best Buy".

O comenta sobre lo que son para él tanto el racismo como la igualdad, siendo un ciudadano estadounidense aunque otros no siempre lo vean como tal, debido al color de su piel:

Y luego sí empieza su conversación y comienza a enriquecer la comprensión que la gente tiene sobre el Islam en Siria, según sea el caso o sus puntos de vista sobre las políticas de inmigración.

La teoría de la comedia de Minhaj está respaldada por una teoría académica sobre el humor. *Se trata de la teoría de la transgresión benigna*, la cual sugiere que el humor ocurre solo cuando se cumplen tres condiciones: (1) hay algún tipo de infracción, en el sentido de que hay una perturbación o algo que no concuerda o es contrario a lo esperado; (2) la situación es benigna; y (3) ambas percepciones ocurren simultáneamente. Esto explica por qué a veces hay bromas que *no son* graciosas: porque pueden llegar a ser tan poco convincentes y hasta a usarse tanto que incluso llegan al punto de convertirse en clichés (es decir, aburridas) o demasiado agresivas o hasta ofensivas (es decir, dejan de ser benignas).

Con la simpatía ocurre algo similar. Cuando divertimos a los demás, impactamos sus percepciones, pero de forma benigna. Los desestabilizamos y ponemos a prueba sus percepciones, captando así su atención en aras de abrirnos paso para enriquecer y aportarle valor a sus vidas.

No se trata de intentar ser encantadores, entretenidos y hábiles. Sin embargo, cada uno de estos atributos nos ayuda a definir en qué consiste la simpatía.

Primero, busca lo inesperado. Procura ver las peculiaridades de la vida cotidiana, como indiqué en la primera parte.

No te predispongas demasiado. Ve a situaciones que te permitan enfrentar prejuicios, fallas o desventajas (ya sean reales o imaginarias) con algunos prototipos y ejemplos en mente que te brinden oportunidades para mostrar tu simpatía y que te pongan en una posición apta para aportarles valor a quienes te escuchan.

Recuerda que gran parte de la simpatía es in situ es decir, está basada en relacionarte con los demás de manera auténtica y en el momento. Usa el contexto en el que te encuentras para perfeccionar tus reflejos rápidos y utilízalos para ser simpático con los demás.

Busca personas y situaciones que tú mismo consideres divertidas y placenteras y trata de identificar por qué las percibes de esa manera. Después, úsalas para ayudar a refinar tu propio concepto de simpatía y tu capacidad para agradar. Aprende en qué consiste ser espontáneo y, lo que es más importante, lo que es no ser auténtico.

Todos tenemos la capacidad de aportar valor. Pero cuando también eres capaz de agradar, ocurren cosas mágicas. Esa es la mejor fórmula para animar a otros a que te dejen entrar a mostrarles lo que eres capaz de brindarles.

Tus aportes te harán brillar

La producción de una película llamada *Crazy Rich Asians* comenzó en abril de 2017 y tuvo lugar entre Singapur y Malasia.

Fue dirigida por Jon M. Chu. Para él, ese fue un proyecto personal. La historia (basada en el libro de Kevin Kwan con el mismo título) y su poderoso mensaje sobre la asimilación y la búsqueda de la propia voz cuando estás atrapado entre dos culturas dispares refleja muchas de sus propias experiencias como hijo de un padre chino y una madre taiwanesa criada en Palo Alto., California.

La película contó con un elenco totalmente asiático —la primera producción importante en tenerlo desde *The Joy Luck Club*, realizada hace 25 años—. Pero Chu no se detuvo allí. Él se comprometió a enfocarse y mostrar la mezcla existente entre las culturas asiática y asiático-estadounidense, utilizando todos los aspectos de la película —incluidos la escritura de guiones, para la cual contrató a Adele Lim, una malayo-estadounidense, así como el equipo de comida, encabezado por el chef y consultor de comida de Singapur John See, a quien se le asignó la tarea de capturar los sabores y colores de todos los platos que aparecen en la película.

Y lo mismo podría decirse del compromiso de Chu con la música de su película: él trató incansablemente de asegurarse de que todas las canciones de *Crazy Rich Asians* captaran, en sus palabras, "esa loca mezcla de identidades y culturas que conforman lo que somos". Así que se propuso encontrar música que mezclara las culturas americana y asiática, seleccionando una lista de canciones de amor clásicas chinas y canciones populares en inglés que pudieran ser reelaboradas con letras chinas y cantadas por artistas asiáticos. Así que, casi de primera en su lista, había una canción de la banda Coldplay llamada *Yellow*.

Chu y su supervisor musical, Gabe Hilfer, la seleccionaron para el cierre —la poderosa canción era perfecta y tocaba todos los sentimientos y las emocionales del final en crescendo de la película—. Simplemente, encajaba a la perfección.

Pero cuando se acercaron a los integrantes de la banda para pedirles su participación, ellos se negaron.

Verás, Coldplay tenía motivos para no querer participar. En 2012, la banda lanzó una canción llamada *Princess of China,* acompañada de un video que mostraba a Rihanna con ropa tradicional china. Entonces, fueron criticados por apropiación cultural y criticados por su insensibilidad hacia las costumbres chinas. Para empeorar la situación, les ocurrió un incidente similar en 2016, cuando filmaron el video de *Hymn for the Weekend,* durante el festival hindú de Holi, con la colaboración de Beyoncé vestida con un traje tradicional. El público estaba indignado y un prominente líder hindú criticó a los artistas diciendo que la banda trataba su religión de manera "frívola".

Después de haber enfrentado una reacción violenta por involucrarse insensiblemente con la cultura asiática, Coldplay rechazó, como era apenas comprensible, la solicitud de Chu con respecto a usar su canción en *Crazy Rich Asians,* citando la connotación negativa que a menudo tiene el color amarillo cuando se aplica a la cultura asiática, debido a su degradante atribución al color y a los tonos de piel asiáticos.

Pero Chu lo veía de otra manera. Él creció siendo fanático de Coldplay y amaba la letra de *Crazy Rich Asians.* Por eso, Chu quería usar la canción para censurar el uso del color amarillo como un insulto racista hacia los asiáticos.

"Hay una cierta connotación en esta palabra con respecto a aspectos que me agradan de esta cultura, así que para mí se trataba más de empoderarnos de ese término y de volverlo positivo", manifestó Chu. "Recuerdo haber escuchado la canción y la belleza del amarillo, que es el color del sol y del amor. Era algo así como, ¡carajo, el amarillo es hermoso y, si me vas a llamar amarillo, entonces bien, eso es lo que seremos!". Chu quería usar la canción para recuperar y restaurar esa palabra. "Vamos a apropiarnos de ese término", manifestó. "Si nos van a llamar amarillos, lo volveremos hermoso".

Entonces, Chu no se rindió. Más bien, les escribió una carta personal a los miembros de Coldplay, Chris Martin, Guy Berryman, Jonny Buckland y Will Champion, explicándoles por qué necesitaba usar *Yellow* en *Crazy Rich Asians*.

Comenzó por delinear su "relación complicada" con el color amarillo, señalando cómo algunos habían utilizado esta palabra para menospreciarlo cuando era niño. Pero luego, escuchó la canción de Coldplay. Chu escribió: "Por primera vez en mi vida, alguien describía ese color de las formas más hermosas y mágicas que jamás había escuchado: el color de las estrellas, el de mi piel, el del amor. Fue una imagen increíble de atracción y esperanza que me hizo revaluar mi propia imagen". Luego, describió cómo en un solo instante la canción se convirtió en su "himno" y en el de sus amigos, ayudándoles a redimir la palabra *amarillo* hasta convertirla en un concepto del que ellos se sentían orgullosos.

Así, Chu generó una contravención, alterando la perspectiva de que el "amarillo" era ofensivo para los asiáticos. Explicó que lo veía de manera diferente, que le encantaba la canción y su letra y que quería apropiarse del color amarillo. Simultáneamente, hizo su solicitud benigna y segura. Aunque aludía al racismo del cual habían acusado a Coldplay, enfatizó en que él no lo percibía de esa manera. Su objetivo era recuperar el término amarillo y hacerlo hermoso para los asiáticos y no un insulto racista contra ellos.

Luego, Chu pasó a relatarles la película, describiendo con orgullo que se trata de una mujer que "aprende que es lo suficientemente buena y merecedora de todo, sin importar lo que le hayan enseñado o cómo la hayan tratado, y en última instancia, que puede estar orgullosa de su herencia mixta". Así, él explica que imaginó a Yellow sonando a medida que el personaje se preparaba para regresar a casa ambientando la escena con el trasfondo de "una marcha emocional y empoderadora" —un himno apropiado para un momento triunfal— para el personaje y para cualquier persona como ella o como el mismo Chu, que alguna vez haya luchado por reconciliar su identidad con un mundo poco acogedor.

Chu concluyó asegurándoles que la escena "le daría a toda una generación de asiático-americanos, y a otros, el mismo sentido de orgullo que sentí cuando escuché su canción… Quiero que todos tengan un himno que los haga sentir tan hermosos como sus palabras y su melodía me hicieron sentir cuando yo más lo necesitaba".

Una hora después de que él le escribiera a la banda, esta le respondió aceptando su propuesta. Poco después, observaron la escena y se embarcaron en ella aun con más entusiasmo, lo que le permitió a la cantante chino-estadounidense, Katherine Ho, grabar en mandarín una versión de la canción. La canción se reproduce sobre el final y el clímax de la película, en la parte más conmovedora, justo donde Chu pretendía, o más bien, cuando la protagonista se da cuenta de su propia fortaleza y se empodera de sus múltiples culturas y de su identidad.

...

La carta de Chu encantó a Coldplay y le mostró cómo la banda podía aportar valor en medio de la situación. La inclusión de Yellow en la película le dio a Coldplay la oportunidad de reorientar su narrativa: ellos son una banda sensible a la raza, a la identidad y a los matices que existen en el arte, la música y la cultura. El valor que esto le aportó a la banda fue enorme, dadas las asociaciones negativas con las que había tenido que lidiar en el pasado. El caso es que ellos nunca hubieran reconocido el valor que la situación les estaba aportando si antes Chu no les hubiera simpatizado, desarmándolos y haciéndolos sensibles a su experiencia de vida como asiático.

Cuando te enfrentas a los críticos, tu capacidad para simpatizar con ellos será generadora de oportunidades para comenzar de nuevo y mostrarles que tú podrías agregarles valor a sus vidas. Tu simpatía te ayudará a desarmarlos y a eliminar los prejuicios que ellos y otros tengan en tu contra. Incluso te ayudará a hacer que esos prejuicios funcionen a tu favor.

Esa es una lección que mis padres me enseñaron desde muy temprana edad y que quedó reforzada en mi mente y en mi corazón gracias a la historia que escuché durante toda mi infancia sobre el hecho de que mi madre emigró a los Estados Unidos con apenas $22 dólares en el bolsillo.

Había recibido una beca académica para estudiar en los Estados Unidos, pero si bien la beca cubría su matrícula, no cubría una serie de otras necesidades como dinero para libros, alojamiento, comida y otros gastos de manutención. Y como cuentan muchas historias de emigrantes, mi madre llegó solo con algo de ropa, con algunas fotos y con los $22 dólares.

Al aterrizar en tierra americana, lo primero que ella hizo fue buscar empleo, uno que le permitiera trabajar a tiempo parcial entre clases. Debió haberle costado mucho esfuerzo, siendo alguien que casi no hablaba inglés. Pero cuando ella cuenta esta historia, incluso hoy, no se enfoca en lo difícil que fue su comienzo en este país. Más bien, se enfoca en describir cómo al fin encontró el trabajo perfecto como vendedora en una joyería. A sus ojos, era perfecto, no por el trabajo que estaba haciendo, sino porque además de proporcionarle dinero, el pago incluía un apartamento en el cual vivir, *siempre y cuando* lograra vender una cierta cantidad de joyas cada mes. Ese incentivo fue lo que más le agradó a mi madre.

El dueño de la joyería poseía varios apartamentos que estaban ubicados encima de la joyería. Y uno de esos, de una habitación, era el que mi madre compartía con otras tres mujeres que se convirtieron en sus mejores amigas y con las que todavía mantiene contacto hasta el día de hoy. Todas trabajaban sin cesar vendiendo joyas, sobre todo, mi madre. Cada minuto que no estaba en clase, estaba intentando vender joyas. Ella mantenía la joyería abierta hasta altas horas de la noche con la eterna esperanza de siempre conseguir un cliente más.

Muy pronto, mi madre descubrió que no tenía lo que se requería para cumplir con sus cuotas mensuales. A pesar de todo su arduo trabajo, de hacer sus mejores esfuerzos por aprender sobre el negocio de la joyería, no estaba vendiendo lo suficiente. Concluyó que el trabajo duro por sí solo no la ayudaría a cumplir con la cuota del mes. Nadie le compraba joyas a una mujer que hablaba un inglés tan precario como el de ella en ese entonces.

Así que, sin saber qué hacer, decidió intentar lo contrario a todo lo que había hecho hasta ese momento, como es su personalidad, solo como una prueba para ver qué pasaba. Como ella solía acercarse con entusiasmo a los clientes cuando ellos entraban a la joyería, ahora les saludaría con indiferencia. Como antes solía mostrar su conocimiento sobre las gemas, ahora bromearía con los clientes diciéndoles que ella no era una experta en juzgar la calidad o la rareza de las joyas, esto a sabiendas de que era la mejor para diferenciar las más bonitas de las más feas.

Unas semanas después, mi madre se convirtió en la vendedora de joyas más exitosa de la tienda. Comenzó a hacer clientes habituales que incluso llevaban a sus amigos a conocer a la "atrevida y sarcástica joyera".

Mi madre nunca menciona (y de hecho, se niega a abordar el tema cuando se le pregunta directamente) toda la discriminación que ella enfrentó. Pero, por supuesto, se enfrentó a muchísimos prejuicios como inmigrante, como mujer, como asiática, como alguien que no sabía hablar inglés a la perfección.

Sin embargo, ella los superó todos y supo usarlos a su favor. Contravino las normas de lo que la gente esperaba de ella como mujer asiática y como joven empleada. Remplazado su comportamiento sumiso y deferente con una actitud de descaro y sarcasmo. Lo hizo de forma benigna, convirtiéndose en socia y aliada de sus clientes en cuanto a sus decisiones de compra. Durante todo ese tiempo, vivió sin pagar alquiler en la Ciudad de Nueva York, casi cuatro años. Los siguientes capítulos te explicarán cómo tú también puedes hacer lo mismo (bueno, tal vez no la parte de la vivienda gratuita).

Principio 6

Antes que los demás te dejen entrar en su mundo, necesitan que les demuestres tu simpatía hacia ellos.

CAPÍTULO 7

Improvisación reflexiva

"Antes que nada, prepararse es el secreto del éxito".
—**Henry Ford**

La simpatía es más encantadora cuando parece accidental e improvisada. Pero eso no significa que tenga que serlo 100%. Como verás, por eso es tan difícil saber ser simpático y crear esa ventaja a tu favor —porque requiere de un equilibrio bastante laborioso entre preparación y espontaneidad, entre no estar listo en absoluto y estar demasiado preparado.

Sin embargo, esta combinación no fue demasiado evidente para un joven empresario francolibanés llamado Oussama Ammar cuando él comenzó a tratar de recaudar dinero para una empresa que estaba iniciando, una firma inteligente de crowdsourcing que conecta a empresas globales con una red de más de 950.000 expertos en todo el mundo con el fin de resolverles sus mayores problemas de I + D.

Como tenía su sede en París, Oussama se puso en contacto con decenas de inversores en Londres, París y Europa Central. Un inversor en particular le llamó la atención: un hombre que se desempeñó como director en varias empresas francesas de energía y electricidad, bien reconocido por su capacidad para desarrollar talento joven dentro de diversos negocios de su propiedad. Con ese bagaje, él no solo estaba en capacidad de proporcionar parte del capital que con tanta urgencia necesitaba Oussama, sino que también contribuiría a ayudar a implementar la estrategia y el conocimiento comercial en muchas de las áreas cuyunturales del negocio.

No obstante, por mucho que se esforzó, todos los intentos de Oussama para llegar a este inversor fracasaron. Todo indicaba que él no estaba interesado. Oussama sabía que lo único que necesitaba era otra conversación con él, una que le permitiera la oportunidad de completar toda la información que faltaba y que no alcanzó a comunicar en su encuentro inicial con el inversionista.

Unas semanas después, la novia de Oussama llegó al apartamento que compartían y mencionó a un hombre que había intentado ligar con ella en un bar de vinos donde ella estaba tomando unas copas con sus amigos después del trabajo. Tratando de provocar algunos celos, ella comentó con indiferencia: "Incluso me dio su tarjeta de presentación y vi que es el presidente de una gran empresa". Al escuchar eso, Oussama le pidió que le permitiera verla.

Cuando la leyó, el nombre le resultaba inquietantemente familiar. "Llámalo e invítalo a cenar", le propuso.

• • •

Como te imaginarás, el inversionista se sorprendió bastante al llegar a recoger a su cita unas noches más tarde y que lo recibiera no aquella encantadora mujer que había conocido en el bar de vinos, sino Oussama. Aun así, después de esa sorpresa inicial, quedó encantado con lo absurdo y divertido de la situación. El caso fue que él y Oussama se llevaron muy bien y él terminó convirtiéndose en uno de los inversores más importantes de aquel nuevo emprendimiento.

A lo que Oussama le atribuye su éxito es a su capacidad para estar "casi listo". Al igual que Henry Ford, Oussama comprendió que prepararse es el secreto del éxito. Pero, ¿qué significa prepararse?

Para Oussama, es estar atento y presto para actuar con simpatía cuando surjan tanto la necesidad como la oportunidad. Si cuentas con el conocimiento necesario sobre cómo agradarles a los demás —y si estás seguro de que cuentas con la capacidad de aportar valor en ese preciso instante—, tendrás la autoconfianza suficiente para ir directo al punto y para improvisar cuando la ocasión así lo amerite.

Sin lugar a duda, Oussama no era a quien ese inversionista esperaba conocer cuando se abrió la puerta y él se preparaba para entregarle un ramo de flores a quien pensó que sería su cita de esa noche. Pero en este caso, la sorpresa generó la capacidad de agradar, de formar una relación y de enriquecerse mutuamente. Cuando tenemos la perspectiva necesaria para mirar el mundo a través de lentes de colores extravagantes y experimentar la singularidad de las situaciones, en última instancia, esta capacidad se transforma en el alimento de nuestras interacciones y en el elemento primordial para saber cómo agradarles a quienes nos rodean.

Planifica, pero sin exagerar tu planeación

En mi caso, yo aprendí sobre la naturaleza improvisada de agradarles a los demás a través de un incidente inolvidable para mí. Estaba haciendo mi maestría en INSEAD, una escuela de negocios internacional con campus en Fontainebleau, Francia, Singapur y Abu Dhabi. Hablábamos de una empresa que hasta el día de hoy sigue siendo uno de los emprendimientos más extraños de los que yo haya oído hablar.

La empresa fabricaba lentes de contacto para pollos. Sí, leíste bien. En 1962, un granjero descubrió por accidente que algunos de sus pollos sufrían de enormes cataratas. Como resultado, comían menos. Y no solo eso, sino que además eran más fáciles de manejar y se metían en muchas menos peleas.

Los pollos son animales agresivos. Ellos luchan entre sí en peleas sin cuartel que resultan siendo tan graves que a menudo se hieren o incluso se matan unos a otros y luego practican el canibalismo. A veces, se trata de establecer un orden jerárquico o de guerras territoriales cuando hay hacinamiento, pero otras veces, pelean solo porque están estresados o aburridos. Por lo tanto, los pollos con problemas de visión tenían menos probabilidades de participar en estas escaramuzas. Debido a que se lastimaban menos entre sí, las aves parcialmente ciegas eran mucho más rentables para los granjeros que sus contrapartes con visión completa.

Este hecho dio lugar a una idea. Una empresa llamada Optical Distortion Inc. (ODI) descubrió la forma de disminuir la visión de los pollos a través de lentes de contacto. (Y no solo eso, también desarrolló un método de inserción y retención que hacía que los lentes fueran simples y sencillos de usar en pollos. De todos modos, no estamos hablando de una tarea fácil). Estos lentes funcionaban reduciéndoles el campo de visión y creando distorsión —los pollos todavía podían ver, pero la visión disminuida impedía peleas entre ellos y otros comportamientos no deseados—. Además, los lentes eran de color rojo; los desarrolladores no sabían muy bien por qué razón, pero los lentes rojos reducían aún más la violencia y el canibalismo en los pollos que los usaban. Los lentes eran más efectivos y más humanos que optar por cortarles el pico e implementar otras medidas preventivas que usaban los agricultores y requerían de mucho menos esfuerzo.

Así las cosas, ODI consiguió una patente para sus lentes, pero también sabía que, a su debido tiempo, los actores más importantes de la industria agrícola superarían esa patente. Así que nuestra discusión en clase se centró en cómo la empresa podría capitalizar el desarrollo de su producto y cómo manejarían su comercialización y lanzamiento.

Mi profesor, Ziv Carmon, me pidió que desempeñara el papel de vendedora de ODI y me propuso que le diera mi discurso de venta a mi compañero Robert, en quien delegó el papel de agricultor.

Yo no estaba preparada para dar un argumento de venta, así que quedé completamente desconcertada, pero tenía frente a mí tres puntos específicos que ilustraban todo lo que yo necesitaba saber sobre aquellos ridículos lentes de contacto diseñados para reducir la vista de los pollos. El primero, estaba relacionado con el producto, con sus características y con los casos en que había que usarlo. El segundo, estaba relacionado con las finanzas. Y el tercero, tenía que ver con los riesgos, las prevenciones y los posibles desafíos.

Entonces, basándome en esos tres puntos, logré presentar un argumento de venta que convenció incluso a Robert —que fue criado en Dakota del Norte y sabía sobre agricultura—. Cuando él me preguntó: "¿Por qué querrían mis pollos usar lentes de contacto?", le respondí con todos los beneficios no solo para él, sino también para sus aves. Traté a sus pollos como consumidores y a él como a un cliente. Cuando Robert me preguntó sobre cuáles serían los posibles inconvenientes que él tendría que afrontar con este producto, le expliqué: "Los pollos que pasan sus días viendo rojo son mucho más felices y los granjeros cuyos pollos ven rojo son los que llegan a ver en negro [refiriéndome a ver sus números en negro y no en rojo] y por lo tanto, también son más felices". Por cada consulta que él me hacía, yo tenía una respuesta inteligente. Y al final, nuestro profesor comentó en voz baja: "¡Maldita sea! ¿Cómo lograste que todos quisiéramos desembolsar dinero para lentes de contacto para pollos?".

• • •

Lo que aprendí fue que la idea de que nunca puedes estar demasiado preparado es una completa tontería cuando estás tratando de agradar y ser empático. Ahora, estar preparado es una bendición. Pero estar demasiado preparado te inmoviliza.

Como afirmó Napoleón Bonaparte: "La preparación excesiva es el enemigo de la inspiración". La preparación excesiva nos priva de la capacidad de cambiar e improvisar, de regular y calibrar dinámicamente. Nos volvemos lentos, aburridos e inflexibles. La investigación fundamental de Martin Seligman sobre la preparación ha descubierto que la sensación de preparación excesiva tiende a conducir a resultados desastrosos. En ocasiones, hace que las personas se sientan complacidas, sentimiento que, por ejemplo, lleva a los médicos a pasar por alto ciertos síntomas y observaciones clínicas, lo cual da lugar a diagnósticos erróneos; también hace que los líderes en pronóstico del clima tiendan a fallar en las predicciones de algunos terremotos y de otros desastres naturales.

Años después de esa clase, realicé una llamada de ventas real. Un emprendedor que yo conocía, llamado Todd, logró desarrollar un software de contabilidad bastante impresionante, cuyo aporte era enorme. Pero los clientes a los que él se había acercado hasta entonces le respondían que "no". Así que, frustrado, él se acercó a mí para ver si podía ayudarle a venderlo.

Fue así como pasé algunas semanas poniéndome al día con su producto y con todo lo que era capaz de hacer, su estructura, su costo y las características que aún él estaba desarrollando, además de algunos otros detalles sobre la empresa y los servicios que ofrecía. Lo acompañé a la siguiente reunión de ventas, que fue con un cliente interesado que vivía en el noroeste del Pacífico.

Después de una buena conversación y de algunas bromas, el cliente manifestó convencido: "Genial. Me encanta. Quiero comprarlo". Miré a Todd y vi que la expresión en su rostro se convertía en emoción y regocijo, solo para que, en tan solo unos segundos, se transformara en una mirada de terror. Porque, tan pronto el cliente dijo: "Quiero comprarlo", preguntó: "¿Cuánto cuesta?".

Ante la pregunta, Todd se quedó congelado, *porque no lo sabía*. Ahora, pensarás que era un idiota por no saber el precio de su propio producto, pero debes comprender que este era un producto que, por lo general, requería de ciclos de venta largos (más de seis meses), lo que implicaba numerosas discusiones sobre sus características y capacidades hasta llegar, finalmente, al precio. Cada vez que Todd se había reunido con un cliente potencial, había habido rondas de comentarios relacionados con las características, las posibles mejoras, ajustes aquí y allá. Además, Todd había estado inmerso en el proceso de diseño del producto durante 18 meses, hecho que lo mantuvo poco atento a los precios.

Así que, después de la conmoción momentánea de darme cuenta de que Todd no iba a responder en absoluto, y que era un hecho que estaba completamente paralizado por la sorpresa que le causó tal pregunta, reaccioné, recuperé un aire de confianza y le dije al posible cliente: "$10.000 dólares".

A lo que el cliente respondió: "¡Genial, no hay problema!".

A lo que respondí, "Esa es la tarifa por año".

A lo que siguió con: "¡Obvio, no hay problema!".

A lo que respondí: "Eso es por usuario".

A lo que respondió: "¡Oh, eso sí es un problema!".

Actó seguido, suspiré de alivio y comenzamos a negociar el precio.

En conclusión, lo que impedía que Todd hiciera ventas y lo que lo asustaba cuando su cliente le pedía un precio era que él tenía demasiada información sobre su empresa. Estaba inmovilizado por su conocimiento de todas las características del producto, las ofertas futuras, los servicios, etc., tanto, que no lograba ser flexible al pensar en el posible precio de su producto. En cambio, yo reaccioné con la flexibilidad suficiente en cuanto al tema —conocía el *rango* dentro del cual era factible negociar—. Además, también era necesario conocer la empresa tan suficiente e íntimamente como para hablar con legitimidad sobre el producto y lo que este ofrecía. Se trata de un acto de equilibrio entre estar preparado y ser flexible. Por fortuna, hay formas de desarrollar y perfeccionar esta cualidad.

Un repertorio de prototipos y ejemplares

Mi hija ha estado tocando el violín durante años y hace poco un amigo me comentó lo maravilloso que eso le parecía. Es cierto, hay muchos beneficios en ello: se supone que tocar un instrumento te hace más inteligente, mejora tu concentración, tu paciencia, tu disciplina… podría seguir y seguir alargando la lista de beneficios.

Sin embargo, puedo decir con total seguridad (como mi esposo estaría dispuesto a atestiguar[1]) que la razón principal por la que mi hija todavía toca el violín es porque me encanta Tatiana, su profesora de violín. Tatiana es una violinista excelente, sí, y fabulosa en lo referente a enseñarle a mi hija los fundamentos del violín. Pero es aún mejor enseñándole los fundamentos para construir una ventaja en la vida, aunque es probable que ella ni siquiera sea consciente de ello.

Tatiana le enseña a mi hija qué hacer cuando ella está comenzando a adentrarse en una nueva pieza musical, y por asociación, en cualquier situación nueva: "Primero debes pensar, '¿Es esto una marcha, una danza o una canción?'". ¿Ves? Tatiana le explica antes de comenzar a tocar cualquier pieza musical nueva. Primero, mi hija debe identificar si se trata de una marcha que requiere un ritmo fuerte, constante y un tono atrevido; de una danza que anima a los oyentes a ponerse de pie; o de una canción con irregularidades y silencios destinados a imitar la voz humana. Si tú no sabes lo que estás interpretando, entonces, no sabes lo que se espera que hagas. Más importante aún, no sabes identificar qué vendría siendo lo inesperado[2].

Es como lo que el notable Phil Anderson, uno de los mentores con los que más estoy en deuda, me dijo una vez: "Cuando haces una pregunta, siempre debes suponer qué respuesta esperas recibir. Porque si no, ¿cómo sabes si te sientes sorprendida o si has aprendido algo?". Por lo tanto, al hacer una pregunta, ten algo en tu mente, cualquier cosa, para así saber si la respuesta es o no es sorprendente.

Será mejor que sepas si lo que estás tocando debe sonar como una marcha, una danza o una canción. Suena trillado, y es apenas obvio que no se trata solo de una marcha, una danza o una canción, pero funciona de la misma manera en la práctica. Tomemos, por ejemplo, a los estudiantes con los que trabajo en empresas emergentes y a los emprendedores a los que asesoro y que buscan financiación de inversores. Les digo: "Primero, deberán pensar: '¿Me estoy acercando a ellos con un discurso de alto impacto, con un discurso de dos oraciones o con un discurso extendido?'".

• • •

El discurso de alto impacto, el discurso de dos oraciones y el discurso extendido. Esos son los prototipos en los que les digo a mis estudiantes que piensen y que procuren evaluar. Ya sea que se trate de un "discurso" o no, ¿qué enfoque adoptarán, cuál de esos prototipos será el más adecuado para asegurarse de agradar y generar simpatía, junto con la oportunidad de aportar valor? Lo que hice con Elon fue 100% un "discurso" de alto impacto una frase de una sola línea. Con Todd y su cliente fue un discurso de dos frases, un poco extendido, con un poco más de detalle. ¿Y vender lentes de contacto para pollos? Ese fue, definitivamente, un discurso extendido con muchos intercambios de variedad de perspectivas.

El discurso de alto impacto te permite resumir tu punto en tres o cuatro palabras interesantes y bien escogidas. Es un discurso que ofrece toda la información que tu público objetivo necesitará inicialmente, en un "sorbo" rápido. Por ejemplo, si yo te preguntara: "¿Qué es Facebook para profesionales?", de inmedato, te haría pensar en LinkedIn. Si te preguntara sobre el Porsche 100% eléctrico, lo más probable es que pensarías en Tesla.

Pero no se trata solo de empresas. ¿Cuál es el discurso de alto impacto que te gustaría compartir sobre ti? Recuerda lo que hice para agradarle a Elon: dije lo esencial, le envié un golpe rápido e ingenioso que aludía astutamente a su nivel de riqueza.

Ahora, contrástalo con el discurso con Todd. Fue un poco más extenso y detallado (aunque el de alto impacto sirve para comunicar una gran cantidad de sustancia), más del tipo de dos oraciones (también conocido como discurso de ascensor). Este prototipo es la mejor forma de decantar un plan de negocios de 300 páginas (anticuado, lo sé) en una idea fácil de recordar.

Entre otras cosas, les enseño a mis estudiantes que un discurso de dos oraciones suena más o menos así: es para un sujeto [público objetivo] que [tiene una necesidad], [nombre del producto] es una [categoría de producto] que [ofrece un beneficio clave]. A diferencia de [competidor o sustituto], nosotros [en esencia, somos diferentes].

Por ejemplo, Elon Musk podría presentar a Tesla como:

"Para las personas adineradas y los fanáticos de los automóviles que desean un auto deportivo de alta gama, que sea ecológico, el Tesla Roadster es un automóvil eléctrico que ofrece un rendimiento sin precedentes y sin dañar el medio ambiente. A diferencia de Ferrari y Porsche, nosotros ofrecemos un rendimiento asombroso, sin emisiones directas de carbono".

¿Qué expresa *tu* discurso de dos oraciones? Y así como una empresa emergente tiene varios discursos de dos frases, uno para un proveedor, uno para un cliente potencial, uno para un inversionista potencial, etc., ¿qué discursos tienes y a quiénes están dirigidos? No vas a dirigirte a tu mamá de la misma manera que a tu jefe; ni a tu jefe de la misma manera que te expresas frente un cliente.

Tal como vimos con Todd y su cliente, es probable que inicies un diálogo a partir de un discurso de dos oraciones. Que recibas algunas preguntas. Ese es el punto. Así es como pasas de la simpatía a aportar valor. Lo que debes hacer durante el discurso de dos oraciones es posicionarte de tal manera que despiertes cierto interés en tu contraparte y obtengas los tipos de preguntas que te permitirán brillar y continuar deleitando a tu interlocutor con tus respuestas.

Es la misma razón por la que les digo a quienes entreno: "No es un discurso". Cuando pensamos en dar un discurso, tendemos a equipararlo con el acto de vender, pero en realidad, es una conversación. Primero, intenta despertar el interés para luego sí iniciar la conversación.

Esto mismo se aplica al tercer tipo de discurso, el extendido. Y por extendido me refiero a cualquier discurso que tenga más de dos oraciones, pero dure menos de un minuto. Ningún discurso debe durar más de un minuto —después de eso, debes estar en modo conversación completa.

A continuación, encontrarás dos discursos extendidos que suelo presentarles a los estudiantes, uno es un ejemplo de qué hacer y el otro es un ejemplo de qué no hacer. Observa si puedes averiguar cuál es cuál y por qué.

Esta es la presentación de Phil Libin, Director Ejecutivo de Evernote:

Hola, soy Phil Libin, Director Ejecutivo de Evernote.

Evernote es tu cerebro externo —siempre que suceda algo importante, anótalo en tu Evernote y lo tendrás a la mano cada vez que lo necesites—. Puedes usar Evernote con muchos de los dispositivos que ya estás usando. Tenemos una versión para Windows y otra para Mac. También puedes usarlo desde cualquier navegador web, desde cualquier teléfono y desde cualquier cámara.

Ahora, tu memoria puede tomar muchas formas —habrá muchas cosas que querrás recordar. Por lo tanto, usa tu Evernote, por ejemplo, para tomar una foto de la tarjeta de presentación de alguien o de un tablero o una etiqueta de vino que desees recordar. O puedes dejarte una nota de texto o una nota de voz —toda esta información llegará a los servidores de Evernote, donde se procesa e indexa, lo que te permite hacer cosas como buscar todos los textos en tus imágenes, lo que a su vez te permite buscar por ubicación—. Luego, la información se sincroniza con tus clientes de tal modo que siempre esté disponible para que puedas encontrar lo que necesites donde sea que esté.

Todos tienen dos niveles de suscripción: gratuita y premium. La suscripción premium cuesta $5 dólares al mes y obtienes almacenamiento virtualmente ilimitado y todo tipo de otros beneficios.

Y Rouzbeh Shahsavari, Director Ejecutivo de C-Crete Technologies, presenta:

El material fabricado más utilizado en el planeta es el hormigón. En promedio, cada persona usa más de tres toneladas al año. Desafortunadamente, el proceso de fabricación del hormigón contribuye a más del 10% de las emisiones de dióxido de carbono en todo el mundo.

Sin embargo, hemos logrado desarrollar un hormigón que no solo reduce a la mitad las emisiones de dióxido de carbono, sino que además es cinco veces más resistente que el hormigón normal. Nuestro diseño es único, porque hemos descubierto cómo cambiar la nanoestructura propia del hormigón. Este enfoque es respetuoso con el medio ambiente y al mismo tiempo reduce el costo de fabricación en un 40%. Dado que el mercado estadounidense de hormigón supera los $100.000 millones al año, esto hace que nuestro producto sea extremadamente lucrativo para los fabricantes.

Somos un equipo de cinco investigadores, incluidos tres profesores superestrellas de MIT. Yo mismo soy un estudiante de doctorado del último año que trabaja en hormigón innovador y estamos buscando dos personas más que sientan pasión por el tema para así completar nuestro equipo.

En realidad, solo hay un punto central que distingue a estos dos discursos: el nivel de detalle. En el primero, hay *demasiados detalles.* Todo lo que sea más largo que un discurso de dos oraciones, incluso si se trata de un discurso extendido, deberá estar enfocado de tal manera que contenga la misma calidad de información que un discurso de dos oraciones. Serán más frecuentes las situaciones en que usaremos los discursos extendidos. Entonces, cuando pensamos que tenemos más tiempo para este tipo de discurso, existe la tendencia de terminar diciendo cosas como: "Puedes tomar la foto de la tarjeta de presentación de alguien o de una pizarra o una foto de una etiqueta de vino… también puedes hacerlo desde un navegador web, de un teléfono o una cámara… o usar la cámara de tu mamá o el teléfono de tu hijo o el de tu vecino…". Tú entiendes a lo que me refiero.

En otras palabras, echamos mano de todas las funciones —de todas las cosas que podemos hacer para aportar valor— cuando aún no hemos encontrado la forma de conectarnos al punto de hacer despliegue de nuestra *simpatía.* Creemos que tenemos mucho más tiempo con un discurso extendido, pero no deberíamos intentar incluir contenido adicional en él. Lo que necesitamos es agregarle al contenido más profundidad y variedad.

Tres puntos de conversación

No importa qué prototipos y ejemplares tengas en mente —quizá, sea una marcha o una danza o una canción; un discurso de alto impacto, de dos oraciones o uno extendido o cualquier formato que tenga sentido para ti y te sirva para enmarcar cada situación—. Tus prototipos pueden tener muchas formas. Lo importante es que tengas en mente algunos de ellos, así como diversos ejemplares que te ayuden a adentrarte y enmarcar la situación con un enfoque a seguir, pero sin que parezcas demasiado preparado. Procura tener libertad para modificar y transformar tu mensaje. Calíbralo y ajústalo según sea necesario. Combínalo con una lista de puntos que te indiquen aspectos que necesites mantener presentes —como datos o hechos—, que empalmen con cualquiera de los prototipos que vas a usar, tal como yo hice cuando usé esos tres puntos durante la presentación de los lentes de contacto para pollos ese día en clase.

En mi caso, me desenvuelvo mejor a nivel cognitivo manejando dos o tres puntos a la vez, pero tú puedes elegir tantos como te sientas capaz de manejar con habilidad al mismo tiempo. Hago lo mismo antes de las llamadas telefónicas importantes, para las cuales, primero, me tomo cinco minutos con el fin de anotar esos dos o tres puntos que me parecen indispensables en la conversación que tendré a continuación; esa es la cantidad indicada que me permite improvisar reflexivamente y de tal manera que haya cohesión y progresión lógica en mi presentación. Además, me ayuda a mantenerme enfocada, pues teniendo 100% claros esos dos o tres puntos más determinantes o sobre los cuales el cliente potencial quiere una respuesta o una solución, tengo cómo dirigir la conversación —e improvisar una y otras vez de manera reflexiva— con profesionalismo y elegancia, haciendo conexiones entre los temas que no sean superficiales o fortuitas —para luego retomar los dos o tres puntos que haya planeado de antemano.

Esta estrategia me ayuda a estar y a lucir preparada y al tanto de las cosas. Gracias a ella, más de una vez me han dicho que la gente quedó impresionada con mi aplomo y mi experiencia. Al cultivar una mentalidad de improvisación reflexiva[3], estoy en la capacidad de conectarme, agradar y ser simpática para luego impresionar y, por último, aportar valor.

Principio 7

**No exageres planificando demasiado.
Más bien, enfócate en tener flexibilidad y
en buscar oportunidades para agradar.**

CAPÍTULO 8

Importancia de amoldarse y saber agradar *in situ*

> "Reconoce la verdadera naturaleza del mundo que te rodea. Como si fueras una planta… tienes que saber qué tipo de situaciones te brindan luz. Y conocer la combinación de plantas [a tu alrededor] también es importante, pues algunas siempre están intentando adueñarse de la maceta entera".
>
> **—Terry Izzo**

La capacidad de agradar no siempre es repentina e instantánea. Con frecuencia, se manifiesta durante un período prolongado y florece *in situ*, a partir de una comprensión más profunda de las circunstancias y del contexto, de la posición o el lugar en que te encuentras.

Eso fue lo que me permitió reconocer que Elon Musk nos veía a Byron y a mí como dos emprendedores que intentaban venderle un producto. En solo un instante, tuve una comprensión profunda de lo que estaba sucediendo tanto en su mente como en sus empresas y esa comprensión fue la que me ayudó a que nos relacionáramos mejor con él y a capitalizar nuestro tiempo juntos de una manera exclusiva, una vez logramos captar su atención. Eso mismo fue lo que llevó a Sara Blakely, diseñadora de Spanx, a obtener su primera cuenta, que fue nada menos que con Neiman Marcus. Al encontrarse en una reunión en la que ella estaba perdiendo la atención del comprador, y sabiendo que tenía solo esa oportunidad, Blakely reconoció de inmediato las condiciones subyacentes en los criterios del comprador, así que se atrevió a pedirle que la acompañara al baño. Allí, Blakely le mostró las versiones de su propia figura antes y después de usar Spanx. Su idea funcionó y el comprador quedó encantado tanto con la brillantez del producto como con la fertilidad del terreno de juego.

Entender las circunstancias y el contexto de tal manera que me permita agradar *in situ* es lo que me ayudó a catapultar mi carrera. Una de las etapas más importantes en la vida de un académico es salir al mercado laboral siendo Ph.D. y formar parte de dos días completos de una especie de concurso de habilidades en las instituciones académicas interesadas en contratarlo como miembro de la facultad. Sin lugar a dudas, una de las visitas más emocionantes que hice fue a Wharton School, que terminó contratándome como profesora asistente unos meses después.

Pero en ese momento, yo no sabía si sí o no me ofrecerían el trabajo y, por lo tanto, debí haber estado extremadamente estresada ante esa posibilidad. Y sin embargo, por alguna razón, solo experimenté una gran calma, tal vez, porque sentí que, de todos modos, Wharton era una posibilidad muy remota para mí.

La parte central de esos dos días es una conferencia formal que los candidatos presentan sobre su investigación, seguida de un interrogatorio por parte de los profesores de la universidad. Pero la noche anterior a mi presentación, mis anfitriones planearon llevarme a cenar. A la cena fueron dos de los profesores con más experiencia en el departamento, Raffi y Mac. Ambos son eruditos venerados en el campo; además, yo siempre había admirado (y me intimidaba) su trabajo durante mucho tiempo.

Raffi llegó a recogerme al hotel en el que me estaba quedando y de camino a la cena comenzamos a hablar. Ahora, supuse que me haría preguntas reflexivas y puntuales sobre el rigor de mi trabajo o que habría una conversación profunda acerca del estado de mi investigación sobre la dinámica empresarial. En cambio, tan pronto como Raffi me recogió, me di cuenta de que estaríamos hablando de manera más informal y libre. Fue claro que él me agradaría, tanto por su encanto y su personalidad como por su trabajo. Raffi comenzó a charlar conmigo sobre mi familia, Taiwán y mi infancia. Hablamos sobre el tamaño de los tanques de gasolina y de cómo me gustaba mi bistec. Todo fue tan natural como si estuviera hablando con un verdadero colega y sentí que él estaba satisfecho con su elección acerca de llevarme a tener una charla entre posibles compañeros de trabajo. El caso fue que nos llevamos espectacularmente y me di cuenta que en realidad él quería que me fuera bien al día siguiente. En un momento, me preguntó: "¿Qué posibilidades crees que tienes de ser contratada en este cargo mañana?".

A lo que respondí: "¿Honestamente? Lo más probable es que sean como de un 3%".

Hasta me sorprendió de que me hubieran llamado a los dos días de fogueo. Incluso le pregunté a mi asesora: "¿Crees que es solo una broma que me hayan invitado a participar? Lo que quiero decir es que ya eligieron a los cuatro candidatos que realmente les interesaba y ahora dirían: 'Oye, salgamos de la chica peculiar que investiga sobre el instinto de los inversores'".

Pero Raffi, que parecía casi divertido, no perdió el hilo de la conversación y agregó: "Te aseguro que tienes muchas más posibilidades que esas de conseguir el trabajo".

Llegamos al restaurante y la velada continuó con mucha conversación, con Mac pidiéndome en algún momento que lo calificara en una escala del 1 al 5 sobre cuán digno de confiabilidad, qué tan simpático, comprometido y apasionado me parecía (cada uno de estas son características de la investigación de mi tesis, identificadas como las que más impactan a los inversores en su intuición sobre cada emprendedor, así que la pregunta de Mac no fue tan aleatoria como podría parecer a primera vista). Así que, cuando le di un 3 en confiabilidad, seguido de un 2 en simpatía, soltó una carcajada.

Me sentí totalmente a gusto con estos dos posibles colegas míos. Al final de la noche, cuando Raffi me dejó en el hotel, manifestó: "Eres muy agradable y simpática".

• • •

La simpatía es una cualidad que tienes que descubrir a medida que avanzas, pero está basada en el conocimiento previo de una historia enriquecedora y en el conocimiento de hechos que hayan ocurrido antes. Como mencionamos en el capítulo anterior, tener prototipos y ejemplares en mente suele ayudarnos, ya sea que el tipo de discurso que demos sea rápido e improvisado por naturaleza o que requiera de un poco más de detalle o se sostenga en el tiempo. Durante la cena con Raffi y Mac, yo ya estaba familiarizada con su trabajo académico y en lo fundamental que este era en el campo de la perspectiva empresarial —y entendía dónde y cómo encajaba mi investigación—. También tenía una comprensión tácita de los tipos de personas con las que ambos suelen discutir los asuntos académicos y con qué frecuencia se les acercaban en las conferencias académicas los aduladores y todos aquellos dispuestos a decirles que sí a todo con tal de ganarse su aprobación.

Cuando califiqué a Mac con un 3 y un 2 en mi escala, y no con 5 en todo, como quizás él esperaba escuchar, me opuse a esa tendencia complaciente que suele rondarlo. Y además, le di la oportunidad de verme como un igual, como una colega en potencia y no como su compañera júnior. Esa fue la entrada para participar en un combate académico lleno de ingenio en un área de investigación en la que yo sabía que tenía un control dominante. Mi respuesta le divirtió y le agradó al mismo tiempo, y es un recuerdo que, según él me dice, hasta el día de hoy, todavía disfruta. Por lo tanto, confía en lo que ya sabes y aprovéchalo al máximo para sacarles todo el margen de ventaja posible a las señales situacionales y a las oportunidades que se te presenten al azar.

Existe un ingrediente considerado indispensable

Antes de ser profesora, era ingeniera. Bueno, para ser más precisa, antes de ser profesora, era banquera de inversiones, y antes de ser banquera de inversiones, era consultora, y antes de ser consultora, era ingeniera. En uno de mis primeros trabajos como ingeniera, tuve una gerente llamada Kathy Keller, quien llevaba en la empresa más de 40 años. Una vez, le pregunté por qué se había quedado allí durante tanto tiempo y ella se rio entre dientes a medida que me contaba la historia de cómo al comienzo apenas sí llegó a los primeros tres años de trabajo en la empresa.

Mejor dicho, tres años después de haberse vinculado, la empresa comenzó a hacer una serie de despidos. Ella era una de las personas en la lista, así que les comunicaron que tenían dos meses y que recibirían un paquete de indemnización por ese mismo tiempo a partir de ese día. Lo que eligieran hacer con esos dos meses dependía de ellos —podían seguir yendo a trabajar o podían tomar ese tiempo como tiempo personal—. Como es apenas comprensible, la mayoría de la gente decidió tomar los dos meses como tiempo personal; algunos lo usaron para viajar; otros para abrocharse y concentrarse en encontrar su próximo trabajo; otros querían tiempo para descansar y aprender sobre algún nuevo pasatiempo.

¿Kathy? Ella siguió yendo a trabajar. En cuestión de días, se dio cuenta que, debido a la cantidad de empleados que ahora ya no estaba trabajando, la empresa tenía escasez de personal para realizar todas las labores necesarias. Así que, mientras buscaban personas para asumir asignaciones temporales, Kathy se ofreció a colaborar. A medida que se formaron comités para tratar de averiguar cuál sería el mejor plan a seguir en el futuro, como buscaban voluntarios, Kathy dio un paso al frente y, en tanto que el trabajo se redistribuía, Kathy se ofreció a asumir las funciones que ella más pudiera. "¿Por qué no?", pensó. "No es que estuviera haciendo otra cosa y encontrar un nuevo trabajo no me estaba tomando mucho tiempo que dijera", comentó.

Todos estos nuevos roles que ella asumió le dieron una clara ventaja: generar la oportunidad de interactuar y agradarles a todos aquellos que sí permanecerían en la organización, muchos de los cuales eran altos ejecutivos y directores que luchaban por encontrar nuevos talentos.

Ya te imaginarás lo que pasó. Al final de los dos meses, Kathy recibió varias ofertas de altos líderes para que se quedara. Se había dedicado a solventar tantas necesidades comerciales cruciales para la empresa que ahora esta dependía de ella. No solo había logrado conocer y caerles bien a los altos directivos que necesitaban de su ayuda, sino que su capacidad de aportar valor también se había vuelto indispensable.

Quizá, tu pasión sean los autos, pero está bien si no lo son

Hace casi un año, una conocida mía, Erica, se convirtió en representante de ventas de una línea de productos para el cuidado del cabello que se autodenominaba como experta en brindarle al cabello un cuidado de lujo, con productos "naturales" que prometían "nutrirlo" al máximo. La compañía se jactaba de tener un champú seco exclusivo que prometía brindar "movimiento y cuerpo".

Al principio, no estaba claro que Erica fuera representante de ventas, ya que no comentaba que estuviera ofreciendo productos a la venta (de hecho, no estoy segura de que alguna vez lo dijera directamente). Más bien, lo que me llamó la atención fue una serie de videos extraños que ella comenzó a transmitir en Facebook Live. En cada video, solo la mitad era contenido —la otra mitad eran tonterías en las que ella decía cosas como: "¡Muchas gracias por suscribirte a mi canal!" y "¡Vaya, Amber, me alegro de verte, espero que tu familia se encuentre muy bien". De eso se trataban sus videos.

Todo era bizarro, pero captó mi atención. Comencé a notar comentarios frecuentes de varias personas cuyos nombres yo no reconocía y casi todos se referían a lo hermoso que se veía su cabello: "¡Tu cabello se ve increíble!", "No sé lo que estás haciendo con tu cabello estos días, pero sea lo que sea, sigue haciéndolo… se ve bastante saludable y hermoso".

Pronto, quedó claro que Erica y sus contactos estaban participando en un negocio de champú de marketing multinivel con dos objetivos: vender champú y conseguir que otras personas se unieran a su equipo de ventas para vender champú a través de contenido "inspirador".

Dicho de otro modo, vi a Erica *tratando* de agradarle al público. Sin embargo, su estrategia era demasiado planeada, parecía que estuviera fingiendo y era lo opuesto a agradar. La simpatía es una cualidad auténtica que proviene de la honestidad y la sinceridad, porque lo único que hace es brindarte algo que ya tienes garantizado y es merecido desde el principio: una oportunidad para mostrar cómo aportas valor.

No me canso de enfatizar lo suficiente a este respecto. Ser simpático no es ser adulador. Quizás, el humor sea la cualidad que te dé una oportunidad para mostrar formas mediante las cuales enriqueces la vida de los demás con tu simpatía. De pronto, te ayuda a relacionarte con más sutileza y te permite desplegar esa clase de franqueza que la mayoría de la gente suele usar erróneamente para hacer y decir las cosas. A lo mejor, te sirve para contradecir a tu interlocutor y aun así seguir siendo agradable. Pero no debe servirte para ocultar deficiencias.

En mi caso, llegué a un punto crítico cuando vi a Erica haciendo otro video de Facebook Live. Resulta que ella se dio cuenta de que un excompañero nuestro de la escuela secundaria estaba viendo sus transmisiones en vivo. Él es conocido por amar los *muscle cars*. Así que, cuando Erica comenzó a hablar sobre pasión, trató de ser simpática diciendo:

> *"Carros. A lo mejor, tu pasión sean los carros. Y tú… hagas lo que hagas con los carros, eres un gurú de los carros. Quizá, te encanta desmontarles el motor. Te fascina manejarlos y afinarlos. A lo mejor, te guste hacer algo con los carros. No lo sé… ya sabes… hacerles de todo un poco. Lo cierto es que no puedes vivir sin esa pasión".*

No había forma de que Erica convirtiera todo lo que estaba diciendo en mostrarnos a ninguno de sus contactos su capacidad para aportar y enriquecer con semejante presentación. Hay demasiados gurús allá afuera hablando e interactuando con otras personas en sus trabajos en ventas. Existen libros y libros sobre cómo influenciar a los demás. Pero no se trata de influir por influir.

Es obvio que obtienes una ventaja a tu favor cada vez que aprovechas una oportunidad auténtica y sorprendes a las personas a tal punto que generas en ellas una sensación agradable que te permite enriquecer sus vidas y aportarles verdadero valor. La gente recordará lo mucho que les agradaste. Esa es la verdadera "cereza en el pastel", pero solo porque está puesta sobre la base de un buen pastel. La crema sin el bizcocho es demasiada sacarina y resulta agradable, pero solo por muy poco tiempo.

Realidad, sinceridad, autenticidad

Para agradar auténticamente *in situ* es necesario que siempre estés afinando y analizando sobre cómo hacer para darles forma a aquellas situaciones que te permitan presentar la oportunidad de mostrar tus talentos y competencias básicas.

En una investigación que realicé junto con dos mujeres excepcionales, Francesca Gino y Ovul Sezer, descubrimos que la gente tiende incansablemente a atender los intereses, las preferencias y las expectativas de los demás en lugar de enfocarse en los propios. Este consejo es muy repetido: nos dicen que es más probable que les agrades a las personas cuando les preguntas sobre sus intereses y les hablas de cosas que son relevantes para tales intereses, lo mismo que cuando les permites que te hablen de sí mismas. En principio, no estoy en desacuerdo con eso, pero el problema es que este consejo se ha vuelto tan omnipresente que hasta podemos detectar a una milla de distancia a quienes intentan predecir nuestras preferencias.

La simpatía *no* es predecible. Una de las razones por las cuales esta cualidad te da una ventaja a favor es porque tiene la capacidad de sorprender de tal manera que es a la vez agradable e inesperada.

Cuando tratamos de satisfacer los intereses de los demás, ellos se ponen en guardia.

Esta investigación demuestra un efecto negativo aún más dramático cuando hacemos toda clase de malabares con tal de adaptarnos a los intereses, las preferencias y las expectativas de quienes nos rodean. Esa actitud tiene un impacto negativo en los resultados que queremos alcanzar, porque intentar anticipar y satisfacer las preferencias de los demás aumenta nuestra ansiedad, nuestro sentimiento de falta de autenticidad y nos genera inquietud sobre la posibilidad de proporcionar y mantener valor más adelante. Como resultado, somos menos capaces de interactuar con otros naturalmente y de desestimar los comentarios que nada nos aportan.

Acepta ser auténtico con tus propios pensamientos e intereses. Permítete mostrar tu verdadera personalidad y confía en que tus palabras y acciones agradarán incluso si están en desacuerdo con los intereses de otras personas. Solo podemos agradar por medio de nuestro yo auténtico, así que nada sacamos desgastándonos inútilmente para complacer a los demás.

• • •

Es especialmente difícil resistirse a paladear a la gente cuando hay mucho en juego, como cuando intentas conseguir un trabajo. Año tras año, veo la ansiedad que esto provoca en hordas de estudiantes, muchos de los cuales terminan recibiendo ofertas de trabajo maravillosas desde el principio —muchos otros comienzan desanimados por todos los rechazos que ya han recibido—. Así que, a partir de años de observación, te diré lo siguiente: existe poca correlación entre aquellos que reciben los trabajos más codiciados y aquellos que en realidad los merecen.

Basada en aquellos cuyo caso es opuesto a esta tendencia, he notado una cualidad en común entre ellos: además de ser espectacularmente brillantes y merecedores de las mejores oportunidades, tienen una capacidad especial para agradar, además de la habilidad de hacerlo de manera auténtica, de tal modo que saben mostrar cuán brillantes y merecedores son. Y al hacerlo, obtienen su ventaja.

Una de esas estudiantes, una mujer llamada Antonia, se topó frente a frente con un trabajo que era 100% el que ella estaba buscando —jefa de desarrollo comercial para una empresa de atención médica—, un cargo que le brindaría la oportunidad de aprender, progresar y contribuir a la organización. Sin embargo, cuando fue a la entrevista, descubrió que el trabajo requería que ella se trasladara a Bélgica o a Francia y ella solo podía trabajar en la Costa Este de los Estados Unidos.

Cuando los entrevistadores le preguntaron si ese cambio estaría bien para ella, al comienzo, ella pensó que debía tratar de mostrar flexibilidad en cuanto a ese punto. Después de todo, siempre le habían aconsejado que dijera sí primero y que negociara después. Pero luego, Antonia pensó que la compañía apreciaría su honesto interés en el cargo y en su ubicación. Entonces, comentó: "Los involucré en una conversación sobre por qué la ubicación del trabajo tenía que estar en Bélgica o Francia cuando todo su crecimiento y desarrollo comercial estaba a punto de provenir de los EE. UU. Al principio, los entrevistadores se sorprendieron, pero luego, parecieron realmente complacidos conmigo y me dijeron que tenía razón".

La compañía quedó tan impresionada con aquel argumento tan inesperado que demostraba por qué ella sería tan valiosa para ellos, así que le ofrecieron el trabajo y le prometieron que tendría como base la Costa Este de los Estados Unidos.

La experiencia de otro alumno mío, Peter, también ilustra de forma impecable el poder de agradar *in situ*, así como su capacidad para interactuar dinámicamente, de tal manera que le permitiera mostrar su competencia y destreza. Peter fue contactado por una empresa de capital privado que ofrecía una pasantía —una organización bastante prestigiosa en la que todos querían trabajar—. Después de recibir la oferta, se enteró de que era una pasantía no remunerada.

Entonces, se acercó a uno de los socios para preguntarle al respecto y este fue directo al grano en su respuesta: "Nunca les hemos pagado a nuestros pasantes. Al final del período de pasantía, les hacemos ofertas a aquellos que consideramos que están calificados y nuestros salarios y bonificaciones se encuentran dentro del quintil más alto de todas las instituciones financieras. Si el hecho de que se trate de una pasantía no remunerada es un problema, existen decenas de candidatos calificados para esta pasantía que con mucho gusto ocuparían su lugar y nunca hemos tenido problemas para completar nuestro cupo de pasantes".

A lo que Peter respondió: "La gente que trabaja gratis hace un trabajo de mierda y yo no hago un trabajo de mierda. Por lo tanto, deberían pagarme".

• • •

Cuando estamos *in situ* —en medio de un contexto particular—, percibimos nuestra audiencia y cómo podríamos darle forma a la conversación. El capital privado tiene una cultura distinta, una con la que Peter se sintonizó casi de inmediato y que él utilizó para su beneficio. Si su discusión hubiera transcurrido en otro campo o industria, la forma en que él imaginaría su capacidad de agradar habría sido 100% diferente.

Pero ese día, con ese interlocutor en particular, su entrevistador estaba absolutamente encantado. Después de escuchar la respuesta de Peter, hizo una pausa por unos segundos y luego prosiguió con una risa ensordecedora, diciendo: "Vas a encajar aquí a la perfección. Se te compensará de la manera más adecuada posible. Yo mismo me ocuparé de ello".

La conclusión aquí no es que debamos ser descarados y presuntuosos. Lo que funcionó para Peter ese día no fueron su audacia, ni su arrogancia, sino su habilidad para interpretar la situación. Peter desenterró su conocimiento preexistente sobre la importancia de la franqueza y de la capacidad de hacer una entrega sofisticada y pulida del mensaje en la industria del capital privado, aparte de que supo agradar *auténticamente,* dándole forma a la conversación *in situ.* Para agradarles a los demás, se requiere que tengas una opinión o un punto de vista —que seas auténtico y tengas la audacia, o las entrañas, podría decirse, para adoptar una postura audaz y sorprendente.

Lo que tanto Peter como Antonia supieron hacer fue deleitarse *buscando* lo inesperado y aprovechando esas incongruencias. Esto lo logran y lo aprecian los neófitos —como en el caso de Peter y Antonia, hasta cierto punto— y también los expertos. Una vez, escuché a Michael Ovitz, el gran agente de talentos que cofundó Creative Artists Agency (CAA) y luego se desempeñó como Presidente de Walt Disney Company, describir el deleite como "el punto donde tu cerebro y tu estómago se encuentran".

En una ocasión, Aileen Lee, inversionista de capital de riesgo y fundadora de Cowboy Ventures, me describió el deleite de una manera encantadora. Por cierto, ella es más conocida por acuñar el término unicornio para describir aquellas empresas de nuevas creaciones que están valoradas en $1.000 millones de dólares o en más (porque, ya sabes, "valoradas por los mercados públicos o privados en más de $1.000 millones de dólares, pero con menos de 10 años de fundadas" es algo complicado de describir). Además, Aileen es muy elocuente cuando describe cómo invierte. Busca marcas que ella llama mágicas —"nuevos servicios que sean encantadores y fundadores orientados al producto que creen experiencias mágicas para los clientes" —,empresas que la deleiten.

Habló de Uber de esta manera, describiendo la primera vez que la recogieron en un Uber como una experiencia "mágica": "Ciertamente, Uber es un servicio tan especial que, una vez que empezaste a usarlo, desde el comienzo piensas, 'Vaya, fue tan genial, fue tan fácil, ¡me hizo sentir muy especial!'".

De eso es de lo que se trata, de sentirse especial y del esfuerzo o dinero adicional que estás dispuesto a invertir en ello: "Por ejemplo, hablemos de la Starbucks-manía: el café solía costar $0,99 centavos y ahora estás dispuesto a pagar $3 o $4 dólares por él, porque te hace sentir mucho mejor. Es como si te regalaras a ti mismo un pequeño capricho durante el día".

¿Cómo reconoces algo mágico y delicioso? Busca personas, productos y situaciones que tú mismo consideres agradables y trata conscientemente de identificar qué los hace tan agradables para ti. Aileen perfeccionó su sentido de lo que para ella es agradable tanto en las empresas en las que invierte como en ella misma. Cuanto más lo hagas, más y mejor refinarás tu sentido del placer y tu propia capacidad para agradarles a los demás y agradarte a ti mismo. He visto a mucha gente hacer esto con éxito y veo que les ayuda a aprender lo que es inesperado y, lo que es igual de importante, a identificar aquello que no es auténtico.

Todos tenemos la capacidad de aportarle valor a la vida. Pero cuando también eres capaz de agradar, entonces, es donde ocurre la verdadera magia. Así es como logras interacciones y haces que otros te permitan entrar en sus vidas, y cómo construyes un margen de ventaja a tu favor.

Principio 8

Mantente auténtico y encuentra maneras de agradar *in situ*.

PARTE 3

Sirviendo de guía

CAPÍTULO 9

Todos somos diamantes que brillan de infinitas maneras

"Nunca te das cuenta de qué tanto forro hay cosido por el revés de tu ropa".
—**Tom Wolfe**

¿Qué haces una vez te han dejado entrar? ¿Cuando ya has mostrado qué tienes para aportar, no sin antes hacer despliegue de tu simpatía y agradarles a los demás? La respuesta parece obvia, comienzas a hacer lo que hay que hacer: enriquecer sus vidas. Y sí, eso es así, hasta cierto punto. Pero no solo necesitas hacer el trabajo, también necesitas orientar la forma en que otros te perciben y el valor que les aportas.

Necesitamos orientar ese proceso, porque las palancas que nos catapultan hacia el éxito casi siempre están fuera de nuestro control. Y además, quienes tiran de ellas suelen hacer juicios y toman decisiones basados en sus percepciones sobre nuestra competencia y nuestras habilidades.

Por lo tanto, no podemos exigirles que tiren de esas palancas a nuestro favor, pero sí está en nuestro poder la capacidad de accionarlas nosotros mismos. Necesitamos ponernos al frente y dirigir nuestro rumbo en lugar de conformarnos con el que otros decidan trazarnos.

De eso se trata esta parte del libro: de cómo guiar o dirigir las percepciones que los demás tienen acerca de ti y de cómo *tú mismo* puedes hacer para enriquecer tu propia vida. Tú mismo debes liderar este proceso; de lo contrario, esas nociones preconcebidas que la gente tendrá sobre ti —y créeme que las tendrán, sean benignas o maliciosas— serán las que terminarán gobernándote en lugar de ser tú mismo quien determine hacia dónde vas. Y al hacerlo, estarás listo para utilizar a tu favor los prejuicios de quienes estén en tu contra.

Gobiérnate, obsérvate y conócete a ti mismo

Sé tú mismo. Este es un consejo que todos hemos escuchado y que a la vez les hemos dado a otros unas cuantas veces. Yo lo he dado muchas veces. Un amigo está a punto de ser entrevistado para un trabajo y está nervioso. ¿Qué le digo? Sé tú mismo. ¿Alguien va a tener que hacer una gran presentación? Sé tú mismo. ¿Estás a punto de invitar a salir a alguien? ¿Qué te dice la gente? Una vez más: sé tú mismo.

Este consejo es excelente en principio, dados los beneficios que obtenemos al agradarles a los demás de una manera auténtica. Sin embargo, no es muy explicativo que digamos. Si uno no entiende muy bien cuál es el significado de lo que implica "ser tú mismo", este consejo tiende a ser peligroso, dado que no le funciona a todo mundo. Es complicado.

Cuando la gente nos dice, "Sé tú mismo", tendemos a pensar, primero, en lo buenos que somos. A veces, pensamos en alguna característica positiva que nos atribuyen quienes nos conocen y que nos sirve de carta de presentación y nos permite comunicarnos con gran facilidad: "Soy buena jugando tenis. Me invitaron a participar en los Juegos Olímpicos Juveniles y estoy en el puesto #16 en los singles femeninos" o "Me encanta tocar el piano, tanto que a los 10 años de edad recibí una invitación para hacer una presentación en el Carnegie Hall".

Otras personas, como yo, tenemos más dificultades para describir en qué somos buenas. Cuando yo era más joven, lo mejor que sabía hacer era decir que me iba muy bien en la escuela. Me encantaba estudiar, sobre todo, matemáticas; soñaba con que al crecer sería profesora de matemáticas. Me enorgullecía saberme las tablas de multiplicar; me encantaba la forma refinada y meticulosa en que ordenaba las largas columnas de las divisiones por varias cifras justo donde y cuando las soluciones a los problemas de matemáticas consistían en hacer una división, así como también me encantaba la simetría requerida para resolver problemas de álgebra. Las matemáticas me fluían de una manera innata.

Estoy casi segura de que la gran mayoría de ustedes estará sacudiendo la cabeza con vehemencia, ya sea en silencio, horrorizada o burlándose de mí y odiándome en secreto. Pero es que yo no tenía ventaja en muchas otras áreas. Era pequeñita y tímida; solía ser la última en la fila para casi todo lo demás, así que esta era una de las muy pocas áreas en las que yo había identificado que tenía una muy buena ventaja, que además, era innata. E incluso en ese entonces, esa capacidad matemática fue un punto a favor que identifiqué como mi ventaja, pero solo hasta cuando me di cuenta que esa agilidad era un sesgo que la gente solía tener en mi contra.

...

En mi segundo año de escuela secundaria, mi profesor de álgebra II y de trigonometría fue el Sr. Heine. Y en tercer año, también él fue mi profesor de cálculo. (Yo soy producto de las escuelas públicas. En mi casa no había un presupuesto como para tener acceso a diversidad de maestros, ¿sabes? Así que solía tener los mismos maestros durante varios años).

Al principio, *adoraba* al Sr. Heine, claro que lo adoraba. A él también le encantaban las matemáticas, tanto que gritaba de alegría cuando dibujaba una parábola perfecta en el tablero. Aprendí mucho de él sobre esa asignatura y también sobre cómo construir y disfrutar una ventaja. O sufrir por falta de una.

El Sr. Heine tenía una cartelera de anuncios en el cual publicaba la que él considerara la "evaluación perfecta". La exhibía de manera prominente en la parte delantera del aula, en tanto que abrazaba la cartelera, literalmente. Si sacabas 100/100 en tu evaluación (tenía que ser una evaluación, no un quiz corto, ni una tarea), el Sr. Heine escribía tu nombre en una estrella dorada y la exhibía allí durante todo el año. Ahora bien, esta no era una estrella dorada cualquiera, era la madre de todas las estrellas doradas. Se trataba de una estrella de 25 centímetros que él cubría muy meticulosamente con papel grueso, brillante, de color dorado y con aristas perfectas. Luego, le pegaba las letras de vinilo que formaran tu nombre y la fecha de tu evaluación perfecta; ambos datos iban centrados y alineados con precisión en la estrella dorada. Era hermoso contemplarlas. Y lo que hacía que estas estrellas de oro fueran tan deseables era que eran escasas. Habría sido una sorpresa si el Sr. Heine hubiera repartido más de cinco o seis estrellas doradas en *todo* un año escolar.

Sin embargo, durante los múltiples años que tuve al Sr. Heine en la asignatura de matemáticas, adivina cuántas estrellas doradas obtuve. Cero.

Ahora, de todas formas, dolía no tener ni una estrella, pero lo que era más doloroso para mi versión de mí misma a los 14 años de edad era que había otra chica en mi clase, Elizabeth, que llegó a tener nueve estrellas doradas en el transcurso de esos dos años. No quiero quitarle mérito alguno a Elizabeth, porque ella era muy inteligente. Pero sí recuerdo haber observado en detalle sus evaluaciones en cada una de las ocasiones en que obtuvo un 100 perfecto (las evaluaciones eran exhibidas con gran orgullo junto a las estrellas doradas) y concluir que nuestras evaluaciones siempre parecían casi idénticas. En cada una de esas ocasiones en que yo obtuve un 99, noté que ella había escrito, por ejemplo: $7x=49; x=49/7=7/1=7$. Y yo escribí algo como: $7x=49; x=49/7=7$. Es decir, que él me quitaba un punto por no haber incluido $7/1$.

Entonces, cuando yo trataba de hacerle preguntas para entender por qué me quitaba puntos, él me respondía que, por cada vez que cuestionara su calificación, me quitaría otro punto más. Así que dejé de preguntarle. También dejé de hacer preguntas en clase. Y otra cosa: también me di cuenta que, cuando Elizabeth tenía dificultad para entender un tema de clase, pasábamos días y días en el dichoso tema y yo me aburría muchísimo. Pero cuando yo le pedía una aclaración, él me decía que no podía detener a toda la clase para explicarme solo a mí y que tendría que pedirle a algún amigo o compañero que me ayudara a entender mi duda fuera de la clase.

Y al finalizar el año, para poder pertenecer al nivel de honor en cálculo del último año de secundaria (en lugar de cálculo básico), necesitábamos que un maestro llenara y firmara un formulario respaldando esa decisión. Recuerdo mis noches de insomnio preocupada, porque el Sr. Heine no firmara el mío a pesar de haber obtenido casi 100 en casi todas mis evaluaciones. Y cuando al fin decidí pedirle que me lo firmara, me miró y dijo: "No creo que estés lista para el nivel de honor en cálculo". Sin embargo, sí firmó el formulario de muchos otros en la clase —estudiantes que yo sabía que tenían problemas con las matemáticas.

Después de eso, decidí que ya no quería ser profesora de matemáticas. También decidí que ya no sería buena en la materia.

La autoconciencia obstaculiza nuestra capacidad de gobernabilidad

La autoconciencia es el sentido que tenemos acerca de quiénes somos, qué valoramos y cuáles son nuestras fortalezas inherentes. Cuando decimos "autoconciencia", nos referimos al conocimiento de quiénes somos internamente. Pero obtener una ventaja requiere del conocimiento de tu yo interior y de cómo este interactúa con el mundo exterior. En otras palabras, la autoconciencia está dentro de ti y además es contextual. Esa es la parte que yo todavía no entendía.

Necesitamos reconocer quiénes somos *y* el contexto en el cual nos movemos. Lo que está dentro de nosotros y lo que nos rodea debe complementarse entre sí para que podamos tener éxito. Yo no entendía que, si ignoras la verdad de las percepciones de los demás y no tomas el control para guiar esas percepciones, el autoconocimiento y la autoconciencia solo llegarán hasta cierto punto.

Ya en 1890, el filósofo y sicólogo William James habló sobre la autoconciencia como una fuente de continuidad que le proporciona al individuo un sentido de "conexión" y "perpetuidad". A medida que los investigadores adquirían más claridad y confianza sobre este concepto, la autoconciencia llegó a definirse como la capacidad de introspección y reconocimiento de nuestros propios valores, así como de nuestras pasiones, de nuestras aspiraciones y de las interacciones con nuestro entorno.

Sin embargo, estas primeras definiciones enfatizaron el yo individual más que el yo social. Y los exámenes modernos de autoconciencia parecen enfocarse en lo mismo. La autoconciencia se ha convertido en la más reciente palabra de moda y todos tratan de volverse más conscientes de sí mismos, tal como lo atestigua la popularidad de los cuestionarios de BuzzFeed. (¿Qué episodio de *Friends* se adapta mejor a tu personalidad? ¿Qué princesa de Disney eres? ¿Cuál ciudad eres? ¿Qué color describe mejor tu personalidad? Bueno, admitiré haber hecho al menos un par de estos).

La ciencia tiene su propia versión de estos cuestionarios, por ejemplo, sobre el ampliamente utilizado Indicador Tipo Myers-Briggs (MBTI, según su sigla en inglés). El MBTI intenta hacer un inventario de tus rasgos con el fin de ubicarte en uno de sus 16 "tipos" de personalidad, identificando todas tus actitudes y preferencias y analizándolas, solo que a nivel muy superficial (¿Es usted más introvertido o extrovertido? ¿Funciona más a través del pensamiento o del sentimiento?).

Soy la primera en admitir que considero que pruebas como la de MBTI son una forma divertida de categorizar y ser más consciente de mis propios valores, sentimientos y motivos, y de brindar un contexto para hablar con los demás acerca de los de ellos[1]. Pero pruebas como esta son problemáticas[2] por todo tipo de razones. Muchas no cumplen con los criterios básicos de las escalas sicométricas. De hecho, pruebas como la de MBTI carecen de validez en general, se basan en ideas sicoanalíticas obsoletas y son simplificadas peligrosamente hasta el punto de que ya no son ni científica, ni metodológicamente precisas. Y además de las preocupaciones metodológicas que generan, también debemos tener cuidado con todas estas pruebas, porque crean la ilusión de que nuestro "yo" puede mantenerse independiente de los factores externos que lo rodean.

Utilizamos pruebas como MBTI y a menudo las tomamos como si fueran un evangelio. Pero esta concepción popular de la conciencia de uno mismo no explica las diferencias contextuales e interpersonales. Esto es perjudicial para obtener un sentido de autoconciencia, porque la personalidad es un continuo en lugar de una serie de datos binarios. En mi caso, si bien es cierto que tiendo a ser introvertida, también es cierto que estoy en algún lugar entre la introversión y la extroversión, según sea el contexto en que me encuentre. Todos estamos en algún punto intermedio según el contexto.

Pruebas como la de MBTI asumen rasgos de personalidad estáticos y el hecho es que las personas más exitosas perciben su personalidad y sus habilidades como fluidas y son capaces de representarse a sí mismas de manera diferente y adaptativa[3]. Por lo tanto, es perjudicial para nosotros pensar en nuestro "yo" como estático y consistente, porque estaríamos perdiendo oportunidades y ocasiones en las que podríamos tener una ventaja. Cuando nos descuidamos y no le prestamos atención a cómo el contexto afecta nuestra personalidad, también limitamos nuestra capacidad para encontrar y cultivar nuestra ventaja en función de determinada situación.

Lo que queremos es equilibrar quiénes somos en el entorno externo de una manera que sea aditiva en lugar de limitante para que, como dijo Judy Garland: "Seamos una versión de primera calidad de nosotros mismos y no una versión de segunda categoría de otra persona".

• • •

Nos hemos centrado en las percepciones que otras personas tienen acerca de nosotros y en cómo estas influyen en nuestra visión de nosotros mismos. Entonces, ¿qué pasa cuando experimentamos un conflicto interno? ¿Cómo acomodamos lo que otros nos dicen que deberíamos ser al mismo tiempo que ganamos claridad y precisión al definir este sentido del yo para luego guiar esas percepciones externas de nuestro yo?

La mayoría de nosotros comenzamos con un fuerte sentido de autoconciencia (un sentido de quiénes somos, lo que valoramos, cuáles son nuestras fortalezas inherentes) antes de que este sea moldeado por lo que otros nos dicen sobre quiénes somos, qué valoramos y cuáles deberían ser nuestras fortalezas. Como estudiante, yo intuí que era buena en matemáticas. Notaba que absorbía con gran facilidad conceptos matemáticos y eso era algo que me divertía, que me hacía sentir inteligente, relajada y despreocupada.

Pero nuestra conciencia innata se desvanece a medida que nos sintonizamos con las opiniones de los demás. Vivimos en un mundo ruidoso en el que estamos interconectados, ya sea que elijamos estarlo o no. Lo que podemos lograr y hasta dónde podemos llegar a menudo está en manos de otros —de los gerentes que deciden cuáles serán los ascensos y a quiénes se les darán; de inversionistas que determinan los recursos financieros que tendremos a nuestra disposición; de organizaciones asociadas que determinan nuestro lugar en el mercado. Y sí, también de profesores de matemáticas que determinan nuestra futura trayectoria profesional—. En otras palabras, es inevitable que nos veamos afectados por la forma en que otros nos ven y nos perciben cuando lo único que estamos tratando de hacer es "ser nosotros mismos".

Podríamos llegar a la conclusión de que una forma de lograr escuchar nuestra propia voz es ignorando todas esas percepciones y silenciando todo eso que nos rodea. Yo soy una defensora de la atención plena y de la meditación, y entiendo cómo estas prácticas nos proporcionan abundantes beneficios, pero sé que no son la totalidad de la solución a nuestro deseo y necesidad de independencia. La realidad es que operamos en un mundo de interdependencia, así que es imposible aislarnos de las opiniones e ideas de quienes nos rodean. Es por eso que aquellos que buscan confiar solo en su propia voz y en su propio silencio pronto descubren que esa intención no es sostenible.

Pero tampoco se trata de permitir que las percepciones ajenas, ni nuestras interacciones definan quiénes somos sin tener en cuenta nuestro propio aporte, sin nuestra agenda individual para no permitir que otros dicten nuestros propios valores, sentimientos, motivos y deseos. A veces, dejamos que otros nos dañen, así como yo permití que el Sr. Heine impactara la forma poco positiva en que yo me percibía a mí misma.

En cambio, tenemos el poder de guiar nuestra propia forma de posicionarnos frente a los demás y, por lo tanto, de cómo ellos nos perciben, pero primero, debemos entender nuestro "yo", es decir, las percepciones que tenemos de nosotros mismos y la forma en que interiorizamos las percepciones de los demás. Solo entonces, estaremos capacitados para tomar un papel activo para mediar y direccionar las voces, opiniones y percepciones externas con respecto a quienes nosotros sabemos que somos.

Por lo tanto, el camino a seguir —el camino para crear una ventaja para uno mismo— consiste en reconocer y recibir las percepciones de quienes nos rodean al mismo tiempo que nos empoderamos para no aceptar, ni adoptar todos sus puntos de vista. Tú puedes aceptar esas percepciones para luego abordarlas de manera consciente y confrontarlas, pero sin adoptarlas, ni mucho menos internalizarlas. Porque, como veremos más adelante, la mayoría de las opiniones de otros no se refiere a ti en absoluto, sino que se refiere a sus propias inseguridades, a sus propios objetivos y a los intentos que ellos están haciendo por reconciliarse con su propio sentido de autoconciencia.

Si mi yo de 14 años hubiera estado al tanto de esta verdad, habría reconocido cómo la percepción del Sr. Heine con respecto a mis habilidades matemáticas estaba afectando mi percepción de mí misma. Y esa verdad podría haberme protegido[4] de su mala influencia en mi vida.

Cuando aceptas una parte de ti mismo, no te estás traicionando a ti mismo

En Newark, Nueva Jersey, Ashley Edwards sabe cómo decir lo que tiene que decir. Su padre creció en el centro de la ciudad de Newark y una gran parte de su familia todavía la considera su hogar. Para ella, también es su ciudad natal, la ciudad donde pasa la mayor parte de su tiempo. Ella es cofundadora de una organización sin fines de lucro en el área de tecnología, llamada MindRight, cuyo propósito es empoderar a los jóvenes de color de Newark para que se recuperen de ciertos tipos de traumas —como relaciones emocionales abusivas, negligencia y violencia física— que ella observó y vivió en su propia infancia.

Ashley se siente como pez en el agua cuando está en Mind-Right, hablando de estilos de peinados y de trenzas de diosa con sus estudiantes al mismo tiempo que les ayuda a lidiar con las secuelas de ver a sus compañeros de clase asesinados a tiros o de saber que sus padres están encarcelados. A menudo, es difícil, pero como mujer negra, Ashley siente que pertenece a esa causa. Para ella, esa es su casa.

Sin embargo, en un momento determinado de su vida, su hogar fue Palo Alto, California, una de las ciudades con mayores ingresos en los Estados Unidos, donde asistió a la Universidad de Stanford para hacer su MBA. Antes de eso, fue New Haven, Connecticut, donde asistió a la Universidad de Yale y se especializó en Economía. Pero los asombrosos recuerdos que ella tiene de Stanford y Yale también se entremezclan con recuerdos conmovedores de luchas que ella enfrentó y con la sensación de que las ventajas que esas prestigiosas universidades prometían otorgar eran para otros, pero no para ella. Ashley recuerda a sus compañeros de clase a quienes sus profesores les ofrecieron financiación para iniciar empresas con "ideas que no se basaban en nada". Esas ofertas nunca fueron opciones que ella vio disponibles para sí misma cuando buscaba fondos para MindRight.

Lograr que la gente la tomara en serio, tanto a ella como a su organización sin fines de lucro, fue una lucha desde el principio. Ashley fundó MindRight cuando estudiaba en Stanford y se acercó en busca de ayuda financiera a inversores de fundaciones filantrópicas que financiaban empresas como la suya. Ella pensó que tanto ella como su empresa encajarían allí a la perfección, y tal vez así era, pero *no* lo fue.

Al principio, los inversores le dijeron cosas como "regrese a hablar con nosotros después de haber ganado más becas" para que "pueda demostrarnos que es una competidora seria". Entonces, ella se dijo a sí misma que los inversores solo querían saber que ella tenía la credibilidad suficiente para ellos (y trató de reprimir cualquier otro pensamiento, incluso cuando sus compañeros no negros y amigos de Stanford y de Yale estaban siendo elogiados como individuos increíbles y talentosos, provenientes de prestigiosos instituciones). A pesar de sus títulos, Ashley sentía que necesitaba probarse a sí misma una y otra vez, debido al color de su piel. Esto la hizo experimentar resentimiento, frustración y enojo por el privilegio de su educación superior.

Cuando comenzó a ganar prestigiosas becas —las mismas becas que habían sido citadas por aquellos inversionistas unos meses antes—, esta vez, ellos le dijeron que, primero, necesitaba "hacer una prueba piloto para poder obtener más datos acerca de ella y así demostrar más credibilidad". Después de tres exitosas pruebas piloto en Camden, Nueva Jersey; Washington D.C. y en Newark, donde mostró no solo un modelo comercial viable, sino también que ya estaba obteniendo ingresos, el mensaje de los posibles inversores cambió una vez más. Esta vez, fue que, simplemente, lamentaban no poder invertir.

Por fin, llegó el momento en que se encontró con estos mismos inversores en paneles de discusión en varias conferencias y en eventos donde ella los escuchaba hablar sobre su compromiso con la igualdad y la financiación a personas de color. Ashley observaba cómo los elogiaban por su supuesto compromiso con la diversidad y la inclusión y cómo eran considerados como transformadores en un nuevo ecosistema de emprendimiento social inclusivo.

Pero además de todo esto, Ashley también recuerda el día en que recuperó la conciencia de sí misma. Estaba en una reunión con otro donante potencial cuando, sin ninguna relación con su organización, él comenzó a hablar sobre Burning Man, el evento anual en Black Rock City, una ciudad temporal erigida en los desiertos del noroeste de Nevada donde la gente se reúne para celebrar las artes, la autoexpresión, la responsabilidad cívica y la desmercantilización, entre otras cosas. Así que ella se fue involucrando y participando activamente en la conversación y, cuando él empezó a comparar a Burning Man con otros festivales como Coachella y Cannes, ella continuó opinando del tema y aportando a la conversación hasta que, en un momento determinado, sintió que aquella situación se le volvía surrealista, pues el contraste entre esta conversación y la que ella había estado teniendo con sus alumnos apenas una hora antes era bastante marcado.

Fue así como se dio cuenta que, aunque sus estudiantes en el centro de la ciudad de Newark no tenían ni la menor idea de lo que era Burning Man, *ella* sí tenía la capacidad y la formación más que suficiente para mantener una conversación brillante con sus propias opiniones sobre este festival y también sobre los de Coachella y Cannes. Estos eran lugares, referencias culturales y temas que también hacían parte de su formación —eventos sobre los que ella tenía una perspectiva y una comprensión, debido al tiempo que pasó formándose en universidades de primer nivel—. Así que ella también estaba capacitada para participar en este tipo de charla.

Y en lugar de luchar para demostrar y reclamar su condición de mujer perteneciente a una minoría altamente educada de una ciudad natal "atípica", Ashley decidió comenzar a apropiarse de su buena formación y de sus perspectivas. Los financiadores, según ella se dio cuenta, estaban parcialmente afectados, debido a su falta de comprensión sobre cuál era la traumática situación en Newark. Ellos tenían ideas preconcebidas sobre quién era y debería ser ella como mujer negra que abogaba por la salud mental en el centro de aquella ciudad un tanto tenebrosa. Así que Ashley comprendió que era "una locura haber permitido que ellos me hicieran sentir que se trataba de mí y no de ellos".

Así las cosas, decidió empezar a sostener todas sus conversaciones iniciales con los inversores por vía telefónica, de tal modo que, por el solo sonido de su voz, ellos no tendrían cómo identificar que ella era una mujer negra. De esa forma, se conectaría con ellos en función de su nivel de educación y de sus fortalezas y habilidades.

Fue así como logró darse a sí misma el permiso de mantener ambas identidades, llevando su portafolio de Yale a las reuniones con los inversores, pero sin ningún sentimiento de culpa por estar traicionando a su familia de Newark. Fue entonces cuando se empoderó de su identidad de Yale como cualquier otro profesional egresado de esa alma mater.

Ashley descubrió que esta era la parte más difícil para ella —sentir que se estaba traicionando a sí misma y a su comunidad—. Pero el hecho era que no lo estaba haciendo. Se estaba dando permiso para encajar todas las variadas y complicadas piezas que hacían de ella, bueno, pues *ella*. Una vez se permitió mostrar todas esas múltiples facetas de sus experiencias —incluso contándoles a los inversores de manera vulnerable sobre sus episodios de depresión y otras aflicciones relacionadas con su salud mental, debido a sus malas experiencias con ellos—, este hecho le permitió guiarlos hacia un nivel diferente de comprensión con respecto a Mind-Right. Les demostró que ella era la única persona que entendía íntimamente tanto a la comunidad a la que MindRight le prestaba su servicio como los objetivos y motivaciones de los inversores que la financiarían.

Ashley se dio cuenta que, al aceptar quién ella era en su totalidad —todas sus versiones de sí misma, sus múltiples yos— cultivaría una ventaja para sí misma que le permitiría asociarse más eficazmente con ambos contextos y mostrarles cómo ella estaba dispuesta a ayudarles y aportar valor a sus vidas. Como describe Ashley: "Mi sinceridad me ayudó a fluir en estos dos mundos. En ambos. Sentí que estaba fluyendo, en lugar de detenerme".

• • •

Para "ser tú mismo" necesitas aceptar todas las distintas y complicadas piezas que hacen de ti la persona que eres. Para Ashley, el hecho de aceptar todos sus roles en los diversos contextos en que se movía le dio una ventaja. Pero para otros, hacer eso puede no ser factible, ya que las demandas externas podrían forzarlos y llevarlos en direcciones distintas. La gente tiene expectativas sobre cómo tú "deberías" ser.

De hecho, la autoconsconciencia se compone de dos partes: la interna y la externa. Y las dos están inextricablemente vinculadas. Como escribió William James: "Un hombre tiene tantos yos sociales como los individuos que lo reconocen y llevan una imagen de él en su mente". Llegamos a conocernos a nosotros mismos al observar cómo encajamos en el tejido de nuestras relaciones sociales, sumado a lo que los demás esperan de nosotros.

Existen muchas versiones de nosotros mismos. Y también muchas versiones de lo que otros esperan que seamos, pero con una verdadera conciencia de ti mismo, tú puedes guiar a otros y a las percepciones que ellos tengan sobre ti.

Orientando las expectativas de los demás con respecto a ti

A principios de la década de 2010, Ashton Kutcher protagonizó varias películas. Una fue la dramática película biográfica *Jobs*, en la que Kutcher interpretó al visionario fundador de Apple, Steve Jobs. Otra fue la extravagante comedia romántica *Killers*, en la que hizo el papel de un asesino tonto convertido en un buen tipo.

En repetidas ocasiones, sus asesores le recomendaron que no asumiera el papel de Steve Jobs por temor a que impactara su carrera negativamente —una carrera exitosa que él había construido interpretando al típico protagonista romántico con los pies en la tierra.

Unos meses después del lanzamiento de *Jobs*, conocí a Kutcher en una conferencia. Un miembro de la audiencia le hizo una pregunta sobre el impacto que los actores suelen tener en el mundo y su respuesta me sorprendió.

Admito que nunca esperé citar a Ashton Kutcher en toda mi vida, pero lo que él dijo ese día ha seguido resonando en mí y es algo que he repetido muchas veces cuando la gente lucha por tratar de "ser uno mismo" en medio de presiones, demandas y realidades sociales y externas. Lo que él dijo cuando le preguntaron sobre sus papeles en las películas, fue: "Hago una película para el público y otra para mí".

Lo que él quiso decir con esto es que es importante equilibrar y tener en cuenta cuáles son esas peticiones externas con respecto a lo que los demás quieren que seas al mismo tiempo que te das la libertad de hacer tus elecciones personales. Tú mismo tienes que decidir qué películas hacer. Su agente lo presiona para que haga ciertas películas. Durante mucho tiempo, Kutcher fue visto como el actor más adecuado para hacer comedias románticas, películas en las que se suponía que su encanto vendería millones de entradas y atraería a un gran público.

Pero lo que él quería hacer eran películas artísticas, papeles que hablaran a su vida, primero que todo —producciones teatrales, artísticas e independientes. Películas como *Jobs*—. Pero también sabía que, para sobrevivir y tener éxito en Hollywood, necesitaba mantener su audiencia y su relevancia haciendo esos papeles que tanto le agradan a su público.

Entonces, ¿cómo describió él lo que hace? "Hago una para el público y otra para mí". Hace una película y un personaje que atraigan a la audiencia y mantengan su fama. Y luego, una película y un personaje que le hablen a él personalmente.

Algunos opinan que hacer esto es como traicionarse a uno mismo. En cambio, yo pienso que eso es ser un artista que guía con inteligencia sus propias expectativas, encontrando la manera de prosperar y a la vez cumplir con las expectativas de los demás. Somos criaturas complicadas, con múltiples identidades. Todos tenemos algunas facetas que son más destacadas en algunas áreas que en otras, pero seguimos siendo nosotros. Kutcher es a la vez protagonista de comedias románticas y también actor aclamado por la crítica en películas con temas más profundos. Se dio a sí mismo permiso para adueñarse de todas sus fortalezas, incluidas las que no eran tan satisfactorias para él, pero que, aun así, tenían un propósito. Cuando tenemos ese tipo de autoconciencia es cuando estamos en la capacidad de guiar a otros sin comprometer nuestras propias ambiciones y deseos.

• • •

Entonces, ¿cómo obtenemos un fuerte sentido de nosotros mismos sin excluir los factores externos de los que tenemos que depender?

Como hemos visto en muchas de las experiencias de otras personas descritas en este capítulo, cuando le decimos a la gente que "seas tú mismo", este consejo resulta confuso. Tenemos muchas versiones de sí mismos y hay tantas versiones de otros. Entonces, primero que todo, compárate contigo mismo, no con los demás.

Segundo, recuerda que la vida rima. Vive atento a las rimas de tu vida —a las situaciones que parecen repetirse, a las similitudes tanto en tus éxitos como en los obstáculos que sueles afrontar.

En tercer lugar, cuando empieces a percibir estos patrones, no te bases en los absolutos. Opta por la direccionalidad. Tendemos a querer meter en un pequeño paquete bien ordenado la suma de quiénes somos. Pero basta con que sepas identificar qué áreas son tus "facetas correctas" y cuáles son tus "facetas incorrectas". Te garantizo que es mejor así.

Optar por la direccionalidad, no por los absolutos, te ayuda a orientar las impresiones de los demás con respecto a ti. Serás más expresivo y adaptable y no tendrás que estar adivinando qué es lo que otros quieren que seas (porque, como vimos, ellos tampoco lo saben). Por lo tanto, acepta tus múltiples facetas, como Ashley Edwards, o desiste de algunas de ellas sin dejar de poseerlas todas, como hace Ashton Kutcher. Date permiso para ser todas las versiones admiradas de ti mismo.

Si en general, optas por la direccionalidad, será más probable que evites esforzarte por alcanzar objetivos que no saquen provecho de tus puntos fuertes y que te dificulten construir ventajas a tu favor. Con demasiada frecuencia, nos encasillamos en lo que pensamos que son nuestras fortalezas en lugar de basarnos en ellas. Y en vez de decir: "Soy una persona deportista, así que practicaré muchos deportes", nos obligamos a practicar actividades en las que no sobresaldremos sin importar todo lo que hagamos para destacarnos en ellas. Lo que a veces no recordamos es que no somos seres unidimensionales. La autoconciencia, en sí misma, es un objetivo difícil de alcanzar. Nunca nos conocemos 100% a nosotros mismos; lo mejor que podemos hacer es aprender a poner en práctica la direccionalidad en todas las áreas posibles de la vida.

Y por último, optar por la direccionalidad te permite moverte hacia donde crees que es correcto al mismo tiempo que encuentras formas de construir ventajas. Así que comienza a avanzar y no te preocupes si aún no has encontrado *la* dirección hacia la que quieres dirigirte. Y cuando vayas en ella, pregúntate: ¿me siento liviano, libre y feliz? ¿O me siento temeroso, limitado y sombrío? ¿Es una situación o una interacción lo que me hace sentir así? Descarta lo que veas que te afecta y verás que tus opciones serán más claras. A veces, la forma más fácil de averiguar cuál es la dirección correcta es identificando cuáles son las direcciones incorrectas. Entonces, mantente moviéndote en la dirección correcta sin autolimitarte.

Con frecuencia, tener una dirección vaga en mente conduce a múltiples oportunidades de éxito —aunque pareciera una oportunidad para darle paso al fracaso—. Ten en cuenta que tu éxito rara vez está dictado por un único resultado generador de ganancias. Hay muchas formas diferentes de ganar. Eso es lo que olvidamos. Vemos un camino que le funcionó a otra persona e intentamos replicarlo olvidando que hay infinitas formas de ir del punto A al punto B. Y que hay muchos puntos B.

Para Kutcher, tener éxito fue darse permiso para hacer algo que deleitaría y enriquecería a los demás, procurando hacer lo que también lo deleita y lo enriquece a él.

Para Ashley, el éxito consistió en desarrollar su capacidad para sentir que sí pertenecía a su comunidad cuando estaba con sus estudiantes y socios en el centro de la ciudad de Newark, pero dándose permiso para aceptar que también pertenecía y podía ser parte de la élite de Yale y Stanford.

• • •

En cuanto a mí, al fin encontré el camino de regreso a las matemáticas. Y aunque decidí que ya no quería ser profesora de esta asignatura en la escuela secundaria, nunca dejé de amar las matemáticas.

Al año siguiente, tuve un profesor de química increíble llamado Sr. Kost, quien me animó a ir a la universidad y a especializarme en ingeniería. Y lo hice.

Pero incluso cuando estudiaba para ser ingeniera, reconocí que era un tipo de ingeniera diferente a otras personas y aprendí que tendría que guiar a los demás en cuanto a sus percepciones hacia mí.

Parte de esa diferencia era mi género. Recuerdo a los profesores de ingeniería eléctrica hablando de la corriente y afirmando que muchos de nosotros debimos haber intentado meter los dedos en los enchufes eléctricos cuando éramos niños, pero haciendo énfasis frente a mí que eso era algo que solían hacer los niños, porque a las niñas siempre se les disuadía de hacerlo, como quizá fue mi caso.

Además, mi falta de experiencia y de familiaridad en el acceso a las computadoras, así como en su manejo, eran evidentes. También recuerdo a un profesor hablando sobre procesadores y asumiendo que todos habíamos intentado desarmar una computadora en algún momento de nuestra vida —mientras yo recordaba que nunca tuve una computadora propia, ni mucho menos la posibilidad de desarmarla. En aquellos días, las computadoras eran un lujo que solo los niños ricos tenían en casa—. En mi caso, las únicas que yo había visto eran las que usaba una vez por semana en el laboratorio de computación.

Teniendo en cuenta todo esto, no era de sorprenderse que la ingeniería me pareciera tan difícil. Condenadamente difícil. Tanto, que reprobé mi primer examen en mi primera clase de informática con una calificación de 37/100.

Muy pronto, me di cuenta que lo más seguro sería que perdería mi beca, pero luego, sucedieron dos cosas.

La primera, que llamé a mi papá y le dije que yo no era todo lo inteligente que se requería para estudiar ingeniería y que necesitaba cambiar de carrera. Pero él me dio un consejo que todavía yo les doy a mis propios alumnos. Me dio permiso para cambiarme de carrera —siempre y cuando le dijera a cuál me cambiaría y por qué me gustaba más.

No pude evocar otra carrera. Mi papá me ayudó a darme cuenta que, con demasiada frecuencia, nos apartamos del camino sin antes darnos el tiempo necesario para recorrerlo. Cuando las cosas van mal, muchas opciones diferentes se ven mejor. Pero si lo pensamos y tratamos de visualizar cómo sería optar por una de esas otras opciones, nos damos cuenta que esta resulta ser muy parecida o incluso inferior a la que ya elegimos.

La segunda, que mi profesora de informática, una mujer maravillosa, llamada Dra. Laura Bottomley, me llamó a su oficina al día siguiente, después de clases. Pensé que me iba a decir que reprobaría su clase y que debía dejar la ingeniería. Pero cuando llegué allí, ella tenía una copia de mi examen en sus manos y me pidió que le explicara mi solución a la primera pregunta —en palabras, no en garabatos— y también mi razonamiento. Y lo hice. Luego, ella hizo lo mismo con la siguiente pregunta y con la siguiente. Después, hizo una pausa y me dijo: "Tú sabes con total exactitud lo que estás haciendo, simplemente, no manejas la sintaxis correcta". Entonces, me dio una C.

Me preguntó si alguna vez había hecho alguna programación, si alguna vez había visto algún programa. Le dije que había tomado una clase de mecanografía en la escuela secundaria. Me preguntó si tenía una computadora. Le dije que no. Me preguntó acerca de las horas de laboratorio abierto en el departamento de computadoras. Para entonces, yo ya estaba conteniendo mis lágrimas a medida que trataba de explicarle que el horario de laboratorio abierto era el mismo de mi trabajo y estudio.

Ella asintió con la cabeza y luego me dijo algo que nunca he olvidado: que ella también casi reprueba su primera clase de ingeniería, pero que no hay una forma correcta o incorrecta de lograrlo; no existe una talla que nos sirva a todos. Me aseguró que yo iba en la dirección correcta y que debía darme la oportunidad de ir en esa dirección al mismo tiempo que aceptaba quién soy y cómo pienso sobre el mundo.

Me dijo que podía ser que yo no hubiera tenido las oportunidades que otros han tenido y que tal vez nunca las tendría, pero que *sí* tenía algo a mi favor y era el hecho de que todos somos diamantes; todos somos diamantes que brillan de diferentes maneras.

• • •

La autoconciencia es como un diamante: brilla de manera diferente desde todos los ángulos. Hay muchos ángulos en cada diamante y, a veces, la luz incidirá en un ángulo en particular; otras veces, incidirá en otro ángulo; y habrá otras veces en que incidirá en varios a la vez y se lucirá espectacularmente brillante.

Cultivar tu ventaja se trata de conocer cada una de tus propias facetas y de saber cómo estas brillarán frente a aquellos que te están mirando. No hay forma correcta o incorrecta de hacer esto. Con demasiada frecuencia, incluso cuando las personas tienen un fuerte sentido de sí mismas, ellas no usan sus ventajas para brillar. El consejo de "ser tú mismo" tiende a limitarnos a ser justo eso. Sin embargo, no hay una sola versión de ti mismo. Tendrás defectos y también desventajas, pero tú eres un diamante. Es cuestión de guiar a los demás para mostrarles cómo es ese diamante y cuán grande es su capacidad para agradarles y aportarles gran valor.

Principio 9

> "Ser uno mismo" implica guiar a los demás hacia todas esas versiones magníficas de ti mismo.

CAPÍTULO 10

Convirtiendo cambios, sesgos y estereotipos a tu favor

"La gente me escucha, primero, a través de sus ojos".
—**Autor desconocido**

Chrissy Teigen, una supermodelo que ha aparecido en la portada de *Sports Illustrated* en numerosas ocasiones, ha tenido que dirigirse una y otra vez a los críticos que la señalan por estar "demasiado gorda". Chrissy ha contado muchas historias sobre cómo esa palabra —*gorda*— ha definido la percepción que la gente tiene acerca de ella. Una de sus historias más vívidas fue aquella ocasión en que la despidieron en medio de una sesión de fotos para una importante marca de ropa, frente a decenas de fotógrafos, directores y ejecutivos, porque estaba... "demasiado gorda".

Pero a medida que pasaba el tiempo, y después de haber sido avergonzada demasiadas veces, Chrissy decidió que *ella* misma sería quien administraría frente a los demás el mensaje sobre su peso. Se enfocaría en trabajar para tener su propia identidad en lugar de dejar que otros la construyeran por ella.

Así las cosas, decidió publicar en Instagram una foto de su estómago desnudo mostrando muy bien todas sus estrías, acompañada de la siguiente frase: "¡Alerta! ¡Cuerpo de mamá!".

En otra ocasión, Chrissy vio un tweet de su buena amiga Kim Kardashian West, quien tuiteó una foto de frente mostrando su cuerpo entero cubierto con un yeso y una nota anexa que decía: "Tomamos un molde de mi cuerpo y lo convertimos en un frasco de perfume @KKWFRAGRANCE".

Consciente de su propio peso corporal, y para no quedarse atrás, Chrissy le respondió de inmediato: "Bueno, voy a sacar un PERFUME que te haga COMPETENCIA. Usaré un molde de mi gigantesco cuerpo y así mi frasco tendrá el doble de producto que el tuyo para que la gente tenga MÁS perfume".

Chrissy Teigen no es *solo* una supermodelo. ¡No, señor! Esta mujer ha aparecido en las portadas de *Vogue, Cosmopolitan y Glamour,* pero también es autora de libros *bestsellers* de cocina y tiene su propia línea de productos de cocina y belleza. Ah, y también está casada con John Legend y está criando a dos hijos pequeños. Es obvio que ella trabaja duro manteniendo su carrera, su familia y su figura. Y aun así, tiene tiempo para tuitear sobre lo "grande" que es (sin importar que estuviera embarazada de seis meses en ese momento).

Ella sabe que tiene sus enemigos y es consciente de las percepciones que ellos tienen acerca de ella. Algunos la critican para llamar su atención; otros han criticado la forma en que ella comparte en público sobre su familia; y otros, simplemente, opinan que ella está demasiado gorda.

Pero en lugar de aceptar esos estereotipos, o de tratar de ignorarlos, ella los acepta. Es más, los usa para llevar a las personas al punto que ella quiere que ellas piensen sobre su papel como modelo y madre; sobre cómo la imagen que ella tiene de sí misma va más allá de su peso; sobre la forma en que ella afronta todas sus facetas y se da el lujo de ser ella misma en todas sus gloriosas manifestaciones. De ese modo, no deja la menor duda de que ella es una supermodelo, pero sabe serlo a su manera: como esposa de John Legend, como madre de Luna y Miles y como una persona independiente que se esfuerza al máximo por permanecer con los pies en la tierra.

• • •

Las percepciones importan. Claro que importan, más aún en el mundo del modelaje, a pesar de que la industria está evolucionando y mostrando cada vez más pragmatismo e inclusión. Pero también importan, incluso en nuestra vida cotidiana, cuando nos esforzamos por lograr sistemas más equitativos y una cultura más inclusiva.

Chrissy Teigen tendrá que reconocer que siempre habrá estereotipos que la gente tiene con respecto a las modelos —que deben ser delgadas—, tal y como yo tendré que reconocer que hay estereotipos que siempre enfrentaré como mujer asiática. No hace mucho, por ejemplo, estaba en mi salón de clases configurando unas diapositivas, preparándome para enseñar un nuevo curso de MBA, cuando un estudiante me confundió con una asesora de IT que parecía estar alistándole todo lo necesario para la siguiente clase al profesor de turno. Un error fácil de cometer, ¿verdad? Mujer asiática igual a soporte técnico, no a profesora.

Los estereotipos invaden nuestras interacciones. Un par de noches después de eso, salí a cenar con un grupo bastante diverso de amigos. Y a medida que les contaba la historia sobre cómo alguien me confundió con una encargada que estaba preparando las diapositivas para algún profesor, en lugar de ser yo la profesora, fue asombroso lo rápido que nuestra conversación se llenó de ejemplos de estereotipos en todas las áreas: "Como mujer negra, soy resentida y agresiva. Y como hombre negro, además de ser visto como peligroso si soy agresivo, también soy bueno en los deportes, pero hasta tal punto que soy tonto y no puedo pensar en nada más que en eso".

Los estereotipos raciales se hicieron presentes de modo rápido y furioso: los asiáticos son tontos y dóciles; los latinos son ruidosos, de mal genio y volátiles; los negros son agresivos, francotes y amenazantes. También surgieron los estereotipos de género: los hombres son descuidados y desorganizados; las mujeres no son inteligentes y su lugar es el hogar.

Luego, llegaron los estereotipos culturales: los estadounidenses son obesos, perezosos y tontos; los británicos son ricos y esnobistas; los italianos están en la mafia; los rusos viven enojados y aman el vodka; los nigerianos son peligrosos; los bahameños están en la playa todo el día con ropa hecha de corteza de coco y sin internet; los surcoreanos siempre están tomándose selfies; los singapurenses son encarcelados si los ven masticando chicle.

Y hay más estereotipos. Por ejemplo, sobre las clases sociales: la clase alta siempre está bien vestida, es elegante, bien hablada e intelectualmente superior; la clase media es de cuello blanco, vive en los suburbios y está obsesionada con tener casa y auto propios; la clase trabajadora está compuesta por obreros de fábrica con pocos ahorros.

Y no nos olvidemos de otros más, no sea que dejemos a algunos por fuera: los políticos son mujeriegos y solo piensan en su beneficio personal; los bibliotecarios son gente vieja y aburrida; las rubias son tontas; los ancianos son desactualizados; los adolescentes son rebeldes; los banqueros son sexistas y codiciosos y quienes trabajan en tecnología son *nerds*.

¿Ahora sí logré ofender a casi todo mundo? Ah, bueno. Perfecto. He aquí por qué esto es importante: porque todos caemos en los estereotipos. Todos somos susceptibles al estereotipo y al juicio sin importar quiénes seamos. La clásica investigación sobre la percepción social demuestra que, hasta cierto punto, nos basamos en los estereotipos. Los sicólogos Mahzarin Banaji y Brian Nosek han demostrado cómo la información y las observaciones que obtenemos de la apariencia física, las expresiones faciales, el tono de voz, los movimientos de las manos e incluso de las posiciones o los movimientos corporales de las personas se nos convierten en elementos de juicio para formarnos impresiones casi definitivas y a gran escala con respecto a los demás. Todos tenemos límites con respecto a nuestra capacidad cognitiva, a nuestra memoria y al esfuerzo mental que tenemos la capacidad de hacer, por lo tanto, confiamos en lo que inferimos sobre las personas basándonos en observaciones de sus comportamientos o en información de segunda mano que nos sirve como punto de referencia y ayuda.

Al hacerlo nosotros, es inevitable asumir que todos los que están a nuestro alrededor hacen lo mismo, lo cual significa que todos somos presa de ser categorizados de ciertas maneras, siendo esto una desventaja, ya que, quienes nos observan intentan procesar cierta cantidad limitada de datos posible en un momento dado.

¿Y qué pasaría si les quitáramos esa "carga" a los demás? ¿Si les disminuyéramos esa carga cognitiva? ¿Qué ocurriría si, en lugar de esperar a que los demás se basen en los estereotipos, les ayudáramos a ver lo que queremos que ellos vean en nosotros?

Podemos hacerlo al identificar cuáles son sus juicios injustos y al mismo tiempo los orientamos hacia lo que *queremos* que ellos vean en nosotros. Por eso, mejor guíalos hacia las opiniones que tú quieres que ellos tengan sobre ti en lugar de quedarte como un espectador pasivo que permite que otros saquen sus propias conclusiones sobre quién y cómo eres. Tener un fuerte sentido de autoconciencia y una conciencia de cómo los demás nos perciben también nos ayuda a comprender sus expectativas. Así, podremos relacionarnos mejor con ellos, de maneras que nos permitan construir un margen de ventaja en lugar de, simplemente, tratar de encajar sin rumbo fijo, sin contexto alguno, sin sacar más a cambio que una imagen desenfocada de los demás con respecto a nosotros.

Podemos y debemos hacer todo esto, pero a menudo, no lo hacemos. Nos lamentamos de los juicios injustos que otros nos hacen —y nos quejamos de sus prejuicios—. Es innegable que estos existen y que son bastante frustrantes, pero en lugar de golpearnos la cabeza contra las paredes, lo que necesitamos hacer es empoderarnos y tomar cartas en el asunto. Hay que tornar las cosas a nuestro favor. Y lo primero, es usarlas en beneficio propio.

Este es un punto tan crucial, que quiero repetirlo: si te haces cargo de orientar las percepciones de los demás con respecto a ti, evitarás estar a merced de sus estereotipos.

• • •

Cuando Cyrus Habib decidió postularse para vicegobernador de Washington, era consciente de que no iba a ser fácil lograr su meta. Sabía que él no era el prototipo del candidato político —de estatura alta, refinada y carismática—. Cyrus es bastante bajo de estatura, de comportamiento tosco y ciego. Esa no es la imagen de una figura pública exitosa.

Pero también sabía que ganar las elecciones no sería lo más difícil que había hecho en su vida, ni ese sería su mayor logro si ganaba. Cyrus, un inmigrante iraní, fue becario de Rhodes, de

Truman y de Soros Fellowship. Estudió en la Universidad de Columbia y en la Universidad de Oxford, y se licenció en Derecho de la Facultad de Derecho de Yale, donde ocupó el prestigioso puesto de editor de *Yale Law Journal*. Y no hay que olvidar que logró todo esto a ciegas, habiendo perdido la vista a los ocho años.

Cyrus tenía cuatro meses de nacido cuando le diagnosticaron retinoblastoma. A los dos años de edad, había perdido la vista en uno de sus ojos. Durante los años siguientes, la visión de su ojo sano continuó deteriorándose hasta que los médicos se vieron obligados a extirparle la retina cuando tenía ocho años.

Cuando él me contó su historia, debo admitir que me sentí abrumada por la tristeza y el arrepentimiento. Según eso, ¿qué más logros habría alcanzado si no hubiera sido ciego? Me sentí culpable de pensar de esta manera y cuando se lo confesé, Cyrus me mostró su asombrosa habilidad para orientar las percepciones de los demás, asegurándome que lo que él esperaba que yo sintiera hacia él era precisamente tristeza y compasión. Eso es lo que siente la mayoría de la gente hacia él.

Luego, continuó compartiendo cómo él no cree que su pérdida de visión sea una desventaja. Cyrus afirma que disfrutó de su vista durante el tiempo suficiente para retener recuerdos de imágenes visuales del mundo. Considera una bendición haber quedado ciego tan joven como para tener tiempo de adaptarse y aprender a llevar una vida normal sin ver.

Escuchar su historia me muestra que es un hecho que hasta ahora él ha tenido una vida normal y que sigue esforzándose para siga siendo de ese modo. De hecho, ha logrado más en sus 38 años de edad que la mayoría de la gente, a pesar de su discapacidad. Al escucharlo hablar, me di cuenta que su desafío no ha sido la ceguera en sí misma. Cyrus no habla de superar su discapacidad, sino de superar prejuicios —mediante la conciencia de sí mismo sobre su discapacidad y con respecto a las percepciones que los demás tienen sobre sus habilidades.

Cuando Cyrus estaba en tercer grado, le dijeron que no podía jugar durante el recreo con los otros niños. Así que una maestra lo hacía sentarse a su lado mientras los otros niños jugaban, subían y bajaban por las diversas atracciones del parque escolar. Le decían que era porque los profesores estaban preocupados por su seguridad y lo más probable es que lo estuvieran, pero esa también era una forma de prejuicio —una que él no sabía muy bien cómo entender a esa edad—. Enojado y frustrado, Cyrus intentaba explicar una y otra vez que él estaba bien, que era capaz de arreglárselas. La respuesta siempre fue que intentarlo era demasiado peligroso.

Esa respuesta se convirtió en la norma de su vida, no solo en el patio de recreo, sino en situaciones que él continuó afrontando una y otra vez —al tomar libros prestados en la biblioteca o lecciones de kárate o al aprender a tocar el piano—. Una y otra vez, la gente asumía que él fracasaría o que sería incapaz de realizar todo ese tipo de actividades incluso desde antes de darle la oportunidad de intentarlas. Es decir, su desventaja sí era real, pero no estaba basada en el odio, ni en el miedo, sino en la piedad y la compasión que los demás solían sentir hacia él. La misma compasión que yo sentí al escuchar su historia. El mismo sesgo del que yo me confieso culpable, debido a las bajas expectativas que en algún momento tuve con respecto a él, pues yo no quería oprimirlo, ni recargarlo con más de lo que yo (no *él*) pensaba que él era capaz de manejar.

Cyrus, el alumno de tercer grado, comenzó a pasar las tardes y los fines de semana en el patio de recreo, junto con su madre, familiarizándose con el terreno e identificando dónde había obstáculos y bordes afilados a lo largo y ancho de la escuela. Lo mismo hizo al llegar a la Ciudad de Nueva York, cuando tuvo que aprender a desplazarse por la Terminal de Autobuses de la Autoridad Portuaria. Y lo mismo en Oxford, donde aprendió a reconocer el campus universitario y a descubrir cómo desplazarse por la ciudad. Fue así como aprendió a moverse por los espacios físicos que suele recorrer. Y al hacerlo, también aprendió a manejar sus encuentros con los demás.

Cuando Cyrus decidió por primera vez que se postularía para vicegobernador, y comenzó a contarles su intención a sus amigos y partidarios, ya sabía cuáles serían sus objeciones, qué críticas le harían y qué dudas le expresarían. Y ya también sabía qué y cómo hacer para adelantarse a todas esas dudas. Hacía mucho tiempo que sabía que, mientras él caminaba junto a las personas, permitiéndoles guiarlo físicamente debido a su discapacidad, mientras se tomaba del brazo de sus colegas, ellos los estaba guiando, literalmente, y compartiéndole sus perspectivas. Por lo tanto, cuando la gente empezó a expresarle sus dudas y trató de convencerlo para que no se postulara, Cyrus ya estaba preparado para enfrentar sus comentarios. Entonces, cuando la gente comenzó a decirle cosas como: "Llevar a cabo este tipo de campaña implica mucha interacción puerta a puerta; requiere de mucho escrutinio. ¿No será demasiado ajetreo para alguien con tu enfermedad? ¿Sí lo lograrás?", él ya estaba preparado para sobreponerse a todas esas objeciones. Cyrus reconocía que todas aquellas preguntas y opiniones provenían de la legítima preocupación de sus familiares y amigos hacia él. Comprendía que ellos querían apoyarlo y garantizar su seguridad, pero era un hecho que estaban tan preocupados por sus limitaciones que no veían sus fortalezas.

¿La respuesta de Cyrus?

> "Les pregunto si alguna vez han oído hablar de un lugar llamado Terminal de Autobuses de la Autoridad Portuaria de la Ciudad de Nueva York. Les recuerdo que yo aprendí a moverme a lo largo y ancho de aquella gigantesca terminal. Siempre digo que pasé de "Braille a Yale". Que de alguna manera, anduve por los milenarios dormitorios y por las calles empedradas de Oxford. He ido por vecindarios, de

puerta en puerta. Por eso, estoy seguro de que encontraré la manera de hacer esto. Créanme que esta no es la meta más difícil que he afrontado".

Y lo hizo. Cyrus fue de puerta en puerta. Se conectó con los votantes. Usó la autoconsciencia de su discapacidad para orientarlos de la misma manera en que había orientado a sus amigos y mentores de tal modo que entendieran su ambición y se convirtieran en sus electores y lo apoyaran.

Cyrus afrontó sus discapacidades y limitaciones como parte de sí mismo —porque *son* parte de uno mismo—. Pero como él ha lidiado con sus limitaciones, y las ha ido superando y las seguirá superando, esa es la ventaja que él construyó a su favor y que le da la confianza necesaria en sí mismo para comunicar sus decisiones con total seguridad. Así es como él siempre ha sabido convertir cada sesgo que los demás tienen en su contra en una ventaja a su favor.

Al final, Cyrus ganó las elecciones para convertirse en vicegobernador de Washington. Al igual que hizo con los votantes, muy pronto se estableció como un político atento y consciente de sí mismo. Él siempre echa mano de su autoconciencia para orientar las diferentes perspectivas y a diferentes personas de diferentes ámbitos de la vida, mostrándoles la importancia de reunirse y discutir sobre todos los temas necesarios.

"Aprovecho la oportunidad para caminar con ellos", manifestó. "Así es como se crean los vínculos y nos hacemos conscientes de que todos vamos al mismo lugar. Mi misión es convencer a mis interlocutores de que yo no soy quien ellos piensan para luego mostrarles quien soy en realidad". Y eso le ha permitido a Cyrus no solo lidiar con su discapacidad y con las desventajas que enfrentar debido a ella, sino también a extender esa discapacidad para forzarse a sí mismo a abarcar horizontes mucho más amplios.

Para, suelta y redirecciona

Paul Graham, cofundador de Y Combinator, una de las empresas más influyentes del mundo en el manejo de capital semilla y empresas emergentes, afirma: "Una característica que se percibe como un muy mal indicador es un director ejecutivo con un fuerte acento extranjero". Y continuó afirmando que es difícil comunicarte si tienes un fuerte acento y que "cualquiera con medio cerebro se daría cuenta que tendrá más éxito si habla un inglés de alto nivel, así que, quien no lo hable, si no se ha deshecho de su acento, está dando muestras de estar muy desorientado".

Después de enfrentar una severa reacción por sus comentarios, Graham profundizó en su postura para decir que gran parte de administrar una empresa exitosa es saber promocionarla y comunicar con total claridad y precisión cuál es su misión. No hay la menor duda de que un fuerte acento tiende a dificultar una buena interacción.

Después de sus comentarios, decidí estudiar este estereotipo sobre los acentos extranjeros y lo que encontré fue que, en los Estados Unidos, las personas con acento no estándar (es decir, ruso, japonés, etc.) tenían muchas menos probabilidades de ser promovidas a cargos de gerencia media y alta.

¿Y cuál suele ser la explicación más común del porqué de esta tendencia? La presunción de que las personas con acentos no estándar no saben comunicarse tan bien —tal y como lo expresó Graham—. Así las cosas, decidí probar y ver si era cierto e inicié un experimento de investigación. Elegí algunas personas al azar para que escucharan un mensaje enviado bien fuera por alguien con acento extranjero y por alguien con acento estadounidense estándar, y descubrí que no había *diferencia* en lo que ellas entendían. Les pedí que recordaran hechos y detalles del mensaje que habían escuchado y no hubo ninguna diferencia en la información que ellas recopilaron.

Profundizando un poco más, mis colegas y yo encontramos un dato todavía más sorprendente. Resultó que las personas encargadas de la toma de decisiones, que determinan los ascensos, saben muy bien que no pueden discriminar (abiertamente) en aspectos como el género, la raza, la etnia y, en este caso, el acento. En lo que casi todas ellas sí están de acuerdo es en el hecho de que, cualidades como la habilidad interpersonal, la capacidad de trabajo en equipo y de "pensar fuera de la caja", son atributos determinantes en los aspirantes a cualquier cargo. Y dio la casualidad de que todos aquellos con acentos extranjeros tendían a obtener calificaciones más bajas en esas cualidades, lo que a su vez los llevaba a ser los menos aptos para ser promovidos a puestos gerenciales.

Cuando nuestro objeto de estudio fueron los emprendedores con acento extranjero, una vez más no hubo diferencia en términos de lo que ellos eran capaces de comunicar, pero aquellos con acento obtuvieron más baja puntuación en cuanto a su capacidad de influir en los demás, un aspecto indispensable en el que todos los inversores están de acuerdo que es importante para el fundador de una empresa emergente. Además, dicha incapacidad hace que sus probabilidades de obtener capital inicial sea mucho menor.

Pero nuestro descubrimiento más fascinante fue que, aunque aquellos con acento no nativo tenían menos probabilidades de ser promovidos a cargos de liderazgo, y que empresarios con acento no nativo tenían menos probabilidades de obtener financiamiento —en ambos casos, dado que se les consideraba menos "hábiles en el campo interpersonal"—, había formas a través de las cuales ellos podían adelantarse a esas percepciones. Siendo conscientes de que otros se formarían juicios basándose en su acento, ellos se aseguraban de mostrar que sabían cómo redirigir esas percepciones erróneas manifestando un alto nivel de competencia que les sirviera de ventaja.

A manera de ilustración: cuando Emmett, uno de nuestros candidatos durante una entrevista de trabajo, dijo, "Sé que quizá parezca que yo no soy capaz de comunicarme de manera impactante, pero permítanme contarles sobre un momento en el que luché por los recursos para mi equipo…", de inmediato, recibió una calificación más alta que aquellos candidatos sin acento. Cuando Nien Qi, una de nuestras emprendedoras, relató cómo ella pudo "avanzar hábilmente en medio de un mercado de proveedores abarrotado para recibir condiciones de precios preferenciales", su explicación logró redirigir las percepciones que los inversores tenían acerca de ella e hizo que obtuviera muchos más fondos que sus contrapartes.

La persona "en desventaja" reconoce de manera no reactiva las percepciones negativas que los demás tienen acerca de ella y las recibe como la calificación de algún motivo que ella da para ser captada de esa manera. Aun así, numerosos estudios han encontrado que, cuando se enfrentan sesgos y estereotipos, dichos enfrentamientos no siempre son la mejor forma de reducir las incoherencias[1]. Cuando se confronta el sesgo de manera directa, suele ocurrir que esta actitud conduce a una reacción violenta en forma de mayores prejuicios y más discriminación.

Los sicólogos Alexander Czopp, Margo Monteith y Aimee Mark descubrieron que las confrontaciones no solo aumentan la hostilidad de la persona confrontada, sino que también generan emociones negativas, autodirigidas e internalizadas en quien la confronta.

A veces, enfocarte en un cambio de comportamiento y en hacer intervenciones estructuradas que quizá no requieran que tengas que abordar algún sesgo específico suele ser una actitud más provechosa que te llevará mucho más lejos. En pocas palabras, lo que mostramos es que somos capaces de guiar y redirigir a otros. Todos tenemos la capacidad de abordar cualquier concepto preconcebido (estereotipos) que otros estén generando con respecto a nosotros para desvirtuarlo y formar uno nuevo que sí sea real y ajustado a quienes somos.

Como dijo una vez Charlie Munger: "Reconoce y adáptate a la verdadera naturaleza del mundo que te rodea. No esperes que el mundo se adapte a ti". Una vez que tengas una idea sobre cómo los demás tienden a verte, ya no tendrás que depender por completo de sus percepciones hacia ti, pues tú tienes la capacidad de guiarlos para que te vean como tú realmente eres.

• • •

Cuando Dawn Fitzpatrick comenzó su carrera en la Bolsa de Valores de Estados Unidos, a sus 22 años de edad, los transaccionistas hicieron apuestas sobre cuánto tiempo sería ella capaz de resistir en ese medio. Para ella esa fue una manifestación de la inseguridad que *ellos* sentían sobre cuánto ellos durarían. Cuando ellos cuestionaron su confianza, ella comprendió que la que estaba en juego era la confianza de *ellos* y no de la de *ella*. Al preguntarle acerca de su capacidad para asumir riesgos, ella reconoció que esta tenía raíces en su temor a perder en el juego. Así que prefería moverse en su propio campo, a su propio ritmo y establecer sus propios estándares, ya no atándose a lo que lo que los demás le dictaran, ni a las normas establecidas por sus compañeros de trabajo masculinos.

Y cuando comenzó su carrera en el banco de inversión UBS, guardaba un par de zapatos de Christian Louboutin debajo de su escritorio, pero a menudo caminaba descalza por la oficina como muestra de su autoconfianza, separada de las concepciones de otras personas sobre lo que debería ser la confianza en uno mismo. Y cuando cuestionaban su capacidad para tomar decisiones difíciles y apretar el gatillo en inversiones arriesgadas, ella se negaba a meterse en ese juego. Más bien, se alejaba de las "batallas de testosterona" y de las demostraciones de dominio, ganancias y éxito competitivo. Por eso, creó una posición que comenzó desde un lugar donde el riesgo consistía en tener la humildad y el conocimiento necesarios para reducir las pérdidas lo más rápido posible. "Manifesté [mi] opinión acerca de que, en general, 'las mujeres somos más… humildes en nuestras inversiones… [y] eliminamos a los perdedores de maneras más rápidas y efectiva que los hombres", afirmó ella para así mostrar su capacidad de posicionamiento y de guiar a los demás en sus percepciones hacia ella.

"Claramente, hay momentos únicos en el tiempo en los que hubiera preferido ser un exjugador de fútbol americano de 6 pies y 3 pulgadas. Pero ese anhelo imposible solía compensarse con los momentos en que observaba que ser mujer era una ventaja", afirmó ella en una ocasión. "Yo guiaba a la gente hacia esas ventajas", reiteró Fitzpatrick, quien es ahora una de las mujeres más poderosas de Wall Street, administrando un fondo de $26.000 millones de dólares como Directora de Inversiones de Soros Fund Management.

En mi investigación, y en la investigación de muchos expertos en el campo, encontramos que guiar a otros requiere de la comprensión de cómo los demás piensan acerca de nosotros en dos dimensiones clave: (1) diferencias de poder y estatus, y (2) interdependencia cooperativa o competitiva. Las diferencias de poder y estatus son relativamente sencillas de explicar. Se refieren a cómo los demás se ven a sí mismos en comparación contigo en la jerarquía social. No es algo malo, ni bueno, es solo una determinación que constituye un elemento fundamental de la vida social y que surge para ayudarte a coordinar la dinámica interpersonal. Pero cuanto mayor sea la diferencia de poder entre tú y otro o entre tu organización y otra organización, más debes estar en sintonía con la interdependencia cooperativa o competitiva que pueda existir entre las dos partes.

En estos casos, cuanto más puedas anticipar las necesidades de tu contraparte y a su vez alinear tus necesidades con sus objetivos, más capaz serás de guiar de una manera que te permita no ser reactivo y mostrar cómo puedes enriquecer y aportar valor.

Sin embargo, incluso en los casos en los que puede no haber diferencia de poder en absoluto, siguen existiendo dinámicas cooperativas y competitivas. *La interdependencia cooperativa* y *la interdependencia competitiva* se refieren a las evaluaciones de si la otra persona es alguien con quien esperas cooperar o competir. Esta determinación también afecta la dinámica. Por ejemplo, imagina que estás entrevistando a un candidato para un puesto de trabajo en tu organización. ¿Esperas que ese candidato sea alguien a quien tú le cooperarás o de quien obtendrás beneficios? ¿O esperas que el candidato compita contigo en alguna área de tu trabajo? Si es lo primero, estarás dispuesto a actuar en su favor; si es lo último, actuarás en su contra.

¿Qué significa esto? Que "cuando estamos en armonía, pero es evidente que somos diferentes, es cuando ocurre la magia", dijo el talentoso pianista Ji-Yong Kim. Estamos juntos, pero no somos iguales.

Estas determinaciones son importantes, porque afectan la forma en que guiarás tu interacción. La razón por la que Dawn Fitzpatrick pudo hacerse querer por sus compañeros de trabajo es porque ella supo nivelar las diferencias entre poder y estatus (o al menos, hacerlas parecer irrelevantes) a la vez que construía un sentido de interdependencia cooperativa. Ella vio que sus colegas la percibían como una mujer compitiendo con ellos en una dimensión diferente y con diferentes definiciones de autoconfianza y riesgo. Entonces, para mitigar estas percepciones, y como ahora sabes, ella contribuyó a guiarlas y redirigirlas a su favor —y de manera muy inteligente.

• • •

La siguiente vez que tuve que enseñar un nuevo curso de MBA, me aseguré de prepararme, previniendo ser vista como la profesora y no como la especialista en soporte IT. Para esto, primero hice un reconocimiento proactivo, hablando con estudiantes y colegas actuales y antiguos, y descubrí algunas de las percepciones más comunes que los estudiantes suelen tener con respecto a mí —que no "encajo" en cómo ellos creen que tiende a verse un profesor— y resultó que luzco demasiado joven y demasiado femenina para parecer una profesora.

Así las cosas, decidí ayudarles a redirigir sus juicios hacia mí. Comencé la clase diciendo: "Sé que quizá parezca una Girl Scout y que estoy aquí para venderles galletas", redirigiéndolos desde mi juventud y mi feminidad hacia mis credenciales actuales[2] y estableciendo cuál sería, en última instancia, el tono de la clase.

Más adelante, en esa misma semana, hice mucho de eso mismo durante una entrevista con un capitalista de riesgo que colaboraría en una investigación que me encontraba dirigiendo. Nos conocimos en su oficina y vi con entusiasmo que él tenía una pelota de baloncesto autografiada en su estante, llena de firmas de Patrick Ewing, John Starks, Charles Oakley y muchos otros de un equipo de antaño de los New York Knicks. Siendo gran fanática de los Knicks, y habiendo visto todos sus partidos durante mi adolescencia, hice un comentario sobre el equipo y me encontré con una mirada de burla como respuesta. De inmediato, me di cuenta que su suposición era que yo, siendo una joven asiática, no tenía cómo, ni por qué saber nada de sus amados Knicks.

Entonces, me detuve y decidí redirigir la conversación. Comenzamos a charlar sobre mi carrera como ingeniera (sí, en esa imagen sí encajo, soy una ingeniera asiática) y de mi experiencia previa trabajando con capitalistas de riesgo en mi investigación, así que pronto volví a sentirme en control de la conversación. Una vez restablecido, comencé a hacer conexiones espontáneas entre lo que estábamos hablando y algunas estadísticas aleatorias y hechos que sabía sobre los Knicks ("Sí, hiciste que ese trato funcionara. A veces, solo necesitas una especie de fuerza bruta al estilo de Anthony Mason para reforzar tu posición, ¿verdad?"), lo cual comenzó a caerle en gracia e incluso a impresionar a mi interlocutor.

Para guiar y redirigir nuestra interacción, yo necesitaba comenzar poniendo de presentes los estereotipos —la línea de base acerca de mí como mujer asiática y los comportamientos que él esperaba de una mujer asiática—. Luego, usé esos mismos estereotipos para dar solo un pequeño giro que me permitió redirigir la situación. Al final, el inversionista me proporcionó toda la información que yo esperaba obtener en la reunión y, cuando me fui, me prometió dos boletos para ver a los Knicks en el Madison Square Garden.

Utiliza a tu favor los prejuicios y estereotipos que otros tengan sobre ti. Orienta a quienes te rodean hasta lograr las opiniones que quieres que ellos tengan sobre ti.

Principio 10

**Observa cómo te perciben los demás
y oriéntalos hasta mostrarles quién y cómo eres.**

CAPÍTULO 11

Enmarcando tus percepciones y capacidades a tu manera

"Tu misión no es tu guía. Tienes que encontrar tu propio camino".
—**Tanabe amarillo**

A veces, descifrar cómo nos ven los demás es como armar un rompecabezas: al principio, solo tenemos una vaga idea de cuál es el panorama general, pero la claridad y los detalles solo surgen hasta cuando las piezas comienzan a juntarse. Y lo que lo hace aún más impreciso es el hecho de que, cada vez que interactuamos con alguien que apenas estamos conociendo, esa interacción es una nueva ficha en el rompecabezas.

Es algo así como ponerse a dieta, en serio. Hace un par de años, decidí seguir la dieta Paleo —de la que quizás hayas oído hablar y que de pronto tú también la habrás hecho, porque estuvo de moda durante un tiempo—. Lo cierto es que una amiga mía, Anna, estaba entusiasmada al ver cómo esta dieta estaba cambiando su vida. Sus resultados eran tan asombrosos que ya casi llegaban a ser enervantes. Yo intentaba ser feliz por ella cada vez que la escuchaba decir algo como: "¡Los kilos, literalmente, se me están derritiendo!".

Ahora, esta es una amiga mía que nunca ha sido conocida por su fuerza de voluntad. Se trata de alguien que ha probado todas las dietas habidas y por haber y nunca ha logrado mantenerse en ninguna, y sin embargo, en esta ocasión, estaba aclamando en un lado y otro lo feliz que era y lo increíble que se sentía. Así que, ante la evidencia de sus resultados, me convertí en su admiradora e incluso decidí que, si Anna era capaz de lograrlo, yo también lo lograría.

Y por un tiempo, así fue. Aprendí a evitar alimentos como el azúcar, la avena y otros cereales, además de los alimentos procesados en general. Esos son los cambios en los que uno tarda unos días en acostumbrarse, pero fueron manejables. La parte más difícil para mí fue eliminar los lácteos, ya que tengo una historia de amor con el queso, pero me las arreglé, porque la dieta te permite comer mucha carne (¡incluso tocino!) y el aceite es 100% permitido.

La primera semana, me sentí demasiado mal, pero Anna me recordó que sentirse así durante esa primera semana significaba que la dieta estaba funcionando. (Parece que es cierto, pues estos síntomas iniciales se conocen como la "gripe Paleo", porque la primera semana uno se siente cansado, enfermo y pesado, como si en realidad tuviera gripe). Pero luego, comencé a ver algunos resultados. Perdí algunos kilos (no tantos como Anna, pero aun así…).

El hecho es que el proceso se fue volviendo cada vez más fácil. Empecé a acostumbrarme a comer solo huevos en el desayuno. Incorporé mantequilla de almendras y nueces a mi repertorio habitual e incluso me acostumbré a poner mis albóndigas y la salsa para pasta encima de una porción de calabaza que hacía las veces de la pasta de verdad.

Pasaron tres, cuatro, cinco semanas y comencé a hablar de cómo esto ya no era una dieta, sino un estilo de vida (sí, yo era una de esas personas molestas que hablan de este tema). Pero luego, unas seis semanas después de haber comenzado la dieta Paleo, algo me sucedió. Tuve una reacción alérgica, pero era una pesadilla de reacción alérgica. Sarpullido, hinchazón, ampollas en toda la cara, sobre todo, alrededor de la boca.

Lo que descubrí es que existen diferentes tipos de cuerpo basados en diferentes estructuras genéticas (por supuesto). Así que, con los diferentes tipos de cuerpo, surgen diferentes necesidades dietéticas, una de las cuales se llama equilibrio arginina-lisina (la lisina y la arginina son dos aminoácidos que se encuentran en alimentos ricos en proteínas). Y aunque no soy alérgica a los frutos secos, cuando consumo demasiados, se me sale de control el equilibrio de arginina-lisina y mi cuerpo se vuelve muy deficiente en lisina. En otras palabras, parece que mi organismo *necesita* muchos lácteos. O sea, *mucho, mucho* queso.

¿Qué aprendí? Que no todas las dietas son adecuadas para todos los tipos de cuerpo. El hecho de que la dieta Paleo prohibiera el queso no significaba que yo podía o debía dejar de comerlo. Y siendo más filosófica, existe un número infinito de personas en este mundo, todas las cuales necesitan y quieren cosas diferentes. Todo esto es un simple ejemplo de que generar nuestra ventaja en cualquier situación requiere de una perspectiva personal y de personalización. Tenemos que encontrar nuestros propios caminos y no solo seguir los caminos que otros han construido para ellos.

...

No solo hay personas infinitamente diferentes. Con demasiada frecuencia, olvidamos que estamos tratando con criaturas imperfectas que son en sí mismas inconstantes, personas que pueden tener múltiples y a la vez simultáneas expectativas de los demás. Esto aplica sobre todo a quienes están en posiciones de poder y toman decisiones en nombre de otros. Tendemos a pensar que, en general, la gente está de acuerdo y que existe una norma universal en torno a las creencias y percepciones en las que nos basamos.

Sin embargo, eso está lejos de ser cierto. Muchas veces, las personas de las que dependemos para tomar decisiones importantes, y que influyen en el progreso de nuestra vida, no saben lo que buscan, ni cómo toman sus propias decisiones e incluso cuando afirman, por ejemplo, saber lo que buscan, sus objetivos cambian de una etapa a la otra.

Durante los últimos 10 años, he conocido y entrevistado a más de 500 empresarios y a unos 350 inversores y, casi siempre, les pido a los empresarios que describan la que ellos creen que es la cualidad más importante que buscan los inversores. Su respuesta: pasión.

De igual modo, a los inversores les pido que describan el que ellos creen que es el atributo más importante que buscan al tomar sus decisiones de inversión, y una y otra vez, y sin temor a equivocarse, sus respuestas también son: pasión. Algunos, como Mark Suster, lo afirman de inmediato: "El objetivo es invertir en emprendedores apasionados. Eso es todo, fin de la historia. Pasión", dice él a menudo y sin pesarlo dos veces.

Otros inversionistas describirán este requisito de una manera más informal. Por ejemplo, un inversionista me dijo: "Quiero a alguien que, aun siendo las 4:00 de la mañana, todavía no haya podido irse a la cama, porque está muy interesado en su trabajo".

Otro comentó: "Esta chica se entusiasmaba cuando yo hablaba de su negocio. Siempre le interesaba todo lo que yo dijera y se esmeraba en hacer que nuestros tratos funcionaran. La intensidad de su pasión era bastante obvia".

Otros intentan acudir a más de una filosofía para respaldar su afirmación, explicando qué significa esta pasión y por qué es tan importante para ellos:

> "El 90% del éxito en cualquier cosa proviene de estar dispuesto a echar para adelante cueste lo que cueste. Cuanto mayor me hago, más me sorprende la cantidad de emprendedores que está dispuesta a afrontar lo que sea con tal de lograr sus metas. El 10% es habilidad y suerte, pero interesarse lo suficiente, tener pasión por lo que ellos quieren alcanzar, significa que harán hasta lo imposible por lograrlo. Si ellos tienen pasión, no fallarán bien sea de una forma u otra y eso importa más de lo que te imaginas".

En mi investigación, he comprobado que es un hecho que la pasión a la cual se refieren los emprendedores y los inversores sí importa. Es más, se trata de uno de los factores más importantes para determinar qué empresa emergente recibe la financiación inicial. Descubrí que los emprendedores que se presentan en concursos para conseguir financiamiento, y que reciben por parte de los inversores una alta calificación en cuanto a su nivel de pasión, tienen 7.4 más de probabilidades de recibir financiación que aquellos que tienen una calificación baja en pasión. De hecho, las percepciones con respecto a su pasión suelen compensar el bajo rendimiento y los datos objetivos débiles sobre la empresa —aspectos como la rentabilidad, el rendimiento del producto y el tamaño del mercado.

No es de extrañar que los emprendedores sientan la necesidad de mostrar pasión cuando les presentan sus empresas a los inversores —y que sea bastante frecuente que ellos me pregunten cómo promocionarla—. Otros estudiosos también han tratado de precisar qué es la pasión. Por ejemplo, Melissa Cardon, profesora de Pace University, junto con varios colegas que también estudian la pasión empresarial, la definen como "los intensos sentimientos positivos de un emprendedor, que [son] el resultado de su participación en actividades empresariales".

La influencia de tal pasión es que se presume que impacta los niveles de pasión de los inversionistas, motivo por el cual ellos experimentan un cambio en sus emociones internas. También he escuchado que los inversores han hecho eco de esta reacción a tal punto de llegar a hacer afirmaciones como: "Le apasionaba tanto al emprendedor que su plan terminó por apasionarme a mí también. Me sentía tan emocionado como él".

Entonces, para obtener una ventaja, al menos en el mundo de las empresas emergentes, el truco consiste en que seas consciente de ti mismo y determines cómo hacer para mostrar tu pasión de una manera más centrada y que te haga lucir lo mejor posible desde el punto de vista personal, ¿cierto? Bueno, no tanto así.

En primer lugar, lo que he descubierto es que, en la mente de los inversores, ellos no saben a ciencia cierta a qué es a lo que se refieren cuando dicen que quieren un emprendedor apasionado. Es decir, los inversores no se ponen de acuerdo sobre qué es la pasión; diferentes inversores tienen diferentes definiciones de lo que esto significa. Algunos piensan que se trata de un emprendedor que demuestra alto grado de motivación por la visión de la empresa, que cree en lo que está trabajando. Otros piensan que se trata de demostrar compromiso, de tener el tipo de entusiasmo capaz de sostener al emprendedor durante los ciclos difíciles. Algunos inversores perciben que tener pasión es estar 100% vinculado al emprendimiento, mientras que otros argumentan que se trata de algo completamente diferente. Por lo tanto, como emprendedor, es posible que estés tratando de mejorar de maneras que creas que lograrán interesar a un inversionista, pero es inevitable que desanimarán a otros.

Además, no se trata solo de diferencias entre inversores, ni de que un inversor piense que pasión significa X, mientras que otro piensa que pasión significa Y. A menudo, cuando usé mi sutileza para presionar a los inversores individuales con el fin de que definieran qué es pasión según ellos, no pudieron definirla. Para ilustrar este punto, te contaré que, un día, un inversor me dijo que él *nunca* invierte en nadie que no tenga pasión. Pero luego, no más de cinco minutos después, cuando le pedí que me hablara de un emprendedor en el que él decidió no invertir aunque todos los datos comerciales objetivos le indicaban que esa era una buena inversión, me dijo: "Bueno, una vez, un tipo parecía que había tomado muuuucho café. Era tan apasionado en su discurso que entendí que no era conveniente invertir en él". La gente piensa que quiere una cosa específica, pero cambia de idea en cualquier momento.

Las personas no solo no saben lo que buscan en los demás, sino que es probable que ni siquiera se den cuenta de si tú sientes que estás siendo convincente al demostrar tu pasión o carisma, por así decirlo. Este tipo de "efecto de foco" se produce en todas partes. Como seres humanos, todos tendemos a olvidar que, aunque estamos en el centro de nuestro propio mundo, no estamos en el centro del de todos los demás. Sobreestimamos demasiado el efecto que tenemos en los demás.

Necesitamos entrenarnos para redirigir ese foco de atención y lograr que las personas se involucren emocionalmente con otras personas que no sean ellas mismas. Orientar a los demás implica tener el propósito de ayudarles a a enmarcar las percepciones que ellos tengan sobre nosotros.

...

En una ocasión, Gary Vaynerchuk, el cerebro detrás de Wine Library y VaynerMedia, me comentó: "No existe opinión de persona alguna que me moleste. Yo no tengo expectativas con respecto a nadie". Y al escucharlo afirmar que una gran parte del éxito de sus empresas depende de su personalidad pública y de cómo él es capaz de interrelacionar hábilmente su sentido de sí mismo con las percepciones que otras personas tienen acerca de él, de inmediato, le dije que me parecía que lo que él estaba afirmando era pura mierda (su término, no el mío). Él es quien es sin ningún remordimiento y sabe cómo armonizar su forma de ser con lo que la gente piensa de él. Entonces, replicó: "Nop, yo, literalmente, me alejaría de VaynerMedia y comenzaría de nuevo. Creo que estaría bien y haría algo todavía más increíble. Pienso que eso sería divertido", lo cual demostró, exactamente, mi punto.

Gary, a diferencia de mí, no fue un buen estudiante en la escuela secundaria. No lo digo con ningún tipo de grandiosidad (después de todo, él tiene un patrimonio neto de más de $160 millones de dólares, mientras que mi patrimonio neto está más cerca de… bueno, no importa). Yo solo sé que él no era un buen estudiante, porque ambos asistimos a la misma escuela secundaria —una escuela secundaria pública en el medio de la nada en Nueva Jersey—. En lugar de esforzarse por ganar estrellas de oro, Gary ocupaba su tiempo libre en su pequeño negocio, vendiendo e intercambiando tarjetas de béisbol. Comenzó asistiendo a eventos relacionados con tarjetas de béisbol en un centro comercial local, donde pagaba una tarifa por el derecho a participar de $100 a $150 dólares para luego intentar obtener ganancias vendiendo sus tarjetas. Y cuando no estaba en eso, trabajaba en la tienda de vinos y licores de su padre, ayudando a triturar hielo, a almacenar estantes y a administrar el inventario.

Gary me dijo una vez que, si hubiera sido por él, se habría pasado sus primeros 20 años de vida viendo deportes y dedicado a sus famosas tarjetas de béisbol, pero cultivó un fuerte sentido de autoconciencia desde el principio y, a pesar de sus protestas, encontró una forma de vivir que le permitió hallar un punto de equilibrio entre quién él era y sus responsabilidades externas, es decir, con respecto a la expectativa de su familia para que él que se uniera al negocio familiar. Me dijo: "Me di cuenta que el vino no es diferente a las tarjetas de béisbol. Yo recibía la revista *Beckett Monthly* y todos los meses publicaba qué tarjetas estaban subiendo y cuáles bajaban. Y con el vino, estábamos suscritos a *Wine Spectator*, el cual califica los vinos y publica lo que cada minorista está comprando y vendiendo. En esencia, era lo mismo y yo bromeaba al respecto".

Al graduarse de la universidad, Gary se unió a la tienda de vinos y licores de tiempo completo y comenzó a aplicar algunas de las técnicas que había aprendido vendiendo tarjetas de béisbol con el fin de ayudarle a su padre a obtener mayores ganancias. Gary recuerda: "En lugar de decir: 'Oye, ¿ya tienes esta tarjeta de béisbol?', ahora decía: 'Oye, ¿qué tal te parece esta promoción de vinos?', '¿Cómo te parecería llevar este tipo de vino?'". Era inagotable, se le ocurrían 15 o 20 de esas ideas todos los días.

Gary, junto con su mejor amigo, Brandon, quien también terminó vinculándose a la tienda, continuaron formulando ideas sobre cómo generar más ingresos al convertir el negocio de su padre en una importante tienda de vinos. Pronto, comenzó a enfrentar obstáculos y se dio cuenta que estaba en desventaja en relación con quienes hacían parte de la industria —les parecía demasiado joven y sin experiencia para ser un experto conocedor de vinos—. Su familia no era dueña de un viñedo, solo de una tienda de vinos y licores con descuento. Había quienes lo percibían como poco convencional en su forma de pensar y otros estaban resentidos con él, porque, según ellos, no respetaba el misticismo del negocio del vino.

Gary y Brandon sabían que, para ser vistos como una importante tienda de vinos a los ojos de los clientes, ante todo, tendrían que mantenerse al día con las tendencias —tal como Gary había hecho con los deportistas y las tendencias en las ventas de sus tarjetas de béisbol—. Entonces, decidieron conectarse con las principales áreas productoras de vino, comenzando con algunas de las importadoras más grandes, pero menos conocidas de Australia y España. Con el tiempo, esta decisión les representó una gran selección de algunos de los mejores vinos de ciertas regiones emergentes, que más tarde serían considerados como vinos prestigiosos de colección. Esta ventaja les dio acceso a vinos de colección más tradicionales, como Insignia, Dominus, Caymus, vinos que antes solo podías obtener si conocías al propietario o tu nombre aparecía en una lista muy especial de amantes del buen vino.

Gary comenzó a conectarse e interactuar con los clientes y se dio cuenta que, si bien el mundo del vino era muy elitista, él lo veía como un producto que debía ser de amplio acceso al público. Y así como él era considerado poco convencional, también lo eran muchos consumidores. De esta forma, su experiencia poco convencional le ayudó a acceder a un mercado de clientes poco convencionales.

Gary comenzó a construir una lista de clientes y a ofrecer vinos de calidad para todos, brindándoles la oportunidad a muchos de acceder a vinos coleccionables de alta gama, producto de importaciones españolas y australianas y de otras regiones vinícolas nuevas y de otras futuras. Además, puso en marcha un servicio de fax para poder enviar por esa vía las ofertas de la gente aun en medio de la noche. Antes de salir de su tienda, a las 9:00 p.m., preparaba un fax para enviarlo a las 3:00 a.m., promocionando todos los artículos de colección de alta gama que tenían disponibles en la tienda. La idea era que, por la mañana, la gente entrara a su oficina y encontrara ofertas de vino en sus máquinas de fax. Esa era la forma que Gary tenía para hacerles llegar a los clientes grandes cantidades de información y a gran velocidad, con solo presionar un botón.

A medida que la empresa mejoraba, su servicio de fax se convirtió en un servicio de correos electrónicos. Gary comenzó a enviarles notas de agradecimiento por correo electrónico a cada uno de sus clientes y luego decidió enviarles archivos adjuntos de videos cortos de él dándoles las gracias personalmente.

Estos videos conllevaron a otros en los que él continuó tratando de hacer que el vino fuera accesible para todos mediante la publicación de breves clips instructivos sobre vinos y catas. Su comportamiento amistoso y accesible resonó entre sus espectadores y pronto descubrió que tenía una gran audiencia —lo que lo llevó a hacer un blog de videos en YouTube llamado *Wine Library TV* y al cambio eventual de su tienda de licores y vinos en Wine Library, una plataforma que ofrecía ventas en línea y un servicio de entrega de vino que hoy en día genera más de $60 millones de dólares en ventas anuales—. En la actualidad, Gary también es propietario de VaynerMedia, una agencia digital centrada en las redes sociales por medio de la cual les ayuda a las empresas a crear su perfil y su propia marca, siguiendo el procedimiento que él siguió con Wine Library; así mismo hizo con VaynerSports, una agencia de deportes de servicio completo; con una línea de calzado llamada K-Swiss; y con su propio programa de YouTube llamado *The #AskGaryVee Show*.

Quienes conocen a Gary lo describen como sencillo, realista y duro. Él es inmensamente consciente de sí mismo. Gary no suele mencionar que su camino hacia el éxito estuvo pavimentado con muchas percepciones sesgadas de otros hacia él, en especial, de aquellos que estaban en la industria del vino desde mucho antes que él. En realidad, Gary era un emprendedor poco convencional en el mundo del vino, debido a su falta de experiencia, a su juventud y a sus orígenes.

En todo caso, lo que le dio su ventaja a favor fue nunca pedir disculpas por quién él es y al mismo tiempo estar en sintonía con las percepciones de los demás para poder alinear sus fortalezas con las oportunidades que vio en su entorno externo y así conectarse e interactuar con sus clientes. Gary confió en sus fortalezas —una conducta informal y accesible— para establecer sus conexiones con clientes y proveedores. Supo orientar a los consumidores de vino de maneras que otros desconocían. Los deleitó con su perspectiva sensata y a la vez atrevida acerca del vino y los enriqueció con nuevos estilos de experiencias con sus productos.

• • •

Al escuchar la historia de Gary, parece simple. Sin embargo, Gary no encajaba. No formaba parte de la élite del vino. Con frecuencia, cuando nos enfrentamos a situaciones como la de Gary, sintiéndonos fuera de lugar o incompetentes, tratamos de fingir que encajamos hasta que de verdad lo logramos.

Recuerda que *todos tenemos algo* positivo de lo cual damos qué hablar. Y a la vez, todos hacemos toda clase de percepciones y opiniones sobre los demás —y a largo plazo, entrar en un concurso sobre quién tiene más privilegios que quién no nos conducirá a nuestro propio éxito—. Así que, a nivel macro, fingir lo que no somos solo nos proporcionará un valor temporal que no perdurará y que lo único que terminará es haciendo más duradero un sentimiento que, sin lugar a duda, nos retiene y nos retrasa: el sentimiento de incertidumbre y duda con respecto a nosotros mismos. El miedo a ser estereotipados tiende a ser más fuerte que el que somos capaces de canalizar y es así como comenzamos a anticipar situaciones en las quizá no seamos tan valorados como deberíamos ser, lo que a su vez nos lleva a experimentar mayores dudas acerca de sí mismos.

Eso fue lo que yo experimenté hace años en todas esas clases de ingeniería, siendo una de las únicas cuatro mujeres que nos especializábamos en ingeniería eléctrica, donde, como era apenas obvio, ninguna de nosotras encajaba 100% con la personalidad masculina y, sin embargo, todas tratábamos de representar ese papel sin saber ni porqué. Quizá, para ser aceptadas como ingenieras.

Los académicos han encontrado este mismo tipo de postura en las mujeres que se desenvuelven en el campo de las matemáticas, así como en mujeres y en ciertas minorías en su lugar de trabajo, encontrando que, si bien esa posturas que adoptamos con el enorme deseo de ser aceptados nos proporcionan un respiro temporal, a largo plazo, terminan teniendo efectos negativos sobre las percepciones que tenemos de nuestro propio desempeño.

• • •

Y así, fue por accidente que descubrí mi propia versión personal de mí misma (o como dice una muy buena amiga mía, la manera que ella encontró para comportarse con la confianza propia de un "hombre blanco mediocre"). En otras palabras, encontré mi propia forma de enmarcar mis interacciones cuando me encontraba en esas situaciones en las que la cultura, las normas y el entorno eran dictados por la "élite" —o tratando de encajar pretendiendo ser otro tipo de persona diferente a mí misma (mi versión favorita y más reciente de una instrucción a seguir en estos casos es "actuar como Oprah": procura actuar como creas que actuaría Oprah), a alguien que, simplemente, no soy.

Eso era especialmente cierto en mi caso, como descubrí al principio de mi carrera. Reconociendo que actuar como alguien que no era (bien fuera un hombre blanco mediocre u Oprah), tenía la tendencia de meterme en problemas y, simplemente, me había rendido. Comprendí de manera muy agobiante que, cuando actuaba como un hombre —o como yo pensaba que actuaría un hombre cuyo actuar era estereotipado—, recibía rechazo. La gente me percibía como una persona agresiva y sin nada que mostrar, ni aportar.

Acababa de comenzar un nuevo trabajo y un mentor de confianza me había dicho que en mi nuevo cargo era fundamental para mí ser profesional en la creación de redes y hacer conexiones con quienes ocupaban cargos de poder. También me aconsejó que me acercara a mis colegas, fuera asertiva y los invitara a tomar un café. Así que seguí sus consejos y me las arreglé para hacer algunas conexiones y establecer algunas reuniones para tomar café.

Sin embargo, después de algunos de estos encuentros, noté que las interacciones se sentían superficiales, como si yo realmente no estuviera conociendo a estas personas. Todas me ofrecían el mismo tipo de consejo superficial y me parecía que teníamos las mismas conversaciones una y otra vez: me manifestaban que estaban contentos de tenerme, que la compañía les brindaba oportunidades maravillosas a quienes trabajaban duro y que por esa razón me darían asignaciones extremas y que conocería a mucha gente. En realidad, no sentía que estuviera haciendo conexiones significativas con ninguna de estas personas.

Y sin embargo, a mi alrededor, escuchaba a mis colegas decir cosas como que tal y tal VP "me invitó a este increíble lugar de sushi y me conecté 100% con el equipo de tecnología" o que tal director o gerente "me invitó a unirme a él en la reunión de la entrega de premios de ventas" e incluso decían cosas como: "Oh, tengo un malestar horrible. Anoche estuve tomándome unos cuantos tragos con tal o cual jefe sénior hasta las 3:00 de la mañana".

Para mí era claro que no estaba siendo tan competente como creía en mis interacciones. Y una vez más, recibía consejos como: "Tienes que hacer eso —invitar a la gente a almorzar, a tomar algo— y no solo a las reuniones habituales para tomar café". Pero en el fondo de mi mente, recuerdo haber pensado: "¿Yo? ¿Una joven asiática haciendo eso? ¿Debía invitar a mis colegas masculinos en cargos superiores al mío a tomar algo?". No había forma de que eso sucediera. Yo sabía que no había manera en que yo hiciera tal cosa.

Sin embargo, unas semanas más tarde, descubrí que yo también tenía la capacidad de establecer conexiones con los líderes superiores de mi organización —conexiones auténticas, incluso más de lo que yo misma había imaginado—. Resulta que me habían programado para hacer una presentación durante un ciclo de conferencias de la industria y tenía que tomar un vuelo bien temprano en la mañana para llegar allí. No fue hasta que aterrizamos y me bajé del avión que vi que el vicepresidente sénior de la división a la que yo pertenecía viajó en mi mismo vuelo.

Ante esto, me le acerqué, le dije hola y le pregunté si había volado para la misma conferencia y si planeaba asistir o si estaba en la ciudad por otros asuntos. Él me indicó que asistía a la misma conferencia y luego me preguntó: "¿Cómo vas a hacer para llegar al centro de conferencias?". Le respondí que iba a tomar un taxi, a lo que él agregó: "Oh, yo tengo un conductor que viene a recogerme". (Por supuesto que lo tenía. Yo también tenía un conductor que venía a recogerme… solo que mi conductor trabajaba para una compañía de taxis y en cambio su conductor era privado y trabaja solo para él).

Sin embargo, me ofreció: "¿Quieres irte conmigo?".

En el transcurso del viaje, que duró 45 minutos, conversamos y pude darme a conocer un poco más, solo que fue dentro de un terreno neutral en el que me sentí segura y cómoda. No fue en un restaurante, ni en algún bar, donde yo habría sentido la necesidad de que ese tiempo valiera la pena para él; donde además habría sentido la necesidad de impresionarlo, de ser interesante o perspicaz para no sentirme mal por invitarlo a tomar algo. O donde lo más probable es que habría sentido que tenía que tener alguna especie de agenda o propósito (que fuera clara para él). En cambio así, en el taxi, me sentí yo misma.

No había presión de tiempo, ni ninguna reunión a la que él tuviera que acudir a toda prisa. Más bien, estuvimos conversando muy animados durante 45 minutos y disfrutamos de ese rato de conversación, la cual fluyó de forma natural, como están destinadas a ser las conversaciones cuando estás tratando de conocer a alguien sin tener que llevar una agenda específica. Le pedí consejo sobre cosas que surgieron orgánicamente; fui ingeniosa y dejé que mi sentido del humor también fluyera. Por su parte, él vio que yo era una persona inteligente y perspicaz y tuvo la oportunidad de conocer mi personalidad un poco más de cerca.

Ya en la conferencia, a pesar de que él estaba corriendo entre reuniones, se tomó el tiempo para ver los últimos 10 minutos de mi presentación y luego se acercó a mí para decirme lo bien que él pensaba que me había ido. Me dijo que yo era una presentadora innata. Unas semanas después, me invitó a hacer una presentación frente a su equipo interno. Y hasta el día de hoy, él sigue siendo uno de mis mentores más cercanos y de mayor confianza.

Historias como esta y la de Gary, de Wine Library y VaynerMedia, son las que espero que recuerdes cuando pienses en orientar las opiniones que los demás tienen sobre ti. Gary no pretendía ser un elitista del vino típico y presumido, ni yo tampoco estaba intentando ser como algunos de mis coterráneos que hacen cocteles de sake. No podemos tratar de hacer siempre lo que pensamos que los demás quieren que hagamos, porque no tenemos idea de cómo hacerlo, ni sabemos a ciencia cierta qué es lo que ellos quieren, ni ellos tampoco lo saben. Más bien, tenemos que ser oportunistas en el buen sentido de la palabra y también astutos a la hora de aprovechar las situaciones que nos permitan demostrar quiénes somos sin sentir que tenemos que pedir disculpas por ello, sino mostrándonos con total autoconfianza.

Guiar a otros no tiene por qué ser un trabajo arduo o doloroso, como tampoco un acto que te saque de tu zona de confort. Míralo como un simple subproducto y como una extensión orgánica de tu entorno. Deja que las cosas te funcionen, sobre todo, cuando se trata de orientar a quienes te conocen para que tengan las mejores percepciones y opiniones sobre ti.

Principio 11

Orienta a quienes están a tu alrededor para conozcan a ciencia cierta lo que hay dentro de ti y en todo lo que te rodea.

CAPÍTULO 12

Cuando dos puntos marcan una trayectoria

Tienes el poder de decir: "No es así como va a terminar la historia".
—**Cindy Eckert**

No es solo a ti, ni quién tú eres como individuo lo que otros juzgarán. También juzgarán tu andar —la trayectoria que hayas recorrido, de dónde vienes y hacia dónde creen ellos que vas.

Con frecuencia, se espera que la trayectoria de un académico obedezca a un modelo de aprendizaje determinado. Los mentores toman a los estudiantes bajo su dirección, les enseñan su oficio y luego los liberan en un mundo de academia y oportunidades económicas ilimitadas.

Por mi parte, tuve la suerte de conseguir mi primer cargo académico después de aquella agradable cena en compañía de

Raffi y Mac, como recordarás. Pero la parte de esa historia que dejé sin contar fue el motivo que me condujo a hacer parte de aquel proceso de selección.

Resulta que, para ese nivel de cargo académico, antes de que siquiera te inviten a visitar la escuela, hay una etapa de preparación de cuatro a seis meses —una fase en la que debes demostrar que eres un aprendiz bien entrenado—. En mi campo, las ciencias organizacionales y del comportamiento, cuando estás en el último año de tu programa de doctorado, te lanzas "al mercado" y comienzas a buscar un puesto de posdoctorado o uno académico en un colegio o universidad.

En este proceso, existe una tonelada de elaboración de estrategias y preparación previa. Meses antes, se nos recomienda que comencemos a preparar el portafolio de credenciales que en algún momento enviaremos a todas las facultades y universidades a las que nos postularemos. Este portafolio debe incluir un currículum vitae, varias muestras de artículos y otros documentos que hayamos escrito, una descripción de la investigación que estemos haciendo y que justifique la importancia de la razón por la que ganamos nuestra beca, una declaración de enseñanza que describa nuestra filosofía pedagógica y varias cartas de recomendación.

Antes de enviar solicitudes y paquetes formales, los estudiantes también asistimos a la conferencia académica de nuestro campo, la conferencia Academy of Management, a la que asisten más de 10.000 personas cada año. En esta conferencia, los estudiantes formamos parte de eventos de networking, comenzamos a programar algunas entrevistas iniciales con algunas de las escuelas que nos interesan y tratamos de hablar con tantas personas como nos sea posible. Los estudiantes que están en el mercado son fáciles de identificar —son los que visten trajes de negocios completos en tanto que todos los demás vestimos de manera mucho más informal.

En el año que yo me lancé al mercado, mi querida consejera (la maestra de esta humilde aprendiz) se propuso darme un consejo en particular: "Sé la reina del baile".

Recuerdo que la miré y pensé: "Espera un momento, ¿ese es el único consejo que vas a darme?". En los cuatro años que pasé trabajando con ella, nunca había salido de una reunión sin toneladas de sus consejos sobre mi investigación: qué mejoras debía hacer, en qué debía trabajar, cosas en las que debería pensar, cómo organizar mi información. Cada manuscrito que le enviaba a mi asesora me era devuelto con páginas y páginas de comentarios, cosas tachadas en rojo, notas y comentarios en los márgenes de cada página, garabatos de revisiones y sugerencias y aspectos en los cuales pensar. En cambio, para el proceso en el que estaba a punto de embarcarme, que sería la culminación de mi doctorado, ¿lo único que ella tenía para aconsejarme se reducía a que "fuera la reina del baile"?

Entonces, balbuceé con gran incredulidad: "¿Sé la reina del baile? ¿Qué significa eso?". Necesitaba una aclaración de su parte. Su respuesta fue: "Todo el mundo quiere salir con la reina del baile". Y habiendo dicho eso, me dejó a mi suerte.

• • •

A decir verdad, en la vida real, yo estaba lejos de ser la reina del baile. Y además, estaba lejos de ser el equivalente de la reina del baile en ciencias sociales. Verás, la principal carta de presentación que tienen los académicos ya en el campo laboral son sus publicaciones, de las cuales yo no tenía ni una. ¡Publica o muere, bebé! Para cuando los estudiantes de doctorado salen al mercado es normal que ya hayan hecho varias publicaciones, o por lo menos, una, y ojalá en una revista de primer nivel. Ellos son los que atraen la mayor atención de las universidades; los que consiguen los mejores cargos académicos.

En ocasiones, en lugar de publicaciones de primer nivel, los comités de búsqueda ponderarán significativamente la calidad de la institución de la que el aspirante al cargo está recibiendo su doctorado, como una señal de que tiene las habilidades académicas para publicar en revistas de primer nivel, incluso si todavía no lo ha hecho. Y existe una clara jerarquía de estas instituciones de investigación. Por lo general, las escuelas como MIT, Stanford y Yale se consideran universidades de primera línea, pero conocidas universidades públicas de investigación como la Universidad de Michigan, UT Austin y la Universidad de Carolina del Norte también tiene una inmensa influencia.

El hecho era que yo no tenía a mi favor ni siquiera una publicación a mi nombre, ni una escuela de alto nivel que me respaldara. Mi doctorado sería de UC Irvine, que a menudo, no figura ni en la lista de las 50 principales instituciones de investigación[1].

Por todo esto, me preguntaba por qué mi asesora sentía que yo tenía el derecho a ser la reina del baile. Quizás, era que ella se estaba comportando como una madre; toda madre piensa que su hija es la más linda de la clase y que debería ser la reina del baile, ¿verdad?

Los consejos de mi asesora siguieron atormentándome, inclusive cuando comencé a establecer contactos y a reunirme con personas en la conferencia de Academy of Management. Fue allí donde conocí a la realeza del baile de graduación, por así decirlo: un puñado de hombres y mujeres con las mismas aspiraciones que las mías, pero que ya habían hecho varias publicaciones de primer nivel, que estaban siendo contactados e invitados a cenar por profesores de las mejores escuelas y que además tenían todo el carisma necesario para cautivar a todos a su alrededor.

En ese instante, aparte de darme cuenta que era un hecho que yo *no* era la reina de aquel baile, también entendí que varias escuelas estaban haciendo charlas personalizadas, solo por invitación, con aspirantes que ellas sabían que estaban en el mercado. Así que mis intentos por relacionarme con la gente de estas escuelas serían, en el mejor de los casos, débiles.

Esa misma noche, cuando volví a ver a mi asesora, ella me preguntó: "Bueno, ¿fuiste la reina del baile?", a lo cual respondí: "No, pero *sí* conocí a la reina del baile". A ella le hizo gracia mi respuesta y luego continuó explicándome que no importaba que yo no viniera de la mejor institución, porque estaba bien capacitada. Mi asesora no creía que nada de eso debería interponerse en mi camino y estaba convencida de que yo tenía todas las capacidades necesarias para hacerlo tan bien y hasta mejor que otros candidatos. No importaba que yo no tuviera la mayor cantidad de publicaciones (o ninguna), porque hasta el momento, esa no era mi trayectoria, ni tampoco la trayectoria que ella creía que yo *seguiría*.

Ella esperaba que yo entendiera que, si bien yo no había tenido la trayectoria normal que se espera ver en un estudiante de doctorado —en la que trabajas duro, haces un progreso constante y luego tienes un artículo o dos para mostrar—, tampoco había tenido la tradicional trayectoria de aprendizaje. El mío no era el modelo de una trayectoria *ascendente y constante* de alguien que es contratado por alguien famoso cuando todavía es alumno, pero ya está preparado para producir cierto tipo de trabajo y demostrar que es más que competente para mostrar magníficos frutos de ese trabajo.

"Pero eso es lo que te hace poco común", comentó ella. "Lo que te hace especial, lo que te convierte en la reina del baile —en alguien que genera el interés, la demanda y la atención de todos, en una candidata con un aura especial—. La tuya es una trayectoria *diferente* y poco común. Orienta a la gente para que sepa apreciar *eso* en ti, tonta". (Bueno, esto último no lo dijo).

No dejes que los demás hagan suposiciones sobre ti. Mejor, dales los puntos de unión que ellos necesitan para así dibujarte como *tú* deseas que ellos te vean. Infórmales sobre tu potencial en lugar de hacerlos adivinar.

Mi recorrido, mi trayectoria, fue de tal modo que no me dijeron qué hacer, sino uno durante el que me dieron apoyo y aliento para explorar mis propios intereses y puntos de investigación. Mientras a otros se les *dio* un proyecto apasionante, yo tuve que descubrir el mío, teniendo que salir yo misma a luchar para descubrir algún fenómeno por explorar. En su momento, yo misma tuve que responder una pregunta sin respuesta que antes no tenía solución: el papel de la intuición en las decisiones de inversión empresarial —un tema que, en gran medida, iba en contra de la teoría económica tradicional, de las finanzas empresariales y que nadie más se había atrevido a estudiar—. Y como resultado, produje una de las disertaciones más novedosas e interesantes que existen.

En conclusión, mi trayectoria no fue la más brillante, ni la más bonita, pero sí me ofreció algo muy especial y único: el hecho de que nadie más la había recorrido, como tampoco la historia, ni la investigación, ni los resultados que yo tuve para aportar.

• • •

Ahora, ya sabes cómo termina esta historia —cómo terminé asistiendo a una cena en Filadelfia y cómo al final obtuve mi primer cargo académico—. Lo que no te he dicho todavía es que terminé sentándome en el cargo de uno de esos profesores famosos, de quien recuerdo que solía beber, salir a cenar y a cortejar chicas. Años más tarde, él mismo me dijo que la razón por la que me contrataron fue porque me veían como un "trabajo en proceso de evolución" —alguien con una forma fresca, nueva y distintiva de ver la Literatura, con una trayectoria asombrosa y con toneladas de potencial—. En esencia, lo mismo que me había dicho mi asesora.

Descubrí que ser la reina del baile realmente consiste en reflejar algo especial. Se trata de mapear y explicar de dónde vienes y hacia dónde te diriges, de tal manera que sepas guiar a otros a que comprendan tu valor. Con demasiada frecuencia, tratamos de seguir trayectorias que otros han tomado, utilizándolas como una hoja de ruta para encontrar el éxito y tratando de acomodar de cualquier modo nuestras propias experiencias en el modelo estándar de lo que muchos piensan que es una trayectoria. Pero si yo hubiera intentado venderme a mí misma con la misma trayectoria que otros suelen encarnar, pero sin haberla recorrido, las cosas me habrían salido terriblemente mal.

. . .

¿Qué pasa con las trayectorias? ¿Por qué son importantes? Primero que todo, porque el hecho de poder comunicar tu trayectoria con total claridad te permite orientar a las personas hasta que comprendan de manera coherente y significativa quién eres. Algunos la llaman una narrativa personal, pero yo creo que es más que eso. Una narrativa transmite una anécdota, una moraleja, una lección rápida, como la que obtendrías de una de las fábulas de Esopo. Por otro lado, una trayectoria te permite dibujar una imagen más rica acerca de dónde estás y de dónde vienes, quién eres como persona y qué pueden esperar los demás de ti. Tu trayectoria te permite comunicar lo que *a ti* te parece importante que otros sepan. Te da la oportunidad de hacer un compendio de información fáctica sobre *tus* tangibles e intangibles; *tú* eres quien lo construye. No los demás. Eso es importante. Siempre habrá personas que intentarán proyectar una descripción sobre ti, que intentarán decirte quién creen ellas que tú eres, basándose en señales que captan, en detalles que notan y en sus propios prejuicios. Por esa razón, cada vez que tomas el control de la trayectoria que has experimentado, ese es el equivalente a tomar el volante y construirles la secuencia que quieres que ellos sigan, antes de que tengan la oportunidad de construirla ellos mismos.

Los ubicas en el punto específico que *tú* quieres, en lugar de permitirles que sean ellos quienes construyan una visión de ti en la que podrías necesitar gastar toda tu energía logrando que ellos piensen diferente e intentando demostrarles lo contrario.

En últimas, eso fue lo que hice con los comités de búsqueda de empleo. En lugar de dejar que me descartaran, porque no había hecho ninguna publicación, tomé el volante y les comuniqué cómo mi trayectoria me había llevado a contribuir en una investigación novedosa, nunca antes vista. Así, los profesores superiores fueron más allá de sus percepciones iniciales, superando la incertidumbre y evadiendo riesgos que habrían descalificado a una candidata de una universidad de nivel inferior, todo para comprender cómo yo sí podía ser ese diamante en bruto que ellos buscaban.

De esta manera, una trayectoria clara y bien presentada también te permite ayudarles a otros a comprender tu valor y lo que tengas para aportarles. ¿Qué quieres que la gente sepa sobre tu trayectoria, sobre dónde has estado y hacia dónde vas? ¿Qué tiene tu trayectoria que les ayude a las personas a comprender tu potencial y tu capacidad de aportarles valor?

Procura ayudarles de inmediato a comprenderlo, a que entiendan quién y cómo eres y en qué consiste tu valor potencial. No tendrás que elaborar un razonamiento complejo de cómo vas a hacer para llegar del punto X al punto Y, porque tu historia les permitirá a ellos dar ese salto por sí mismos, en tanto que tu trayectoria les proporciona los asideros y la lógica que les permita conocerte por sí mismos, lo cual no solo es más poderoso, sino también más memorable.

Por último, una trayectoria adecuada contribuye a generar interés y compromiso. Tú ya has guiado a otros para que vean tu potencial de crecimiento y los has preparado sobre cuál podría ser tu trayectoria futura. Comunicar eficazmente tu trayectoria les permite a los demás conectar lo que estás diciendo con un contexto más amplio. No te equivoques, tu descripción y tu trayectoria son tuyas, motivo por el cual les parecerá original y distintiva a los demás, pero con solo dibujar una imagen de dónde has estado y dónde estás ahora permites que la gente incorpore lo que estás diciendo en contextos más amplios que a ellos les interesen.

...

Entonces, ¿cómo haces para captar y reconocer tu trayectoria y la esencia de ella que te dará tu ventaja? Se trata de analizar cuál y cómo ha sido el camino que has tomado hasta ahora y cuál y cómo será el que pretendes seguir en el futuro. Existen muchas trayectorias diferentes, como *la trayectoria de ascendente constante de la que hablamos o la de la distancia recorrida o la de una segunda oportunidad*, como veremos pronto, pero estas son solo algunas. La tuya puede ser alguna variación de estas o una 100% diferente. Daniel Bertaux y Martin Kohli, sociólogos que examinan el uso de historias de vida y narrativas autobiográficas, observan que no existe un conjunto completo de arquetipos para describir la trayectoria de cada uno, sino que existen dos tendencias principales. La primera, se centra en el significado y los patrones; la segunda, se centra en lo que le dio forma a estos patrones dentro del medio social. En otras palabras, en la lógica *y* en un paradigma más amplio. Tu trayectoria debe brindar una descripción de los detalles sobre ella que realmente importan, pero si no sabes cómo encaja cada detalle en la historia general de lo más destacado de tu trayectoria, ni lo comprendes muy bien, entonces, tampoco sabrás comunicarlo de manera efectiva. Pero comunicar tu trayectoria no se trata solo de contar historias, ni de que estas sean lindas. Para precisarla, debes comprender y apreciar las desventajas, desafíos y obstáculos subyacentes que enfrentas y has enfrentado, así como el camino en curso en el que te ves a ti mismo.

La trayectoria de mi amiga Beatriz está basada en lo lejos que ella ha llegado, desde ser contadora hasta llegar a Louis Vuitton, al parecer, sin esfuerzo. Cuando conocí a Beatriz, el primer día de nuestro programa de MBA, me sorprendió de inmediato lo serena que estaba, vestida con un estilo muy suyo —profesional y práctico, pero discreto y elegante a la vez—. Solo unos meses después, supe que ella creció en un pueblo rural muy, pero muy pequeño, ubicado en España, donde pasó su infancia ayudándole a su familia a cultivar tierras. Hasta el día en que se fue, nunca se había aventurado a salir a más de 35 millas fuera de su ciudad, ni mucho menos había abandonado su país.

Había logrado bastante cuando dejó España, según los estándares de su ciudad, después de haber recibido una formación básica en contabilidad e incluso conseguido un trabajo como recepcionista en una de las oficinas más grandes de la ciudad vecina. Pero un día decidió que se iba a mudar a Alemania, un país que siempre había soñado conocer. Para ella y sus amigos, aquel era un lugar que ofrecía oportunidades más grandes que las que tendrían si se quedaban en su ciudad natal e incluso mayores que lo que fuera que España les pudiera brindar en ese momento.

Así las cosas, Beatriz ahorró, se arriesgó y se mudó a Múnich. Allí, comenzó a presentar entrevistas de trabajo en alemán con tal de ubicarse en algún lado lo más pronto que pudiera. Las primeras entrevistas fueron, como era de esperar, bastante desastrosas (y, como ella lo cuenta, bastante graciosas), ya que ella no hablaba nada de alemán e incluso si sus entrevistadores hablaban español, no lograba pasar la entrevista. Pero ella estaba decidida a enfrentar la situación y se mantuvo firme aun reconociendo su deficiencia en el idioma. Entonces, se dio cuenta que cuando les decía a sus entrevistadores que era de España y que apenas estaba aprendiendo alemán, ellos hablaban la mayor parte del tiempo y hasta parecían disfrutar haciéndolo. Como cuenta Beatriz: "Comencé a notar que algunas de las preguntas eran las mismas y los escuchaba hablar sobre sus empresas. Además, noté que ellos mismos casi respondían las preguntas".

Mientras tanto, ella escuchaba. Luego, comenzó a memorizar ciertas frases, sin saber siquiera qué significaban. Descubrió que, casi por instinto, en la siguiente entrevista, ella repetía algunas de esas frases que recogía aquí y allá, solo para seguir el ritmo de la conversación. "Muchas veces, ni siquiera sabía qué era lo que estaba diciendo. Solo trataba de unir palabras y oraciones, cosas que había escuchado y que me parecía que sonaban bien", comentó.

Eso a la gente le parecía encantador. Ella estaba asombrada. Lo único que hacía era tratar de comunicar su propia interpretación de lo que apenas medio entendía y la gente la felicitaba por correr ese riesgo. Beatriz recuerda: "Me decían que yo era diferente. Una persona incluso me dijo que estaba segura de que yo llegaría muy lejos en la vida".

En otras palabras, Beatriz comenzó a darse cuenta que la gente la quería. Para ser más concreta, la gente tenía en cuenta *la distancia de la trayectoria recorrida*. Cuando le pedían que les hablara de sí misma, Beatriz los guiaba a lo largo de su trayectoria: les contaba que venía de un pequeño pueblo de España, pero teniendo la valentía, la entereza y la autoconfianza de no solo decirlo en una lengua extranjera, sino además imprimiéndole a la conversación su propio sabor, aplomo y sofisticación.

Por fin, un día tuvo una entrevista en una empresa de la que ella nunca había oído hablar: Goldman Sachs. La compañía buscaba una recepcionista en su área de gestión patrimonial privada. En el momento en que ella puso un pie en la empresa, supo que lo que querían era una recepcionista que fuera profesional y con experiencia, segura y elegante, así que ella guio a los entrevistadores a lo largo de su trayectoria, encadenando frases que sonaban bien, incluso sin hablar alemán con fluidez. A ellos les encantaba que Beatriz pudiera improvisar y encantar sin dominar el idioma y, de hecho, les parecía que esa era una gran ventaja, sobre todo, con su base de clientes, muchos de los cuales tampoco eran hablantes nativos de alemán. Como resultado, consiguió el trabajo.

Beatriz resultó una recepcionista espectacular. En un año, la promovieron a analista —era la primera vez que promovían a una recepcionista a un puesto de primera línea—. Su gerente argumentó que ella había hecho un gran progreso y que seguía mostrando autoconfianza, valor, aplomo y sofisticación una y otra vez —es decir, su trayectoria—. Y luego, poco después, fue ascendida a asociada de ventas en gestión de patrimonio privado. Le dieron la oportunidad de aceptar asignaciones exigentes en Frankfurt, Nueva York, Miami y Suiza.

Pronto, dejó Goldman Sachs para hacer su MBA, que fue cuando nos conocimos. Beatriz quería hacer su incursión al mundo de los artículos de lujo, lo que resultó ser difícil, aunque esa industria requiere de las mismas cualidades que ella había estado construyendo a lo largo de toda su trayectoria. El hecho es que, cuando nos enfrentamos a nuestra inminente fecha de graduación, ella todavía no tenía trabajo. Sin embargo, mientras otros que tampoco tenían trabajo iban acelerados de aquí para allá en busca de oportunidades de empleo, ella se recordaba a sí misma que lo que estaba experimentando era aquello que ella había presagiado en el pasado, durante los primeros días de su trayectoria. En lugar de no hablar alemán, esta vez no "hablaba" artículos de lujo.

Tres meses después, recibió una oferta de LVMH (Louis Vuitton) como su gerente de artículos de piel para mujer con base en París, en Maison Champs-Élysées. Beatriz comenzó en el área de ventas administrando asociados de ventas, pero no sorprendió a nadie cuando se convirtió en la directora de la tienda de Louis Vuitton en Mónaco, siendo responsable de los objetivos trazados con respecto a los ingresos y la rentabilidad de la tienda, así como de marketing local, operaciones, recursos humanos y gestión de equipos, y más tarde también asumiendo la responsabilidad de Louis Vuitton en Milán, gestionando relaciones con clientes privados y eventos con clientes.

...

Su trayectoria le ayudó a Beatriz a comunicar una descripción importante de quién ella es: valiente, arriesgada, sofisticada y equilibrada en cualquier circunstancia. Sí, partió de un comienzo humilde. Sí, lo más seguro es que a veces sintió que tenía que trabajar el doble de duro que los demás. Pero como ella me comentó en múltiples ocasiones, todo eso era irrelevante. La gente ni siquiera nota (o se preocupa por) el esfuerzo. Al principio de su recorrido, no faltaron quienes la juzgaron igual que a todos los demás como si todos comenzáramos en la misma línea de salida. Sin embargo, lo que cambió su vida fue su forma de comunicar y administrar su trayectoria. Fue su trayectoria la que enamoró a los demás, al notar que ella había llegado muy lejos con muy pocos recursos (y a pesar de muchos obstáculos) y aun así fue capaz de hacer evidente su estilo de sofisticación —la misma característica que sus entrevistadores valoraron y apreciaron y que la condujo por el camino del éxito.

Para otros, no se trata de tener un origen humilde y mostrar la distancia que ellos han logrado recorrer. El mundo puede ser cruel a veces, y alguien como Dave Dahl —cuya trayectoria se basa en lo que alguien es capaz de lograr al recibir una segunda oportunidad en la vida— puede afirmar que fue la historia que él cuenta gracias a una segunda oportunidad la que se convirtió en su ventaja.

Dave pasó 15 años entrando y saliendo de prisión por abuso de drogas, robo y asalto. Estaba etiquetado como un exconvicto y un fracasado. Pero su identidad no siempre estuvo tan estrechamente ligada a esas etiquetas. Dave recuerda los días de su infancia en que descubrió que tenía un don muy especial para hacer pan y eso lo llevó a decidir que trataría de convertir esa habilidad en parte de su salvación: haría panes nutritivos, naturales y llenos de semillas, nueces y granos[2] y poco a poco trataría de recuperarse. ¿Cuál era el único problema? Que observaba que la gente reaccionaba a su cola de caballo, a su voz grave y a su comportamiento en general. Además, comprendió que comenzar una empresa de pan sería un camino difícil. Así que la trayectoria de la distancia recorrida no funcionaría en su caso. Pero podía hacer otra cosa: podía reconocer sus fracasos y presentar su propia trayectoria. Entonces, comenzó su empresa, llamándola Dave's Killer Bread, con la descripción de la empresa reflejando la trayectoria de su vida:

> En Dave's Killer Bread, hemos sido testigos del poder de Second Chance Employment: contratar a personas que tienen antecedentes penales y están listas para cambiar su vida para bien. Esta entidad les da a las personas una segunda oportunidad no solo para ganarse la vida, sino también para ganar en la vida.
>
> Sin oportunidades de empleo, quienes tienen antecedentes delictivos suelen recurrir a la única vida que conocen: una vida de delincuencia. Nosotros queremos cambiar eso.

Dave orientó no solo a los inversores, sino también a los minoristas y clientes para que vieran por qué su trayectoria garantizaba el valor y el poder de una segunda oportunidad. Así que convierte tu segunda oportunidad en tu ventaja y hazlo con agallas. Recuerda que el 75% de la gente que alcanza grandes metas proviene de familias con problemas —del tipo de familias que han tenido éxito en una segunda oportunidad.

Aprovecha esa segunda oportunidad que te haya dado la vida y aprende a orientarla. Describe tu fracaso, tu trayectoria, hazlo sin amargura: "Ha sido un viaje increíble". "Aprendí un montón". Presenta cada falla como temporal, como una estación de paso hacia el éxito.

...

Existen muchas trayectorias y muchas formas de presentar tu propia trayectoria. Aquí, hemos hablado de algunas, pero esta es mucho menos que una lista completa. No hay un camino que sea "mejor" que otro, porque tu ventaja proviene de saber reconocer cuáles son esas opiniones que otros tienen sobre ti en función del camino que has tomado y del camino que pretendes tomar, así como de saber orientar dichas opiniones.

La forma en que narras tu trayectoria personal te ayuda a explicar quién eres de una manera convincente, de tal forma que los demás la comprendan y se sientan impactados por ella. La gente está tratando de adivinar tu potencial futuro basándose en tu trayectoria pasada. En última instancia, no existe una trayectoria correcta o incorrecta. El único error que puedes cometer es no tener ninguna trayectoria en mente. Entonces, si no compartes tu propia crónica de quién eres, quienes están a tu alrededor te asignarán una. Tendrás que asumir cualquier descripción sobre ti mismo *que otros hagan*, dictada por sus prejuicios, percepciones y opiniones. No dejes que nadie distinto a ti escriba su narrativa sobre ti; más bien, *escribe tu propia narrativa* y guía la opinión de los demás con respecto a ti. Asegúrate de tener un relato básico de tu trayectoria, elabora tu propia narrativa y, al trazar tu historia, no dudes en hacer brillar todas tus experiencias pasadas, incluso las desventajas, los desafíos y los obstáculos que hayas enfrentado. Tu pasado no es algo que debas lamentar; debería ser otro de tus bienes o activos que le dan forma a tu ventaja única. Deja que tu pasado te haga mejor, no peor.

Principio 12

No se trata de dónde has estado, sino de a dónde vas. Orienta la forma en que los demás ven tu trayectoria.

PARTE 4

Esfuérzate

CAPÍTULO 13

Reforzando tu ventaja

"Siempre estás a una decisión de construir una vida totalmente diferente".
—**Autor desconocido**

Cuando estaba trabajando en Filadelfia, caminaba mucho, así que tenía las distancias cronometradas por minuto. ¿La caminata de mi oficina a Trader Joe's? Eran 12 minutos. ¿A la cafetería más cercana? Me gastaba 3 minutos. ¿De mi oficina a la estación de tren de Thirtieth Street? Se me iban 18 minutos.

Un día, nos visitó un orador. Cuando ya se iba, preguntó cuánto tiempo le tomaría llegar a la estación de tren si caminaba en lugar de tomar un taxi. Le dijimos que hiciera cuentas de 30 minutos, como para estar seguro.

"¿Y si soy un caminante rápido?", preguntó.

Casi al unísono, le respondimos tres personas diferentes. Uno de mis colegas respondió: "20 minutos"; otro colega respondió: "23 minutos", mientras yo dije, obviamente: "18 minutos".

Para sorpresa de este orador, ansioso por seguir su camino, mis colegas y yo comenzamos a debatir sobre la ruta que tomamos, los atajos que usamos, dónde había señales de tránsito más largas. Ninguno de los dos me creía que yo llegaba a la estación en 18 minutos.

Esto es lo que descubrimos. Primero, sí, era concebible que pudiera hacerlo en 18 minutos, según la ruta que yo tomaba y el enfoque específico que empleaba. "Exacta" puede parecer una forma divertida de describir mi caminata desde la oficina hasta la estación de tren, pero eso era exactamente lo que era.

Cuando comencé a caminar, era la primera vez que vivía en una gran ciudad y me encontré con que tenía que viajar bastante en el tren de cercanías que partía en la estación de Thirtieth Street. Así que, sin saber mi camino, y sin tener todavía un control de mi horario, perdí mi tren varias veces, pues estaba presupuestando 20 minutos de caminata.

Entonces, comencé a explorar atajos —tomando una calle que iba en diagonal que parecía ahorrarme algo de tiempo y dando la vuelta al campus de Drexel en lugar de atravesarlo me ahorraba más tiempo del que esperaba, porque no tenía que esquivar la gran cantidad de estudiantes de la zona.

Pero quizás el mayor ahorro de tiempo era leer las luces y las señales de tránsito. Así fue como al fin reduje la caminata a 18 minutos y hasta llegué a hacerla en 16 un glorioso día. Incluso con la misma ruta y la misma velocidad promedio noté que al leer las señales lograba que mi viaje fuera mucho menos demorado.

Miraba hacia adelante para ver qué señal había en el paso de peatones. Cuando mostraba una señal de alto, desaceleraba y conservaba mi energía. Cuando veía que quedaban 10 segundos en la señal de caminar, aceleraba, caminaba rápido y me aseguraba de cruzar ese paso.

Explicarles todo esto a mis colegas me hizo darme cuenta que hacer un *arduo* trabajo a tu favor no es diferente a mi enfoque — uno del que hablaré a continuación:

Dónde pongas tu esfuerzo marcarás la diferencia: identificando dónde deseas tomar las calles diagonales en lugar de las calles paralelas, dónde quieres dar la vuelta en lugar de atravesarte (incluso cuando a primera vista atravesar tiende a parecer más rápido), cuándo conservar y reducir tu ritmo y cuándo esforzarte, acelerar y avanzar al máximo.

...

A lo largo de este libro, he divagado con respecto a mis puntos de vista reales sobre el esfuerzo y el trabajo duro. He manifestado que el trabajo duro es fundamental. Y me quedo con eso. También he aludido a mi creencia de que el trabajo duro no habla por sí mismo —necesitamos trabajar duro, *además* de otras cosas.

Jamás pienso que decirle a alguien que trabaje duro y se esfuerce sea un mal consejo. Pero sí pienso que es un consejo demasiado obvio y elemental. No es muy útil, sobre todo, cuando se presenta como la panacea para conseguir un trabajo o recibir algún reconocimiento o cierta recompensa. Y, sin embargo, sigo escuchando a la gente dar este consejo y explicar que el trabajo duro fue la clave de sus propios logros. "Sigue trabajando duro. Sigue persiguiendo tus sueños. Verás que pronto obtendrás tu recompensa".

Todos sabemos que es un hecho que hay una multitud de razones por las que uno obtiene el resultado deseado. La suerte es una de ellas. El privilegio sistémico es otra. Y una ventaja es otra más. Aportar valor, agradar, guiar y esfuerzo: estos son los componentes para construir tu margen de ventaja.

Espero que la lectura de este libro te haya ayudado a ver cómo puedes construir tu propia ventaja para que tu arduo trabajo funcione más a tu favor, a pesar de cualquier privilegio, desventaja o prejuicio aparente que exista y que a lo mejor estés experimentando.

Cuando eres capaz de demostrar cómo enriqueces y aportas valor; cuando te abres las puertas siendo agradable y simpático hacia los demás; cuando sabes guiar las percepciones que otros tienen sobre ti, ahí es cuando tu arduo trabajo y esfuerzo funcionan en beneficio tuyo. Hay circunstancias en las que *parecemos* estar en desventaja de acuerdo con la sabiduría convencional y con estereotipos como el género, la raza, la etnia, la edad, la riqueza y la clase social —pero siempre es factible transformar todo esto para generar algún tipo de ganancia o recompensa, independientemente de cualquier ventaja o privilegio aparentes.

Tu esfuerzo debe robustecer la ventaja que estés construyendo para ti. Eso significa enfocarlo en aquello que te permita aportar valor, agradar y guiar —y además, necesitarás renunciar a la amargura y el resentimiento a los que muchos nos aferramos, debido a obstáculos, inconvenientes, desventajas y adversidades que hemos experimentado—. A lo largo de estas páginas leímos las historias de muchas personas y sus recorridos en medio de desventajas, menosprecio y prejuicios. Todos son ejemplos increíbles de cómo saber generar una ventaja contra todo pronóstico. También he compartido algunas de las mías y sé que en mi viaje de la adversidad hacia la ventaja me di cuenta de que crear un margen de ventaja a favor nunca es un ejercicio que se realiza una sola vez y listo. Mi ventaja y la tuya seguirán requiriendo una revisión de todos los matices que nos brindan nuestra capacidad única de aportar valor, agradar, guiar y esforzarnos.

● ● ●

Cuando dije que ser ingeniera fue mi carrera inicial, no estaba siendo del todo sincera. Claro, la mayoría de la gente consideraría la ingeniería como mi primera carrera, pero solo porque rara vez he compartido la que, en mi corazón, considero mi primera carrera.

Fue hace casi 20 años y acababa de terminar una maestría en ingeniería, sabiendo que lo más coherente sería hacer lo máximo posible con el título obtenido y por el que había trabajado tan duro. Además de trabajar para obtenerlo, había tenido que trabajar en varios empleos al mismo tiempo —un total de 20 horas a la semana construyendo servidores en IBM, además de trabajar en la oficina de vivienda de la universidad y en la biblioteca también de la universidad. Y, sin embargo, cuando me gradué, dudé en aceptar ese trabajo de tiempo completo que me ofrecieron en IBM, el cual me generaría más dinero del que yo jamás pensé que fuera posible obtener.

Como ya te he contado, siempre me sentí atraída por las matemáticas. Así que ya te imaginarás el horror de mi madre —que en ese momento, era una madre soltera que intentaba criar a dos hijos— cuando le dije que quería probar en el campo de la enseñanza de las matemáticas. Me dijo que yo tenía un título en ingeniería, no en educación. No tenía ni un día de experiencia en enseñanza en toda mi vida —ni siquiera como aprendiz de maestra, ni tampoco como tutora de mis pares, dijo. No tenía las credenciales necesarias como maestra—. Mi madre tenía razón en todos los aspectos.

Y sin embargo, como testimonio de lo fuerte e independiente que ella es como mujer, me apoyó cuando comencé a enviar correos electrónicos a todos los distritos escolares de la Costa Este. Recuerdo que recibí una sola respuesta positiva, de una escuela secundaria pública en Maryland que, inesperadamente, acababa de recibir la renuncia de uno de sus profesores, así que estaban en un aprieto y querían saber si yo estaría dispuesta a enseñar un curso llamado Matemáticas adjuntas. Pronto comprendí que este nombre era un eufemismo para "Matemáticas de recuperación" —un curso diseñado para estudiantes de noveno y décimo grado que estaban en la zona de peligro debido a su falta de habilidades matemáticas básicas—. Por lo tanto, ¿sería posible que empezara en los siguientes dos días?

Dije que sí. Dos días después, era maestra en la escuela. Aunque técnicamente era parte de un distrito escolar más grande que era considerado como bastante acomodado, los estudiantes de esta escuela en particular eran todo lo contrario. El área a la que servía esta escuela era única, porque tenía una gran afluencia de inmigrantes —que llegaban justo a ese distrito escolar para tratar de brindarles a sus hijos una excelente educación, pero solo podían permitirse vivir en esta área específica del distrito—. En mis clases, tuve estudiantes de Panamá, Gabón, Camboya, Vietnam, Tailandia, Argentina, Liberia, Filipinas, Nicaragua, Nigeria y muchos otros países. Muchas de las familias vinieron a Estados Unidos en busca de asilo político. La mayoría de los estudiantes estaba en el programa de almuerzo gratuito o reducido del gobierno.

Sé que no hay una gran historia en todo eso —yo no era Michelle Pfeiffer en *Dangerous Minds*, ni Hilary Swank en *Freedom Writers*, ni tampoco Robin Williams en *Dead Poets Society*— excepto que allí fue donde este libro comenzó a tener sentido para mí. Enseñar a esos niños fue una experiencia dolorosa que me llevó a tratar de comprender por qué algunos tienen una ventaja a su favor y a preguntarme cómo hacer para compensarla cuando no la tenemos. Una parte de mi corazón estaba dedicada a estos niños (y siempre lo estará, lo escribo entre lágrimas y nunca pienso en ellos sin lágrimas en mis ojos) y no había nada más que quisiera durante ese tiempo de mi vida que el hecho de que estos niños encontraran su ventaja.

Y sin embargo, los abandoné. Esa es la horrible verdad. Después de cuatro meses de enseñar matemáticas en aquella escuela secundaria, renuncié.

Uno de mis alumnos me envió esta nota poco después:

hola señorita huang acabo de tomarme el tiempo para leer su carta y es muy conmovedora y muy triste que ya no la tendré como maestra triste muy triste!

quiero darle gracias porque como le dije siempre sacaba E y D en matematicas pero ya no porque usted me enseñó que son faciles y muy divertidas.

bueno, la voy a echar de menos y espero que cambie de opinion sobre renunciar porque realmente apesta que se vaya del todo.

hombre, apesta saber que el ultimo dia que podremos verla va a ser el dia de los exámenes finales.

bueno, que le vaya bien

paz y amor,

Jimmy

Yo amaba a mis chicos. Pero me sentía frustrada con lo que estaba experimentando y con lo que mis estudiantes estaban experimentando —nos prometieron que el trabajo duro produciría recompensas, pero la realidad demostró lo contrario—. Me había cansado. Todavía no entendía el poder de crear una ventaja para proteger, amortiguar e incluso para luchar contra la frustración.

Todavía no sabía cómo ayudarlos a superar sus desafíos. Y en ese momento, ni siquiera creía que ellos *podrían* superarlos. Cuando tenía 22 años, yo todavía no estaba lista. Tal vez, era porque no me sentía lo suficientemente fuerte en mi ser emocional y mi egoísmo ejerció en mí la presión de hacer algo que otros considerarían más prestigioso que esa hermosa labor. Todavía lloro al pensar que los abandoné y que lo más probable es que dejé a más de unos cuantos sintiéndose frustrados.

• • •

Y luego, el año pasado, tuve un estudiante en mi clase de liderazgo en la Escuela de Negocios de Harvard llamado Rishabh, quien me recordó mucho a un estudiante que había tenido en mi clase de Matemáticas de recuperación.

Rishabh no sabía sobre mi experiencia previa como profesora en la escuela secundaria, ni sobre la amargura que he estado cargando durante años; de nuevo, rara vez, hablo abiertamente sobre esto —pero él me abrió su corazón por alguna razón y me contó que había crecido en la pobreza y lo difícil que fue la escuela para él—. Me habló de las noches en las que su familia salía a un restaurante y compartía un solo plato de comida para todos. Y admitió que sabía que los demás siempre tenían bajas expectativas con respecto a él. Debido a esto, siempre arraigado en el fondo de su mente estaba el sentimiento de que nada de eso era justo. Le hacía enojar y a veces su ira salía a flote, incluso sin que él se diera cuenta. "Esta amargura destiñó los colores con los que yo veía las cosas", me dijo.

Pero agregó: "Hasta que, en algún momento, decidí alejarme de ese sentimiento y esa amargura. Y hacerlo fue liberador. Y cambió todo". Rishabh evidenció el impacto que esa decisión tuvo en su vida, sobre todo, cuando se comparaba con sus padres, quienes aún se aferraban a esa amargura a tal punto que él no sabía si alguna vez serían capaces de olvidarla. Nostálgico, agregó: "Todos esos sentimientos negativos que ellos acumulan los impactan. Han afectado en gran manera su forma de vivir. Y eso me duele".

∴

Todavía pienso en Jimmy, y en todos ellos: Somrit, Tiffaney, Queenstar, Joseph (JJ), Francisco (Franky), Lincoln, Carlos y en muchos otros. Me pregunto dónde estarán y con un sentimiento de arrepentimiento en mi corazón espero con todo mi ser que todos estén bien, siendo muy felices en la vida.

Décadas después de dejar el aula de la escuela secundaria, de lo que finalmente me di cuenta es que el esfuerzo es un arma de doble filo. Es necesario, pues es la base de tu ventaja. Pero si te concentras únicamente en el esfuerzo sin el propósito de aportarles valor a los demás, ni de agradarles, ni de guiarlos, te frustrarás. Te frustrará trabajar tan duro y no cosechar resultados proporcionales a tu esfuerzo. Terminarás cegándote ante todo, menos a los prejuicios y las desventajas, y te paralizarás.

Así que, por mi parte, termino todo esto donde comenzó para mí. El pensamiento final que quiero dejarte es que las condiciones óptimas para crear un margen de ventaja son aquellas en las que ni la amargura, ni el arrepentimiento te detengan; más bien, deberán animarte. Recuerda que aun si tú fueras perfecto, el mundo no lo es. Reconoce y acepta esto y habrás comenzado a construir tu ventaja. El secreto es saber que la suerte está echada y que la vida no es justa. Pero tú, *además de todo*, trabaja duro y más duro, sin tener en cuenta lo que pueda pasar. No dejes que el éxito te defina, ni tampoco el fracaso. Juega el juego largo, no el corto.

Habrá inconvenientes. Habrá decepciones. Te encontrarás de frente con lo bueno, lo malo y lo feo, pues hay momentos en que todos nos sentimos fracasados.

También habrá enemigos. Cuanto más hagas, más éxito tendrás y más gente a tu alrededor tratará de sacar provecho de ello. Cuanto más éxito tengas, más prejuicios tendrán algunos en tu contra y más querrán otros que fracases. Cuanto más impacto logres, y más influencias y más ventaja tengas, más críticas recibirás y más intentarán derribarte.

Está en ti dejar que te derriben o aprovechar para ser cada vez mejor.

• • •

Hace unos años, gané un premio por ser una de los 40 mejores profesores menores de 40 años y alguien me preguntó: "¿Qué serías si no fueras profesora de una escuela de negocios?". Sin perder un segundo, respondí: "Fundaría una escuela para niños desfavorecidos. Ojalá, lo haga algún día".

Quizá, lo haga. Tal vez, algún día regrese al aula de la escuela secundaria y de nuevo sea la maestra de estudiantes como Jimmy, Somrit y Franky. Mientras tanto, veo aspectos de cada uno de estos antiguos alumnos míos en cada uno de mis nuevos alumnos: carácter, fuerza y confianza. Como en Rishabh. En Divinity, quien me dijo: "No es como te llamen, es a qué respondes", refiriéndose a los consejos de su abuela, que era hija de un agricultor de Mississippi cuyo nivel de educación llegó a cuarto grado de primaria, pero es una de las personas más sabias que ella conoce. Su sabio consejo guía la forma en que muchos de nosotros deberíamos enfrentar el mundo. Y lo veo en Cerelina, a quien, hace muy poco, invité a una cena de celebración, después de haber recibido su GED (según sigla en inglés). Cerelina planea volver a la escuela para estudiar justicia penal. Llevó a la cena a su hija, que ahora tiene dos años —y cuyo segundo nombre es *Rhodes*.

Tu esfuerzo robustece tu ventaja. Es el combustible mental que subyace a todo esto y ese combustible te sirve de vacuna contra las decepciones que todos enfrentaremos, lo queramos o no, porque todos estamos a merced de las percepciones de los demás. Tu esfuerzo te recuerda que, después de todo, lo importante no es lo que otros piensen; es lo que tú pienses. Tu misión será saber aportarles valor, agradarles a los demás y agradarte a ti mismo. Y también tendrás que confiar en ti mismo como tu guía y la de quienes te rodean. Esfuérzate y lo lograrás

En síntesis: aporta valor, agrada, guía y haz tu máximo esfuerzo. Convierte la adversidad en una ventaja —en *tu* ventaja.

Principio 13

Convierte la adversidad en tu ventaja.

Principios para construir tu ventaja

- **Principio 1** • El trabajo duro debería hablar por sí mismo. (Pero no es así).

- **Principio 2** • No se trata de darlo todo. Tus bienes básicos te ayudarán a conseguir todo.

- **Principio 3** • Para utilizar tus bienes básicos de distintas formas, ve donde otros no vayan.

- **Principio 4** • Acepte las limitaciones, pues nos brindan oportunidades.

- **Principio 5** • Tu capacidad de discernimiento proviene de confiar en tu intuición y tus experiencias.

- **Principio 6** • Antes que los demás te dejen entrar en su mundo, necesitan que les demuestres tu simpatía hacia ellos.

- **Principio 7** • No exageres planificando demasiado. Más bien, enfócate en tener flexibilidad y en buscar oportunidades para agradar.

- **Principio 8** • Mantente auténtico y encuentra maneras de agradar *in situ*.

- **Principio 9** • "Ser tú mismo" implica guiar a los demás hacia todas esas versiones magníficas de ti mismo.

- **Principio 10** • Observa cómo te perciben los demás y oriéntalos hasta mostrarles quién y cómo eres.
- **Principio 11** • Orienta a quienes están a tu alrededor para que conozcan a ciencia cierta lo que hay dentro de ti y en todo lo que te rodea.
- **Principio 12** • No se trata de dónde has estado, sino de a dónde vas. Orienta la forma en que los demás ven tu trayectoria.
- **Principio 13** • Convierte la adversidad en tu ventaja.

Agradecimientos

Me siento increíblemente afortunada al ver que el sueño de escribir este libro se ha hecho realidad. Y no ignoro que detrás de cada golpe de suerte hay alguien que hizo que las cosas sucedieran —alguien que decidió arriesgarse conmigo o me colaboró de una u otra manera incluso cuando no tenía ninguna razón para hacerlo—. Estoy en deuda con quienes me mostraron el camino a seguir:

A todos aquellos que con gran generosidad me compartieron y me confiaron sus historias. Siempre estaré agradecida con sus muestras de vulnerabilidad, sabiduría y perceptividad. Ustedes me aportaron dimensionalidad, propósito y una vocación.

A mi agente, Faith Hamlin. Fuiste tú quien viste más de cerca este proyecto y lo hiciste posible. Gracias por creer en mí desde el primer día.

A todos en el equipo de *Portfolio*, en especial, a mi editora, Merry Dom. Gracias por ser la encarnación de alguien que se encoge de hombros frente a los obstáculos, mantiene la calma y sigue adelante. Sin ti, habría estado en un fortín y no en un parque de diversiones. Gracias también al siempre sabio Adrian Zackheim y a todo el equipo compuesto por Tara Gilbride, Will Weisser, Margot Stamas, Jessica Regione, Daniel Lagin y Meighan

Cavanaugh; Kym Surridge y Katie Hurley, los admiro por su aguda mirada al proceso de producción; Marisol Salaman, Mary Kate Skehan y Nicole Dewey, del área de publicidad y marketing, gracias porque entre ustedes dos supieron cómo pulir rocas hasta convertirlas en diamantes; gracias a Pete Garceau, pues se destacó en un diseño de portada más atrevido del que yo jamás hubiera imaginado y a Chris Sergio por creer que podría lograr algo tan audaz y complacerme en el proceso artístico; gracias a Eric Nelson, por darme la entrada a este mundo.

A aquellos que me brindaron sus sugerencias y comentarios con respecto a cosas grandes e incluso en los detalles más pequeños, desde leer algunos apartes hasta examinar diseños de portadas y agonizar conmigo a causa de los subtítulos. Lizz Jiang y Libby Quinn, me maravillo de mi buena suerte al trabajar con ustedes y valoro su apoyo más de lo que creen. Gracias también a Ana Homayoun, Katie Barron, Greg Autry, Garrett Neiman, Arlan Hamilton, Scott Barry Kaufman, Katy Milkman, Dolly Chugh, Seth Stephens-Davidowitz, Tracy Chou, Tiffany Chou, Yee Ling Chang, Charles Yao y a todo el equipo de Lavin y Kent Smetters, por su aliento, consejo y orientación durante este proceso.

A mi fenomenal comunidad de colaboradores y coautores, cada uno de ustedes me ha ayudado a ver el mundo de manera diferente y nada de esto es solo trabajo mío, es nuestro trabajo.

A mis increíbles colegas de la Escuela de Negocios de Harvard (es una bendición trabajar entre mentes brillantes como las suyas). Me siento muy agradecida por su aliento y apoyo. Gracias también a los antiguos colegas de la Escuela de Wharton que me acogieron y siguen siendo motivo de inspiración.

A Jone Pearce, Raffi Amit, Ian MacMillan, Carrie Knerr O'Brien, Georgia Lazana, Fen Kung y Chi Chang, gracias por tener confianza en mí y permitirme avanzar sobre los hombros de gigantes como ustedes.

Y a mi fiel familia y amigos, en especial, a Mama y Baba, por su fuerza, inteligencia y capacidad de sacrificio; Chrissy, gracias porque, para mi fortuna, supiste transmitirme parte de tu ingenio y encanto; y Ant, por lo real, por lo imaginado y por todas las curiosidades intermedias. Todos ustedes son mis constantes recordatorios para mantener lo principal como lo principal y así luchar con devoción por aquello por lo que vale la pena luchar.

Bibliografía

Introducción

PAG. 10. **Byron sabía que estaba trabajando:** Greg Autry y Laura Huang, "Houston, Tenemos un mercado: Privatizar los lanzamientos espaciales da grandes frutos", *Forbes*, 2 de octubre de 2013, https: // www.forbes.com/sites/forbesleadershipforum/2013/10/02/houston- houston we have a market-rivatizing-pace-aunches-pays-off-big; Greg Autry y Laura Huang, "Un análisis de la ventaja competitiva de los Estados Unidos de América en los mercados comerciales de vuelos espaciales orbitales humanos", *New Space 2*, núm. 2 (2014): 83–110, https: //doi.org/ 10.1089 / space.2014.0005.

PAG. 12. **La verdad sea dicha:** Elon Musk, conversación con el autor, sede de SpaceX, Hawthorne, California, 2 de febrero de 2015.

PAG. 14. **A lo largo de mi carrera:** Alison Wood Brooks, Laura Huang, Sarah Wood Kearney y Fiona E. Murray, "Los inversores prefieren empresas impulsadas por hombres atractivos", *Proceedings of the National Academy of Sciences* 111, núm. 12 (2014): 4427– 31, https://doi.org/10.1073/pnas.1321202111. Véase también Matthew Lee y Laura Huang, "Sesgo de género, encuadre de impacto social y evaluación de emprendimientos emprendedores", *Organization Science* 29, núm. 1 (2018): 1–dieciséis, https://doi.org/10.1287/orsc.2017.1172.

PAG. 14. **…empleados que nunca pueden:** Laura Huang, Marcia Frideger y Jone L. Pearce, "Habilidad política: Explicando los efectos del acento no nativo sobre la contratación de directivos y decisiones de inversión empresarial", *Journal of Applied Psychology* 98, núm. 6 (2013): 1005–17, https://doi.org/10.1037/a0034125.

PAG. 14. **…pacientes que mueren:** Brad N. Greenwood, Seth Carnahan y Laura Huang, "Concordancia de género paciente-médico y aumento de la mortalidad entre pacientes femeninas con ataque cardíaco", *Proceedings of the National Academy od Science* 115, núm. 34 (2018): 8569–74, https: // doi.org/ 10.1073 / pnas.1800097115.

PAG. 14. **…he estudiado cómo hacemos percepciones y concesiones:** Laura Huang y Jone L. Pearce, "Manejo de lo inescrutable: La efectividad de la intuición inicial del inversionista en las decisiones de la inversión empresarial", *Administrative Science Quarterly* 60, núm. 4 (2015): 634–70, https: //doi.org/10.1177/ 0001839215597270; Laura Huang y Andrew P. Knight, "Recursos y relaciones en el espíritu empresarial: Una teoría de intercambio del desarrollo y los efectos de la relación empresario-inversor", *Academy of Management Review* 42, núm. 1 (2015): 80– 102, https://doi.org/10.5465/amr.2014.0397; Laura Huang, "El papel de la intuición del inversor en la gestión de la complejidad y el riesgo extremo", *Academy of Management Journal* 61, núm. 5 (2018): 1821–47, https://doi.org/10.5465/amj.2016.1009.

Capítulo 1
Triunfar es más que trabajar *duro*

PAG. 22. **Con esta clase de ética de trabajo:** Tara Sullivan, "Mirai Nagasu es una lección de perseverancia en los Juegos Olímpicos", *Boston Globe*, 18 de febrero de 2018, https://www3.bostonglobe.com/sports/2018/02/1/mirai-nagasu-lesson-perseverance-olympics/YmOGUDvMaHtXAT53dmvIZP/story.html?arc404=true; Kimberly Yam, "¡Mirai Nagasu dice que el trabajo duro de sus padres en el restaurante generó su disciplina sobre el hielo!", *HuffPost* (blog), 23 de febrero de 2018, https: // www.huffpost.com/entry/mirai-nagasu-credits-her-parents-hard-work in restaurant-for-her-own-work-ethic _ n _ 5a8f2a99e4b0ee6416a11a17; Karen Price, "Mirai Nagasu", Team USA., https://www.teamusa.org:443/ My-Focus- presented.by-por- milk- life / Athletes/ Mirai- Nagasu.

PAG. 23. **Son historias son como la de Gac Filipaj:** Brenda Schmerl, "Historias inspiradoras: Cómo cinco personas extraordinarias superaron todos los obstáculos para graduarse", *Reader's Digest*, https://www.rd.com/true-stories/inspiring/inspiring-college-graduates.

PAG. 23. **Todas estas historias como la de Sanghoon:** David Robson, "¿Qué importancia tiene la clase social en Gran Bretaña hoy?" BBC, 7 de abril de 2016, http://www.bbc.com/future/story/20160406-how-much-does-social-class-matter in britain-today; David Denby, "Labios superiores rígidos", *New Yorker*, 20 de enero de 2013, https://www.newyorker.com/magazine/2013/01/28/stiff-upper-lips.

PAG. 24. **Bueno, antes de triunfar:** Dvora Meyers, "La redención de la patinadora artística Mirai Nagasu", *Deadspin* (blog), 4 de enero de 2018, https://deadspin.com/the-redeption-of-figure-mirai-nagasu-1821763830.

PAG. 24. **…las decisiones hablan más alto que las negaciones:** Jeff Yang, "Mirai Nagasu, Ashley Wagner y el mito de la chica dorada", *Speakeasy* (blog), *Wall Street Journal*, 14 de enero de 2014, https://blogs.wsj.com/speakeasy/2014/01/14/mirai-nagasu-ashley-wagner-and-the-myth-of-the-golden-girl.

PAG. 28. **Somos criaturas limitadas desde el punto de vista cognitivo:** C. Neil Macrae y Susanne Quadflieg, "Percibiendo a las personas", en *Handbook of Social Psychology*, vol. 1, 5ª ed., Ed. S. T. Fiske, D. T. Gilbert y G. Lindzey (Hoboken, Nueva Jersey: John Wiley & Sons, 2010), 428–63.

PAG. 28. **A veces, nuestras percepciones:** James Dennin, "Edadismo y renuencia de las empresas a contratar trabajadores mayores", Mic, 9 de mayo de 2018, https://mic.com/artículos/189141/older-workers-are-consistently-discriminated-against-in-job-hiring-heres-how-we-can-fix-that#.8wzxyh5wj.

PAG. 28. **Las investigaciones demuestran que muchos:** Timothy A. Judge y Daniel M. Cable, "El efecto de la altura física en el éxito y los ingresos en el lugar de trabajo: Prueba preliminar de un modelo teórico", *Journal of Applied Psychology* 89, núm. 3 (2004): 428–41, https://doi.org/10.1037/0021-9010.89.3.428; M. Dittmann, "Mantenerse en alto vale la pena, según un estudio", *Monitor of Psychology*, julio/agosto de 2004; Andreas Schick y Richard H. Steckel, "Altura, capital humano y ganancias: Las contribuciones de la capacidad cognitiva y no cognitiva", *Journal* *of Human Capital* 9, núm. 1 (2015): 94-115, https://doi.org/10.1086/ 679675; Joe Pinsker, "Las ventajas financieras de ser alto", *Atlantic*, 18 de mayo de 2015, https://www.theatlantic.com/business/archive/2015/05/the-financial-perks-of-being-tall/393518.

PAG. 28. **De hecho, mientras solo el 15%:** Malcolm Gladwell, "El error de Warren Harding: Por qué nos enamoramos de hombres altos, morenos y guapos", en *Blink: The Power of Thinking Without Thinking* (Nueva York: Little, Brown, 2005), 72 - 98; Vivek Kaul, "El síndrome de la corbata: Por qué los directores ejecutivos tienden a ser significativamente más altos que el promedio de los demás hombres", *Economic Times*, 30 de septiembre de 2011, https://economictimes.indiatimes.com/the-necktie-syndrome-why-ceos-tend-to-be-significantly-taller-than-the-average-male/articlehow/10178115.cms.

PAG. 28. **…el atractivo de las personas:** Alison Wood Brooks, Laura Huang, Sarah Wood Kearney y Fiona E. Murray, "Los inversores prefieren las empresas emprendedoras presentadas por hombres atractivos", *Proceedings of the National Academy os Science* 111, núm. 12 (2014): 4427–31, https://doi.org/10.1073/pnas.1321202111.

PAG. 29. **La desventaja es situacional:** Susanne Quadflieg, Natasha Flannigan, Gordon D. Waiter, Bruno Rossion, Gagan S. Wig, David J. Turk y C. Neil Macrae, "Modulación de la percepción de la persona basada en estereotipos", *NeuroImage* 57, núm. 2 (2011): 549–57, https: // doi.org/ 10.1016 / j.neuroimage.2011.05.004.

PAG. 29. **He visto a los hombres:** Megan Fu, "Los maestros masculinos alegan discriminación salarial", Daily Beast, 6 de mayo de 2016, https://www.thedailybeast.com/articles/2016/05/06/male-teachers-claim-wage-discrimination-; Bryan G. Nelson, "La Dra. Helen habla sobre los estereotipos que enfrentan los profesores varones", *MenTeach*, 2 de abril de 2009, http://www.menteach.org/news/ dr_helen_talk_about_sterotypes_that_male_teachers_face.

PAG. 30. **…la negritud está vinculada a la masculinidad, pero también a la criminalidad:** Harry J. Holzer, Steven Raphael y Michael A. Stoll, Maestros masculinos reclaman discriminación salarial", Criminalidad percibida, verificación de antecedentes penales y prácticas de contratación racial de los empleadores", *Journal of Law and Economics* 49, núm. 2 (2006): 451– 80, https://doi.org/10.1086/501089; Lydia O'Connor, "El analista de CNN sugiere que las personas negras son 'propensas a la criminalidad'", *HuffPost* (blog), 11 de julio de 2016, https://www.huffpost.com/entry/harry-houck-cnn-blacks-criminality_ n_ 5783f6fae4b01edea78f1434.

PAG. 30. **Cuando la vejez está relacionada con la confiabilidad:** Helen Dennis y Kathryn Thomas, "Edadismo en el lugar de trabajo", *Generations* 31, núm. 1 (2007), https://www.questia.com/library/journal/1P3-1318281421/ ageism-in-the-working-place.

PAG. 30. **Cuando las mujeres son percibidas como compasivas:** Susan T. Fiske, Amy J. C. Cuddy y Peter Glick, "Dimensiones universales de la cognición social: calidez y competencia", *Trends in Cognitive Sciences* 11, núm. 2 (2007): 77–83, https://doi.org/10.1016 /j.tics.2006.11.005; Alice H. Eagly y Steven J. Karau, "Teoría del prejuicio de la congruencia de roles hacia las mujeres líderes", *Psychological Review* 109, núm. 3 (2002): 573–98.

PAG. 30. **Los sicólogos Nalini Ambady y Robert Rosenthal:** Nalini Ambady y Robert Rosenthal, "Delgadas rebanadas de comportamiento expresivo como predictores de consecuencias interpersonales: Un metaanálisis", *Psychologycal Bulletin* 111, núm. 2 (1992): 256–74, https://doi.org/10.1037/0033-2909.111.2.256; Nalini Ambady y Robert Rosenthal, "Medio minuto: Predecir las evaluaciones de los maestros a partir de cortos fragmentos de comportamiento no verbal y atractivo físico", *Journal of Personality and Social Psychology* 64, núm. 3 (1993): 431-41, https://doi.org/10.1037/0022-3514.64.3.431; Nalini Ambady, Frank J. Bernieri y Jennifer A. Richeson, "Hacia una histología de la conducta social: Precisión de juicio a partir de partes frágiles de la corriente de la conducta", en *Advances in Experimental Social Psychology*, vol. 32, ed. Mark P. Zanna (San Diego: Academic Press, 2000), 201–71, https: // doi.org/ 10.1016 / S0065 - 2601 (00) 80006--4.

PAG. 30. **Existe una tendencia:** Les Picker, "La creciente importancia de las habilidades sociales en el mercado laboral", *National Bureau of Economic Research Digest*, noviembre de 2015, https://www.nber.org/digest/nov15/w21473.html.

PAG. 32. **Una rama de la sicología:** John T. Jost, Mahzarin R. Banaji y Brian A. Nosek, "Una década de teoría de la justificación del sistema: Evidencia acumulada de refuerzo consciente e inconsciente del status quo", *Political Psychology* 25, núm. 6 (2004): 881– 919, https://doi.org/10.111 /j.1467-9221.2004.00402.x.

PAG. 32. **Según Erin Godfrey, profesora:** Melinda D. Anderson, "Por qué el mito de la meritocracia daña a las niñas de color", *Atlantic*, 27 de julio de 2017, https://www.theatlantic.com/education/archive/2017/07/internalizing-the-myth-of-meritocracy/535035/.

PAG. 32. **Las investigaciones muestran que la mayoría de los triunfadores:** Megan Reitz y John Higgins, "El problema de decir 'Mi puerta está siempre abierta'", *Harvard Business Review*, 9 de marzo de 2017, https://hbr.org/2017/03/the-problem-with-saying-my-door-is-always-open-; John T. Jost y Orsolya Hunyady, "Antecedentes y consecuencias de las ideologías que justifican el sistema", *Current Directions in Psychological Science* 14, núm. 5 (2005): 260–5, https://doi.org/10.1111/j.0963-7214.2005.00377.x.

PAG. 32. **Por ejemplo, los estudiosos:** David A. Harrison, Kenneth H. Price y Myrtle P. Bell, "Más allá de la demografía relacional: El tiempo y los efectos de la diversidad superficial y profunda en la cohesión del grupo de trabajo", *Academy of Management Journal* 41, Núm. 1 (1998): 96-107, https://doi.org/10.5465/256901; David A. Harrison, Kenneth H. Price, Joanne H. Gavin y Anna T. Florey, "Tiempo, equipos y desempeño de tareas: Efectos cambiantes de la diversidad superficial y profunda en el funcionamiento del grupo", *Academy of Management Journal* 45, núm. 5 (2002): 1029–45, https://doi.org/10.5465 / 3069328.

PAG. 32. **El sociólogo de Harvard, Letian Zhang:** Letian Zhang, "¿Juego limpio? Sesgo racial e interacción repetida entre entrenadores y jugadores de la NBA", *Administrative Science* Quarterly 62, núm. 4 (2017): 603-25, https://doi.org/10.1177/0001839217705375.

PAG. 33. **…investigadores como Freada Kapor Klein y Allison Scott:** Allison Scott, Freada Kapor Klein, Frieda McAlear, Alexis Martin y Sonia Koshy, *The Leaky Tech Pipeline: A Comprehensive Framework for Understanding and Addressing the Lack of Diversity Across the Tech Ecosystem* (Oakland, CA: Kapor Center for Social Impact, 2018), https://www.kaporcenter.org/ he-leay-tech-pipeline-un-integral-framework-for-understanding-and-addressing-the-lack-of-diversity-across-the-ech-ecosystem/.

PAG. 33. **"El prejuicio no desaparece…":** Katy Waldman, "Un sociólogo examina la 'fragilidad blanca' que previene a los estadounidenses blancos al confrontar el racismo", *New Yorker*, 23 de julio de 2018, https://www.newyorker.com/books/

page-turner/a-sociologist-examines-the-white-fragility-that-prevents-white-americans-from-confronting-racism.

PAG. 34. **Los sicólogos Shai Davidai y Thomas Gilovich:** Shai Davidai y Thomas Gilovich, "La asimetría de los vientos en contra y los vientos de cola: Un sesgo de disponibilidad en las evaluaciones de barreras y bendiciones", *Journal of Personality* and *Social Psychology* 111, núm. 6 (2016): 835–51, https://doi.org/10.1037/pspa0000066.

PAG. 35. **…esto es lo que Nagasu se escribió a sí misma:** Mirai Nagasu (@ mirai_ nagasu), "Hace cuatro años, cuando no fui nombrada para el equipo, escribí este poema", Twitter, 25 de febrero de 2018, https://twitter.com/mirai_nagasu/status/967815168334774272.

PAG. 37. **"Todos cometemos errores y…"**: Scott M. Reid, "Después de Heartbreak, la patinadora artística estadounidense Mirai Nagasu vuelve a apuntar a la candidatura olímpica", *Orange County Register*, 2 de enero de 2018, https://www.ocregister.com/ 2018/01/02/after-hearbreak-u-s-figure-skater-mirai-nagasu-againg-takes-aim-at-olympic-bid.

Capítulo 2
Tus bienes básicos

PAG. 44. **¿Por qué Poincaré no recibió el premio?:** Sreeraj Thekkeyil, "¿Qué científicos merecieron ganar un premio Nobel pero nunca ganaron?" *Quora*, 18 de mayo de 2018, https://www.quora.com/Which-scientists-deserved to win a Nobel-Prize-but-never-won.

PAG. 48. **Cautivada, me pasé la siguiente parte:** "Hecho en Texas: La historia de éxito de Buc-ee's", *Texas Monthly*, 26 de febrero de 2013, https://www.texasmonthly.com/articles/made-in-texas-the-buc-ee's-succes-story/.

PAG. 49. **"¿Qué *no* tiene de bueno Buc-ee's? ¡Nada!":** Gemma Nisbet, "Los Beavers son mejores en la estación de servicio más grande del mundo", *West Travel Club*, 23 de julio de 2017, https://westtravelclub.com.au/stories/biggest-is-better-at-texas-adult-amusement-park.

PAG. 52. **Warren Buffett, empresario e inversor estadounidense:** Farnam Street, "'La teoría del círculo de competencia' te ayudará a tomar decisiones mucho más inteligentes", *Business Insider*, 5 de diciembre de 2013, https: // www.businessinsider.com/the -circle-of-competence-theory-2013-2012; Fred Nickols y Harvey Bergholz, "El círculo de competencia del consultor: Una herramienta para medir tu potencial de éxito como consultor independiente", *Performance Improvement* 52, núm. 2 (2013): 37–41, https://doi.org/10.1002/pfi.21328.

PAG. 52. **Buffett describió una vez:** Farnam Street, "Comprensión de tu círculo de competencia: Cómo Warren Buffett evita los problemas", *Farnam Street* (blog), 1 de diciembre de 2013, https://fs.blog/2013/12/circle-of-competence/.

PAG. 53. **Charlie Munger, la mano derecha de Warren Buffett:** Tren Griffin, "Charlie Munger y 'el círculo de competencia' (el segundo filtro esencial)", *25iq* (blog), 22 de diciembre de 2012, https://*25iq*.com/2012/12/22 /charlie-munger-on-circle-of-competence-the-second--essential-filter.

PAG. 54. **El empresario multimillonario Richard Branson:** Natalie Clarkson, "¿Por qué Richard Branson fundó una aerolínea?" Virgin, 1 de octubre de 2014, https://www.virgin.com/travel/why-did-branson-start-airline.

PAG. 55. **Una versión de la historia sostiene:** Ibid.

PAG. 55. **Esta es una empresa cuyo producto estrella:** Glen Sanford, "iPhone", Apple-History, https://apple-history.com/iphone; "Historia del iPhone: Una cronología de 2007-20 2019", History Cooperative, 14 de septiembre de 2014, https://historycooperative.org/the-history-of- the-iphone.

Capítulo 3
Reconociendo lo incongruente

PAG. 63. **Resultó que el esposo fue aprendiz:** Sr. Li, entrevistas con el autor, Din Tai Fung, Taiwán, 18 de agosto de 2017 y 22 de julio de 2018.

PAG. 64. **Tendemos a mirar:** Benigno E. Aguirre, Dennis Wenger y Gabriela Vigo, "Una prueba de la teoría de la norma emergente del comportamiento colectivo", *Sociological Forum* 13, núm. 2 (1998): 301-20, https://link.springer.com/article/10.1023/A:1022145900928.

PAG. 64. **Este tipo de mentalidad de manada:** Ha V. Dang y Mi Lin, "Mentalidad de rebaño en el mercado de valores: Sobre el papel de los participantes idiosincrásicos con información heterogénea", *International Review of Financial Analysis* 48 (2016): 247-60, https://doi.org/ 10.1016/j.irfa.2016.10.005; Scott Cooley, "La tecnología y la mentalidad de rebaño", *Mortgage Banking* 64, núm. 9 (2004): 122-4.

PAG. 64. **En mi investigación:** Huang, "El papel de la intuición del inversor en la gestión de la complejidad y el riesgo extremo"; Laura Huang, Andy Wu, Min Ju Lee, Jiayi Bao, Marianne Hudson y Elaine Bolle, *The American Angel: The First In-depth Reporto on the Demographics and Investing Activity of Individula American Angel Investors* (Wharton Entrepreneurship and Angel Capital Association, Noviembre de 2017), https://www.angelcapitalassociation.org/ data/Documents/TAAReport11-30-17.pdf?rev=DB68; Laura Huang, "Una teoría de la intuición del inversor: Una prueba del impacto de la intuición en las decisiones de inversión empresarial" (tesis doctoral, Universidad de California, Irvine, 2012).

PAG. 65. **En 1986, vimos:** Mary Bellis, "Historia de la PC de IBM", ThoughtCo, 12 de mayo de 2019, https://www.thoughtco.com/history-of-the-ibm-pc-1991408.

PAG. 67. **Con un precio de alrededor de $300 dólares:** "Historia de la empresa Asus", *Gadget Reviews* (blog), http://mylaptopyourlaptop.blogspot.com/2012/04/asus- company-history.html; Dan Ackerman, "El árbol genealógico de Asus Eee PC", *CNET*, 17 de febrero de 2010, https://www.cnet.com/news/asus-reveals-pricing-for-the-eee-oc-mini-laptop; JerryJ, "Asus revela el precio del Eee PC Mini Laptop", *Brighthand* (blog), 18 de octubre de 2007, http://www.brighthand.com/news/asus-reveals-pricing-for-the-eee-pc-mini-laptop/.

PAG. 67. **Asus continúa fabricando laptops de bajo costo:** Evan Comen, "Compruebe cuánto costaba una computadora el año en que usted nació", USA Today, 22 de junio de 2018, https://www.usatoday.com/story/tech/2018/06/22/cost-of-a-computer-the-year-you-were-born/36156373/; Andrew, "Laptops más populares de mayo de 2007", Notebook Review (blog), 4 de junio de 2007,http://www.notebookreview.com/news/most-popular-laptops-for-may-2007/; Jon Turi, "Gadget Rewind 2007: ASUS Eee PC 4G", Engadget (blog), 1 de junio de 2014, https://www.engadget.com/2014/06/01/gadget-rewind-2007-asus-eee-pc-4g.

PAG. 68. **El brillante erudito en administración, Ryan Raffaelli:** Ryan Raffaelli, "Reaparición de la tecnología: creación de nuevo valor para las tecnologías antiguas en la relojería mecánica suiza, 1970-2008", *Administrative Science Quarterly* (2018), 00018392 18778505, https://doi.org/10.1177/0001839218778505.

PAG. 68. **Las ventas globales de relojes suizos:** Joe Thompson, "Estados Unidos retomó la industria de los relojes suizos", *Bloomberg*, 25 de julio de 2018, https://www.bloomberg.com/news/ artículos/2018--07-25/the- swiss-luxury-watch-slump-in-the-united-states-is-over.

PAG. 75. **"No todos los jugos son iguales":** Derek Thompson, "Cómo la historia de Juicero se convirtió en una humillación para la empresa que lo inventó", *Atlantic*, 21 de abril de 2017, https://www.theatlantic.com/business/archive/2017/04/juicero-lessons/523896/.

Capítulo 4
El valor de las limitaciones

PAG. 81. **Sospecho que aquella limitación:** David R. Francis, "Respuestas de los empleadores a los adjetivos raciales", *National Bureau* of Economic Research Digest, septiembre de 2003, https://www.nber.org/digest/sep03/w9873.html; Alexia Elejalde-Ruiz, "Estudio de sesgo de contratación: Currículums con nombres de negros, blancos e hispanos tratados de la misma manera", *Chicago Tribune*, 4 de mayo de 2016, https://www.chicagotribune.com/business/ct-bias-hiring-0504-biz-20160503-historia.html; Dina Gerdeman, "Las minorías que 'blanquean' sus currículos laborales obtienen más entrevistas", *HBS Working Knowledge,* 17 de mayo de 2017, http://hbswk.hbs.edu/item/minorities-who-whiten-job-resumes-get-more-interviews; Sonia K. Kang, Katherine A. DeCelles, András Tilcsik y Sora Jun, "Currículum vitaes blanqueados: Raza y autopresentación en el mercado laboral", *Administration Science* Quarterly 61, núm. 3 (2016): 469– 502, https://doi.org/10.1177/0001839216639577.

PAG. 83. **Tenemos la tendencia:** Daniel Kahneman y Amos Tversky, "Teoría del prospecto: Un análisis de la decisión bajo riesgo", en *Handbook of the Fundamentals of Financial Decision Making: Part 1*, ed. Leonard C. MacLean y William T. Ziemba, World Scientific Handbook in Financial Economics Series (Singapur: *World* Scientific, 2013), 99-127, https://doi.org/10.1142/9789814417358_0006.

PAG. 83. **Arlan Hamilton, una capitalista de riesgo:** Arlan Hamilton, comunicación personal con el autor, Backstage Capital Crew Meeting, Los Ángeles, 17 de abril de 2018.

PAG. 86. **Esto último está respaldado por:** Tara Sophia Mohr, "Por qué las mujeres no solicitan trabajos a menos que estén 100% calificadas", *Harvard Business*

Review, 25 de agosto de 2014, https://hbr.org/2014/08/why-women-dont-apply-for-jobs-unless.theyre-100-qualified.

PAG. 86. **Un equipo de investigadores muy capacitados:** Markus Baer, Kurt T. Dirks y Jackson A. Nickerson, "Microfundamentos de la formulación de problemas estratégicos", *Strategic Management Journal* 34, núm. 2 (2013): 197-214, https://doi.org/10.1002/smj.2004.

PAG. 88. **Al replantear el problema:** "Audi con el tren motriz más eficiente en combustible en Le Mans", Motorsport.com, 9 de junio de 2014, https://www.motorsport.com/lemans/news/audi-with-most-fuel-efficient-powertrain-at-le-mans/452641/.

PAG. 89. **Los ejecutivos detrás:** Joerg Schreiner, "Incubadoras corporativas: Lo bueno, lo malo y lo feo", *Co-Shift* (blog), 7 de septiembre de 2017, https://www.co-shift.com/why-corporate-incubators-fail-at-innovation-transfer/.

PAG. 90. **Buenas ideas y buenas intenciones:** Amr Kebbi y Dave Valliere, "La curva J-doble: Un modelo para empresas emergentes incubadas" (XI Conferencia Europea sobre Innovación y Emprendimiento, Jyvaskyla, Finlandia, 2016), 371-80, https://www.researchgate.net/publications/309033445_ The_Double_J_Curve_A_Model_for_ Incubated_Starst-ups; Cliff Oxford, "Problemas en el paraíso: Por qué no funcionan las incubadoras de empresas", *Forbes*, 30 de junio de 2014, https://www.forbes.com/sites/cliffoxford/2014/06/30/trouble-in-paradise-why-business-incubators-dont-work-/# 60b0dc164d87; Bridge for Billions, "Tres problemas con las incubadoras y los aceleradores tradicionales", *Medium*, 31 de julio de 2016, https://medium.com/ bridgeforbillions/ 3-problems-with-traditional- incubators-and- accelerators-a29354e30564.

PAG. 90. **Ellas no enfrentan:** Joao Sousa, Raquel Meneses, Humberto Ribeiro y Sandra Raquel Alves, "La relación simbiótica entre startups e incubadoras", en *Economic and Social Development: Book of Proceedings,* ed. Rozana Veselica, Gordana Dukic y Khalid Hammes, Conferencia científica internacional sobre desarrollo económico y social (Zagreb, Croacia: Agencia de Desarrollo y Emprendimiento de Varazdin, 2018), 823–34, http://www.esdconference.com/upload/book-of-proceedings/Book_of_Proceedings_esdZagreb2018_ Online.pdf.

Capítulo 5
Perfeccionando tu instinto y las señales que te envía

PAG. 94 . **Kristie Paskvan:** Melissa Jeltsen, "Illinois enseñará a los peluqueros a reconocer a las víctimas de violencia doméstica", *HuffPost* (blog), 1 de diciembre de 2016, https://www.huffpost.com/entry/illinois-will-teach-hairdressers-to-recognize-signs-of-domestic-violence-_ n_ 583f2717e4b09e21702c3122.

PAG. 96. **…en lugar de ser subconsciente:** Gladwell, *Blink*, 10.

PAG. 96. **Pero cuando necesitamos tomar decisiones:** Gerd Gigerenzer, *Gut Feelings: The Intelligence of the Unconscious* (Nueva York: Penguin Books, 2008).

PAG. 96. **Para ilustrar este punto:** encontré: Huang y Pearce, "Manejando lo incognoscible".

PAG. 97. **…pero lo habrás logrado:** Peter Cappelli, "Tu enfoque para contratar personal es incorrecto", *Harvard Business Review*, mayo-junio de 2019, https://hbr.org/2019/ 05/reclutamiento; Boris Groysberg, Nitin Nohria y Claudio Fernández-Aráoz, "La mejor guía para la contratación en buenos y en malos tiempos", *Harvard Business Review,* mayo de 2009, https://hbr.org/2009/05/the-definitive-guide-to-recruiting-in.good.times.

PAG. 97. **Los eruditos en administración Robert Costigan y Kyle Brink:** Robert D. Costigan y Kyle E. Brink, "Sobre la prevalencia del pensamiento lineal versus el no lineal en la educación empresarial de pregrado: Mucha retórica, no suficiente evidencia", *Journal of Management & Organization* 21, núm. 4 (2015): 535–47, https://doi.org/10.1017/jmo.2014.86; Bart de Langhe, Stefano Puntoni y Richard Larrick, "Pensamiento lineal en un mundo no lineal", *Harvard Business Review*, mayo-junio de 2017, https://hbr.org/ 2017/05/linear-thinking-in-an-non-nolinear-world; Mark Bonchek, "Cómo desarrollar una mentalidad exponencial", *Harvard Business Review*, 27 de julio de 2016, https://hbr.org/2016/07/how-to-create-an-exponential- mindset.

PAG. 98. **En 1946, una mujer:** "Historia de los pañales desechables y de tela", Diaper Jungle, 1 de octubre de 2016, https://www.diaperjungle.com/pages/history-of-diapers; Sarah Laskow, "La mujer que inventó los pañales desechables", Atlantic, 14 de octubre de 2014, https://www.theatlantic.com/technology/archive/2014/10/the- woman-who-invented- disposable-diapers/381310.

PAG. 99. **Consiste en tomar lo que tengas a mano:** Universidad Goethe de Frankfurt, "Las personas inteligentes tienen cerebros mejor conectados", *ScienceDaily*, 22 de noviembre de 2017, https://www.sciencedaily.com/releases/2017/11/171122103552.htm.

PAG. 100. **Las empresas que logran hacerlo:** Ted Baker y Reed E. Nelson, "Creando algo de la nada: Construcción de recursos a través del bricolaje empresarial", *Administrative Science* Quarterly 50, núm. 3 (2005): 329–66, https://doi.org/10.2189/asqu.2005.50.3.329.

PAG. 108. **…"lujo, no una necesidad":** Sarah Gordon, "Ryanair confirma que generará cargos por el uso de baños a bordo", *Daily Mail*, 6 de abril de 2010, https://www.dailymail.co.uk/travel/ article-1263905/Ryanair-toilet-changes-phased-in.html; "Stephen McNamara, portavoz de la aerolínea, dijo a TravelMail: 'Al cobrar por los baños, esperamos cambiar el comportamiento de los pasajeros para que usen el baño antes o después del vuelo'".

PAG. 108. **No hace mucho, también escuché la noticia:** Tim Clark, "Ryanair anuncia planes para lanzar 'asientos verticales' desde solo £ 4", *Daily Mail,* 2 de julio de 2010, https://www.dailymail.co.uk/viaje/articulo-1291131/Ryanair- launch- vertical- seating-Standing-room- tickets-4.html.

PAG. 109 .**Ryanair fomenta esos artículos de prensa:** George Hobica, Presidente de Airfarewatchdog.com, dijo que Ryanair está haciendo esto principalmente por publicidad: "A su director general le encanta que su foto aparezca en la televisión" (Scott Mayerowitz, "Pagar para hacer pipí: ¿No habrán llegado demasiado lejos las aerolíneas? ABC News, 13 de abril de 2010, https://abcnews.go.com/Travel/Green/paying-pee-airlines-critics-call-ryanairs-fee-inhumane/story?id=10355139).

PAG. 112. **De hecho, las personas encuentran tan estresante este tipo de discrepancias:** Leon Festinger, *A Theory of Cognitive Dissonance* (Stanford, CA: Stanford University Press, 1957); Elliot Aronson, "La teoría de la disonancia cognitiva: Una perspectiva actual", en *Advances in Experimental Social Psychology,* vol. 4, ed. Leonard Berkowitz (Nueva York: Academic Press, 1969), 1–34, https://doi.org/10.1016/S0065-2601(08)60075-1.

Capítulo 6
El poder de lo inesperado

PAG. 120. **Hace poco, al sondear sobre esta similitud:** Hasan Minhaj, conversación con el autor y Preet Bharara, Cafe Change Summit, Nueva York, 26 de abril de 2018.

PAG. 121. **Los sicólogos Brad Bitterly:** T. Bradford Bitterly, Alison Wood Brooks y Maurice E. Schweitzer, "Negocios arriesgados: Cuando el humor aumenta y disminuye el estatus", *Journal of Personality and Social Psychology* 112, núm. 3 (2017): 431–55, https://doi.org/10.1037/pspi0000079.

PAG. 122. **Se trata de la teoría de la transgresión benigna:** A. Peter McGraw y Caleb Warren, "Teoría de la transgresión benigna", en *Encyclopedia of Humor Studies*, ed. Salvatore Attardo (Thousand Oaks, CA: Sage Publications, 2014), 75–7; Caleb Warren y A. Peter McGraw, "Opinión: Lo que hace que las cosas sean graciosas", *Proceeding of the National Academy of Science of the United States* 112, núm. 23 (2015): 7105–6, https//doi.org/10.1073/pnas.1503836112.

PAG. 122. **Los desestabilizamos y ponemos a prueba:** Joëlle Vanhamme, "La relación sorpresa-deleite y su influencia en la administración de la experiencia", *Recherche et Applications en Marketing (edición en inglés)* 23, núm. 3 (2008): 113–38, https://doi.org/10.1177/205157070802300307; Soma Dey, Sanjukta Ghosh, Biplab Datta y Parama Barai, "Un estudio sobre los antecedentes y las consecuencias del deleite del cliente", *Total Quality Management and Business Excellence* 28, núms. 1–2 (2017): 47–61, https://doi.org/10.1080/14783363.2015.1049146; Vincent P. Magnini, John C. Crotts y Anita Zehrer, "Comprendiendo el placer del cliente: Una aplicación del análisis de blogs de viajes", *Journal of Travel Research* 50, núm. 5 (2011): 535–45, https://doi.org/10.1177/0047287510379162.

PAG. 123. **La producción de una película:** Nicole Sperling, "Cómo los asiáticos ricos y locos le dieron una voz al director Jon M. Chu", *Vanity Fair*, 10 de agosto de 2018, https://www.vanityfair.com/hollywood/2018/08/crazy- rich-asians-director-jon-m-chu.

PAG. 124. **…por el chef y consultor de comida de Singapur:** Alyse Whitney, "Dumplings, Kaya Toast y Chili Crab: Al interior de la comida de los asiáticos ricos locos", *Bon Appétit*, 30 de agosto de 2018, https://www.bonappetit.com/story/crazy-rich-asians-food-singapore; Kenneth Goh, "El trasfondo de la comida de los 'asiáticos ricos y locos'",Guía Michelin, 22 de agosto de 2018, https://guide.michelin.com/us/en/illinois/chicago/article/features/crazy-rich-asians-movie-food-styling.

PAG. 124. …**"esa loca mezcla de identidades y culturas…"**: Shannon Connellan, "Lee la hermosa carta que les permitió a los 'asiáticos ricos y locos' usar la canción Yellow de Coldplay", *Mashable*, 19 de agosto de 2018, https://mashable.com/article/crazy-rich-asians-coldplay.

PAG. 125. **Por eso, Chu quería usar la canción:** Kat Chow, "Si nos llamáramos 'amarillos' a nosotros mismos", *NPR*, 27 de septiembre de 2018, https://www.npr.org/section/codeswitch/2018/09/27/647989652/if-we-call-ourselves-yellow.

PAG. 126. **Más bien, les escribió una carta:** World Entertainment News Network, "Coldplay casi no permitió que 'asiáticos ricos y locos' usaran *Yellow*, debido a los temores al racismo", Canoe.com, 16 de agosto de 2018, https://canoe.com/entertainment/músic/coldplay-almost- didnt-let-crazy-rich-asians-use-yellow-due-to-racism-fears.

PAG. 127. **Poco después, observaron la escena:** Julia Emmanuele, "Todas las canciones de *Crazy Rich Asians* que querrás escuchar una y otra vez", *Bustle*, 25 de agosto de 2018, https://www.bustle.com/p/all-the-songs-in-crazy-rich-asians-that-youll-want-to-listen-to-over-over-again-10239631.

PAG. 127. **El valor que esto le aportó:** Laurent Bach, Patrick Cohendet, Julien Pénin y Laurent Simon, "Las industrias creativas y el dilema de los derechos de propiedad intelectual entre la apropiación y la creación: Algunas ideas de las industrias de los videojuegos y la música", *Management International* 14, núm. 3 (2010): 59–72, https://doi.org/10.7202/044293ar.

Capítulo 7
Improvisación reflexiva

PAG. 134. **La empresa fabricaba:** Susan Levine, "Él ve la fortuna en lentes de contacto de pollo", *Chicago Tribune*, 23 de noviembre de 1989, https://www.chicagotribune.com/news/ct-xpm-1989-11-23-8903120133-story.html; Bruce G. Posner, "Viendo rojo", *Inc.*, 1 de mayo de 1989, https://www.inc.com/magazine/19890501/5636.html.

PAG. 136. **Como afirmó Napoleón Bonaparte:** "Napoleón Bonaparte: La preparación excesiva es enemiga de la inspiración", AZ *Quotes*, https://www.azquotes.com/quote/1056571.

PAG. 136. **La investigación fundamental de Martin Seligman:** Martin E. Seligman, "Generalidades de las leyes del aprendizaje", *Psychological Review* 77, núm. 5 (1970): 406–18, https://doi.org/10.1037/h0029790.

PAG. 136. **En ocasiones, hace que las personas:** JH Mandel, EC Rich, MG Luxenberg, MT Spilane, DC Kern y TA Parrino, "Preparación para la práctica en medicina interna: Un estudio de diez años de graduados residentes", *Archives of Internal Medicine* 148, núm. 4 (1988): 853–56; Kazuya Nakayachi, Branden B. Johnson y Kazuki Koketsu, "Efectos de reconocer la incertidumbre sobre las estimaciones de riesgo de terremotos en las creencias, actitudes e intenciones de los residentes del área de la bahía de San Francisco", *Risk Analysis* 38, núm. 4 (2018): 666-79, https://doi.org/10.1111/risa.12883.

Capítulo 8
Importancia de amoldarse y saber agradar *in situ*

PAG. 146. **Eso mismo fue lo que llevó a Sara Blakely:** Guy Raz, "Cómo una presentación en un cuarto de damas de Neiman Marcus cambió la vida de Sara Blakely", *NPR*, 12 de septiembre de 2016, https://www.npr.org/templates/transcript/transcript.php?storyId=493312213.

PAG. 153. **En una investigación que realicé:** Francesca Gino, Ovul Sezer y Laura Huang, "¿Ser o no ser tu yo auténtico? Satisfacer las preferencias de los demás obstaculiza el rendimiento" (documento de trabajo, Harvard Business School, 2016).

PAG. 157. **En una ocación Aileen Lee, inversionista de capital de riesgo:** Aileen Lee, conversación telefónica con la autora, 17 de julio de 2017.

PAG. 157. **Por cierto, ella es más conocida:** Aileen Lee, "Bienvenido al Club Unicornio: Aprendiendo de las empresas emergentes de miles de millones de dólares", *TechCrunch* (blog), 2013, http://social.techcrunch.com/2013/11/02/welcome-to-the-unicorn-club/.

Capítulo 9
Todos somos diamantes que brillan de infinitas maneras

PAG. 166. **Ya en 1890:** William James, "La percepción de la realidad", en *The Principles of Psychology*, vol. 2 (Nueva York: Henry Holt and Company, 1890), 283–324.

PAG. 166. **A medida que los investigadores adquirían más claridad:** Gordon W. Allport, "El ego en la sicología contemporánea", *Psychological Review* 50, núm. 5 (1943): 451–78, https://doi.org/10.1037/h0055375; Shelley Duval y Robert A. Wicklund, *A Theory of Objective Self Awareness* (San Diego: Academic Press, 1972); Paul J. Silvia y T. Shelley Duval, "Teoría de la autoconciencia objetiva: Progreso reciente y problemas perdurables", *Personality and Social Psychology* 5, núm. 3 (2001): 230–41, https://doi.org/10.1207 / S15327957PSPR0503_4; Robert A. Wicklund, "Autoconciencia objetiva", en *Avdances in Experimental Social Psychology*, vol. 8, ed. Leonard Berkowitz (San Diego: Academic Press, 1975), 233–75, http://www.sciencedirect.com/science/article/pii/S006526010860252X.

PAG. 167. **La ciencia tiene su propia versión:** Isabel Briggs Myers, Mary H. McCaulley, Naomi L. Quenk y Allen L. Hammer, *MBTI Manual: A Guide to the Development and Use of the Myers-Briggs Type Indicator*, 3rd ed. (Palo Alto, CA: Consulting Psychologists Press, 2003).

PAG. 167. **De hecho, pruebas como la de MBTI:** Robert R. McCrae y Paul T. Costa, "Reinterpretación del indicador de tipo Myers-Briggs desde la perspectiva basada en los cinco factores del modelo de personalidad", *Journal of Personality* 57, núm. 1 (1989): 17–40.

PAG. 167. **Utilizamos pruebas como MBTI:** John M. Digman, "Estructura de la personalidad: Surgiendo del modelo de los cinco factores", *Annual Review of Psychology* 41, núm. 1 (1990): 417–40, https://doi.org/10.1146/annurev.ps.41.020190.002221; Boele De Raad, *The Big Five Personality Factors: The Psycholexical Approach to Personality* (Ashland, OH: Hogrefe & Huber, 2000); Jerry S. Wiggins, ed., *The Five-Factor Model of Personality: Theoretical Perspectives* (Nueva York: Guilford Press, 1996); John A. Johnson, "Aclaración del factor cinco con la ayuda del modelo AB5C", *European Journal of Personality* 8, núm. 4 (1994): 311–34, https://doi.org/10.1002/per.2410080408; Colin G. DeYoung, Lena C. Quilty y Jordan B. Peterson, "Entre caras y dominios: 10 aspectos de los cinco grandes", *Journal of Personality and Social Psy-*

chology* 93, núm. 5 (2007): 880–96, https://doi.org/10.1037/0022/3514.93.5.880; Colin G. DeYoung, Bridget E. Carey, Robert F. Krueger y Scott R. Ross, "Diez aspectos de los cinco grandes en el inventario de personalidad para DSM-5", *Personality Disorders* 7, núm. 2 (2016): 113–23, https://doi.org/10.1037/per0000170; Michael C. Ashton, Kibeom Lee, Lewis R. Goldberg y Reinout E. de Vries, "Factores de personalidad de orden superior: ¿existen?", *Personality and Social Psychology Review* 13, núm. 2 (2009): 79–91, https://doi.org/10.1177/1088868309338467.

PAG. 168. **"Seamos una versión de primera calidad…"**: Judy Garland, "Judy Garland Quotes", BrainyQuote, https://www.brainyquote.com/quotes/judy_garland_104276.

PAG. 170. **En cambio, tenemos el poder:** D. Scott DeRue, Susan J. Ashford y Natalie C. Cotton, "Asumiendo el manto: Revelando el proceso mediante el cual los individuos internalizan la identidad de un líder", en *Exploring Positive Identities and Organizations: Building a Theoretical and Research Foundation*, ed. Laura Morgan Roberts y Jane E. Dutton, *Organization and Management* Series (New York: Psychology Press, 2009).

PAG. 171. **Ella es cofundadora de una organización:** Ashley Edwards, conversaciones con la autora, 26 de abril de 2018 y 16 de mayo de 2018.

PAG. 175. **Ashley se dio cuenta que, al aceptar:** Allen R. McConnell, "El marco de múltiples aspectos del yo: Representación del concepto del yo y sus implicaciones", *Personality and Social Psychology Review* 15, núm. 1 (2011): 3–27, https://doi.org/10.1177/1088868310371101.

PAG. 175. **De hecho, la autoconciencia:** David M. Buss y Michael F. Scheier, "Autoconciencia, *autoconciencia y autoatribución*", *Journal of Research in Personality* 10, núm. 4 (1976): 463–68, https://doi.org/10.1016/0092-6566(76)90060-X; Fred Rothbaum, John R. Weisz y Samuel S. Snyder, "Cambiando el mundo y cambiando el yo: Un modelo de dos procesos de control percibido", *Journal of Personality and Social Psychology* 42, núm. 1 (1982): 5–37.

PAG. 175. **Como escribió William James:** William James, *The Principles of Psychology*, vol. 1 (New York: Henry Holt and Company, 1890), 294.

PAG. 175. **Llegamos a conocernos a nosotros mismos:** Herbert Blumer, *Symbolic Interactionism: Perspective and Method* (Berkeley, CA: University of California Press, 1986); Joel M. Charon, *Symbolic Interactionism: An Introduction, an Interpretation, an Integration* (Englewood Cliffs, Nueva Jersey: Prentice-Hall, 1979), https://trove.nla.gov.au/version/45014982.

PAG. 176. **Unos meses después:** Ashton Kutcher, conversación con el autor, Turner Social Impact Executive Speaker Series de Wharton Social Impact Initiative's Lauren y Bobby, Filadelfia, 10 de octubre de 2013.

Capítulo 10
Convirtiendo cambios, sesgos y estereotipos a tu favor

PAG. 189. **La clásica investigación sobre percepción social:** Mark Snyder, Elizabeth Decker Tanke y Ellen Berscheid, "Percepción social y comportamiento interpersonal: Sobre la naturaleza autocumplida de los estereotipos sociales", *Journal of Personality and Social Psychology* 35, núm. 9 (1977): 656–66, http://dx.doi.org/10.1037/0022-3514.35.9.656; Penelope J. Oakes, S. Alexander Haslam y John C. Turner, *Stereotyping and Social Reality* (Oxford, Reino Unido: Blackwell, 1994).

PAG. 189. **Los sicólogos Mahzarin Banaji y Brian Nosek:** Irene V. Blair y Mahzarin R. Banaji, "Procesos automáticos y controlados en la preparación de estereotipos", *Journal of Personality and Social Psychology* 70, no. 6 (1996): 1142–63, https://doi.org/10.1037/0022-3514.70.6.1142; Anthony G. Greenwald, Mahzarin R. Banaji y Brian A. Nosek, "Los efectos estadísticamente livianos de la prueba de asociación implícita pueden tener efectos socialmente grandes", *Journal of Personality and Social Psychology* 108, núm. 4 (2015): 553–61, https://doi.org/10.1037/pspa0000016.

PAG. 193. **"Les pregunto si alguna vez…"**: Cyrus Habib, entrevista con moderadores, Cafe Change Summit, Nueva York, 26 de abril de 2018.

PAG. 194. **"Aprovecho la oportunidad para caminar con ellos"**: Ibid.

PAG. 194. **Y eso le ha permitido a Cyrus:** Mike Baker, "La historia de la vida impulsa a un legislador ciego", Seattle Times, 10 de marzo de 2013, https://www.seattletmes.com/seattle-news/life-story-drives-blind-lawmaker/.

PAG. 195. **Paul Graham:** Alyson Shontell, "El startup Titan Paul Graham explica por qué dijo que los fundadores con acentos fuertes obtienen peores resultados", *Business Insider*, 27 de agosto de 2013, https://www.businessinsider.com/paul-graham-on-startup-founders-with- thick-foreign-accents- 2013 8.

PAG. 196. **Y dio la casualidad:** Huang, Frideger y Pearce, "Habilidad política".

PAG. 197. **Cuando se confronta el sesgo:** Elizabeth S. Focella, Meghan G. Bean y Jeff Stone, "Confrontación y más allá: Examinando el uso de una estrategia de reducción de prejuicios por parte de un objetivo estigmatizado", *Social & Personality Psychology Compass,* núm. 2 (2015): 100–14, https://doi.org/10.1111/spc3.12153; Patricia G. Devine, "Estereotipos y prejuicios: Sus componentes automáticos y controlados", *Journal of Personality and Social Psychology* 56, núm. 1 (1989): 5–18, https://doi.org/10.1037/0022-3514.56.1.5; James L. Hilton y William von Hippel, "Estereotipos", *Annual Review of Psychology* 47, núm. 1 (1996): 237–71, https://doi.org/10.1146/annurev.psych.47.1.237; Crystal Fleming, Michèle Lamont y Jessica Welburn, "Los afroamericanos responden a la estigmatización: Los significados y la prominencia de confrontar, desviar el conflicto, educar a los ignorantes y 'manejar el yo'", *Ethnic and Racial Studies* 35, núm. 3 (2012): 400–17.

PAG. 197. **Los sicólogos Alexander Czopp:** Alexander M. Czopp, Margo J. Monteith y Aimee Y. Mark, "Defendiendo un cambio: Reducir el sesgo a través de la confrontación interpersonal", *Journal of Personality & Social Psychology* 90, núm. 5 (2006): 784– 803, https://doi.org/10.1037/0022-3514.90.5.784.

PAG. 198. **Reconoce y adáptate:** John Szramiak, "Plan de 10 puntos para invertir como Charlie Munger", *Business Insider,* 26 de octubre de 2016, https://www.businessinsider.com/10-point-plan-to-invest-like-charlie-munger-2016-10.

PAG. 198. **Cuando Dawn Fitzpatrick:** Alexandra Stevenson y Kate Kelly, "Los hombres apuestan que ella fracasará. Ahora administra un fondo de $26 mil millones de dólares", *The New York Times*, 8 de abril de 2017, https://www.nytimes.com/2017/04/08/business/dealbook/george-soros- dawn-fitzpatrick- american-stock- exchange.html; Dawn Fitzpatrick, entrevistado por S. Ruhle y M. Miller, *Bloomberg Television*, 26 de junio de 2014; Julie Segal, "Dawn Fitzpatrick deja UBS para trabajar en Soros CIO", *Institutional Investor*, 1 de febrero de 2017, https://www.institutionalinvestor.com/article/ b1505q22yk2j2m/dawn- fitzpatrick- leaves-ubs-for-soros-cio-job.

PAG. 199. **Claramente, hay momentos únicos en el tiempo:** Ibid.

PAG. 199. **En mi investigación, y en la investigación:** David Willer, Michael J. Lovaglia y Barry Markovsky, "Poder e influencia: Un puente teórico", *Social Forces* 76, núm. 2 (1997): 571– 603, https://doi.org/10.1093/sf /76.2.571; Linda L. Carli, "Género, poder interpersonal e influencia social", *Journal of Social Issues* 55, núm. 1 (1999): 81–99, https://doi.org/ 10.1111 / 0022- 4537.00106; Huang y Knight, "Recursos y relaciones en el emprendimiento empresarial".

PAG. 199. **No es algo malo, ni bueno:** Steven L. Blader y Ya Ru Chen, "Diferenciando los efectos del estatus y el poder: Una perspectiva de la justicia", *Journal of Personality and Social Psychology* 102, núm. 5 (2012): 994–1014, https://doi.org/10.1037/a0026651.

PAG. 199. **…con la interdependencia cooperativa:** Harold H. Kelley y John W. Thibaut, *Interpersonal Relations: A Theory of Interdependence* (Nueva York: John Wiley & Sons, 1978).

Capítulo 11
Enmarcando tus percepciones y capacidades a tu manera

PAG. 207. **Descubrí que los emprendedores:** Huang, "Una teoría de la intuición del inversor".

PAG. 208. **Por ejemplo, Melissa Cardon:** Melissa S. Cardon, Joakim Wincent, Jagdip Singh y Mateja Drnovsek, "La naturaleza y la experiencia de la pasión empresarial", *Academy of Management Review* 34, núm. 3 (2009): 511– 32, https://doi.org/10.5465/AMR.2009.40633190.

PAG. 208. **La influencia de tal pasión:** Xiao-Ping Chen, Xin Yao y Suresh Kotha, "Pasión y preparación de los empresarios en presentaciones de planes de negocios: Un análisis persuasivo de las decisiones de financiamiento de los capitalistas de riesgo", *Academy of Management Journal* 52, núm. 1 (2009): 199-214, https://doi.org/10.5465/amj.2009.36462018; Robert A. Baron, "El papel del afecto en el proceso empresarial", *Academy of Management Review* 33, núm. 2 (2008): 328–40; Antonio Damasio, "Sentimientos de la emoción y el yo", *Annals of the New York Academy of Science* 1001, núm. 1 (2003): 253–61, https://doi.org/10.1196/annals.1279.014;

Norbert Schwarz y Gerald L. Clore, "El estado de ánimo como información: 20 años después", *Psychology Inquiry* 14, núms. 3–4 (2003): 296– 303, https://doi.org/10.1080/1047840X.2003.9682896.

PAG. 209. **Este tipo de "efecto de foco":** Thomas Gilovich, Victoria Husted Medvec y Kenneth Savitsky, "El efecto de foco en el juicio social: Un sesgo egocéntrico en estimaciones de la prominencia de las acciones y apariencia propias", *Journal of Personality and Social Psychology* 78, núm. 2 (2000): 211-22; Thomas Gilovich y Kenneth Savitsky, "El efecto de foco y la ilusión de transparencia: Evaluaciones egocéntricas de cómo otros nos ven", *Current Directions in Psychological Science* 8, núm. 6 (1999): 165–68, https://doi.org/10.1111 /1467-8721.00039; Thomas Gilovich, Justin Kruger y Victoria Husted Medvec, "Revisión del efecto de foco: Sobreestimación de la variabilidad manifiesta de nuestras acciones y apariencia", *Journal of Experimental Social Psychology* 38, núm. 1 (2002): 93–99, https://doi.org/10.1006/jesp.2001.1490.

PAG. 215. **…en las mujeres que se desenvuelven:** Hannah-Hanh Nguyen y Ann Marie Ryan, "¿Afecta la amenaza estereotipada el rendimiento de las pruebas de minorías y mujeres? Un metaanálisis de evidencia experimental", *Journal of Applied Psychology* 93, núm. 6 (2008): 1314–34, http://dx.doi.org/10.1037/a0012702.

Capítulo 12
Dos puntos marcan una trayectoria

PAG. 221. **…la trayectoria de un académico:** Barry Yeoman, "Aprendices académicos: ¿sigue siendo un ideal?" Barry Yeoman: Journalist (blog), 1 de mayo de 1999, https://barryyeoman.com/1999/05/academic-apprentices-still-an-ideal/; Karen Forbes, "La experiencia del doctorado como aprendizaje en la academia", FERSA University of Cambridge Blog, 9 de marzo de 2018, https://fersacambridge.com/2018/03/09/the-phd-experience-as-an-apprenticeship-into-academia.

PAG. 229. **Existen muchas trayectorias diferentes:** Daniel Bertaux y Martin Kohli, "El enfoque de la historia de la vida: Una visión continental", *Annual Review of Sociology* 10, núm. 1 (1984): 215–37, https://doi.org/10.1146/annurev.so.10.080184.001243; Stephanie Taylor y Karen Littleton, "Biografías en conversación: Un enfoque de investigación narrativo-discursivo", *Qualitative Sociology Review* 2, núm. 1 (2006): 22–38.

PAG. 233. **El mundo puede ser cruel:** Dave Dahl, conversación con el autor, ENIAC VC M1 Summit, San Francisco, 15 de noviembre de 2016.

234 **Recuerda que el 75%:** Lolly Daskal, "Cómo ser más resiliente cuando las cosas se ponen difíciles", *Inc.*, 9 de abril de 2015, https://www.inc.com/lolly-daskal/how-to-be-more- resilient-when-things-get-tough.html.

Notas

Introducción

1. No tengo idea de por qué le parecí tan graciosa, pero hay investigaciones sobre la imitación que sugieren que, en situaciones de incertidumbre, las personas que tenemos frente a nosotros reflejan nuestros comportamientos y acciones, así que creo que eso fue lo que ocurrió.

2. A veces, he solicitado cambiar el nombre de "habilidades blandas" por "habilidades esenciales" o incluso por "habilidades empoderantes" por esta precisa razón, porque, siendo realista, no es posible tener éxito sin ellas.

3. De quien, dicho sea de paso, descubrí que era en realidad un despiadado hombre de negocios que robaba ideas de la gente y las reclamaba como propias.

Capítulo 1

1. Aunque, siendo honesta, a veces, esta frase me hace sentir como una perdedora.

2. La versión original, la de 1984, —la única versión en lo que a mí respecta.

3. Aunque, siendo honesta, a veces, esta frase me hace sentir como una perdedora.

4. También me encanta *Slumdog Millionaire* (2009), la película en la que un chaiwala (persona encargada de preparar, servir o vender té), un huérfano

analfabeto de los suburbios de la India, está a punto de ganar el premio final en un popular programa de televisión.

5. Gracie Gold fue la tercera mujer estadounidense seleccionada para hacer parte del equipo y ocupó el primer lugar en los campeonatos nacionales.

6. Y para que conste, no estoy sugiriendo ningún trasfondo aquí sobre las porristas. De hecho, fui porrista en la escuela secundaria.

7 De esta manera, las percepciones y los sesgos también oscilan en un péndulo continuo de gravedad, donde pueden tener repercusiones extremadamente críticas y graves. Otro ejemplo: las mujeres negras tienen de tres a cuatro veces más probabilidades que las mujeres blancas de morir por causas relacionadas con el embarazo, debido a que se percibe que ellas tienen una mayor tolerancia al dolor. Por lo tanto, es frecuente que se les recetan menos analgésicos que a las pacientes blancas que presenten las mismas quejas y es menos probable que reciban los procedimientos avanzados más adecuados.

Capítulo 2

1. En un solo año, diferentes nominadores pueden proponer a la misma persona. Un solo nominador también puede proponer a varias personas.

2. Esta idea siempre me recuerda a una calcomanía que una amiga mía tiene en su auto que dice: "La mamá más buena del mundo".

3. Uno de los consejos más impopulares que les doy a los estudiantes es este: "Si tu idea depende de alguna manera de la tecnología, tú tienes que ser un experto en tecnología. Eso no quiere decir que tengas que volver a la universidad y especializarte en informática. Pero sí sería aconsejable que tomes un curso intensivo en programación. Si la parte de la 'obra maestra' de tu idea se basa en algo de lo que no eres el maestro, y no puedes tomar ni siquiera un curso intensivo de cuatro horas, lo más probable es que ese no sea el plan más indicado para ti. Al final, no tendrás ninguna ventaja".

4. Por cierto, ¿alguien sabe cuál fue la primera empresa de Richard Branson? Una editorial. Descubrí que su primer amor es la poesía. Branson escribía poemas y los enviaba a revistas tratando de publicarlos. Y lo rechazaban. Así que decidió empezar su propia revista, donde él mismo decidiría qué se publicaba y qué no. Fue así como publicó sus poemas y los de otros.

5. Por supuesto que es un sarcasmo.

Capítulo 3

1. Ni siquiera podría describirles cómo llegar allí, ya que no tienen señal, ni teléfono, ni horarios publicados y, por lo que sé, nunca han sido calificados en ninguna plataforma de Yelp, ni de alguna otra manera; esto sin mencionar que tuve que hablar con ellos en mi dialecto taiwanés nativo, ya que su inglés es casi inexistente y su mandarín es inestable. Pero si quieres probar, están a unos cinco minutos a pie de la estación de metro Guting en Taipei.

2. O, por lo menos, la que la mayoría de los expertos de la industria consideraba una computadora portátil, porque se podía transportar de un lado a otro.

3. La abreviatura "PC" significaba "computadora personal", lo que hizo que IBM fuera la responsable de popularizar el término.

4. Curiosamente, los juegos de la vieja escuela como Solitario y Buscaminas se incluyeron en las primeras computadoras personales con un propósito distinto. Según los informes, ambos juegos fueron diseñados para enseñarles a las personas las habilidades que ellas necesitarían usar y con el fin de que se familiarizaran con la mayor facilidad posible con las nuevas PCs. El propósito del Solitario, por ejemplo, era mostrar cómo usar un mouse y cómo arrastrar y soltar, como ocurre con las cartas del juego. El Buscaminas también fue diseñado para afianzar el uso del mouse y, más que todo, para que los usuarios se adaptaran al concepto de hacer clic con el botón derecho y con el botón izquierdo.

Capítulo 4

1. Me intrigó saber que los *coolers* son personas que se cree que están empleadas por los casinos para mezclarse entre la gente y cambiar un poco el ritmo de las cosas, apostando con los jugadores que están en una buena racha. Existen debates sobre si ellos existen realmente.

2. Años después, en un estudio asombroso, Sonia Kang, Katherine DeCelles, András Tilcsik y Sora Jun nos proporcionaron la prueba que necesitábamos, pues descubrieron que hasta el 40% de los solicitantes de empleo pertenecientes a las minorías "modifica" su currículum adoptando nombres anglosajones y camuflando de alguna forma su raza con tal de evitar evaluaciones sesgadas que obstaculicen su contratación.

3. La única excepción fue hace unos años, con un equipo de estudiantes particularmente fascinante que regresó a clase sin haber obtenido ganancia alguna. ¿Cómo explicaron esto ellos en su presentación? Tan limitados por la restricción de contar con apenas $5 dólares, no lograron ponerse de acuerdo

sobre una idea en la que todos creyeran que les generaría una ganancia, así que decidieron centrarse en el concepto de "calidad de vida" y no en el de "cantidad de ganancias". Entonces, utilizaron los $5 dólares para hacer una cita romántica con sus seres queridos. Pero incluso después de decidir que eso sería lo que ellos harían, aun así lucharon contra una limitación consistente en que, por $5 dólares, tendrían que decidir: "Bien puedes obsequiarle a tu chica dos flores compradas en una floristería o puedes comprar un pollo asado entero". (Sí, el pollo asado costaba $5 dólares en Costco, y sí, ese pollo significaba que tendrían comida para *todos*).

4. Las mujeres, en particular, caen con mayor frecuencia en esta trampa, aunque se ha descubierto que más del 40% de los hombres no se veía a sí mismo cumpliendo con las credenciales necesarias y, por lo tanto, no se molestó en postularse para un trabajo que le habría caído de perlas.

5. La carrera de Le Mans de 24 horas consecutivas, que es la carrera de autos deportivos más antigua del mundo, se celebra anualmente desde 1923, cerca de la ciudad de Le Mans, Francia, y se considera una de las carreras de automóviles más prestigiosas del mundo. Le Mans representa una etapa de la Triple Corona del Automovilismo, además de las 500 Millas de Indianápolis y el Grand Prix de Mónaco.

Capítulo 5

1. En los Estados Unidos, llama al 1-800-799-SAFE (7233), la línea directa nacional contra la violencia doméstica.

2. Gracias, Brent, David y Rajshree. Me siento en deuda con ustedes.

3. No quiero decir que un tipo diferente de sesgo no sea un factor en estos casos, y ahí es donde las cosas se complican, porque subyacente en nuestro instinto está el potencial para generar la desventaja sistemática de los demás. También debemos estar atentos a esta posibilidad.

4. Me han dicho que el programa está de nuevo al aire. En una reinvención de la clásica serie de acción y aventuras que recuerdo con tanto cariño, MacGyver trabaja para una organización gubernamental clandestina camuflándose entre un grupo de expertos.

5. Otro ejemplo maravilloso de combinación de patrones e innovación también proviene del mundo del ciclismo. ¿Alguna vez te has preguntado por qué la barra de marca PowerBar tiene esa textura masticable, pegajosa, casi gomosa, y por qué su textura es tan diferente a la de las otras barras que hay en el mercado? La historia cuenta que a los inventores de PowerBar les resultó

bastante molesto tener que averiguar qué hacer con las barras de granola que llevaban en los paseos en bicicleta. Tenían que abrir la envoltura y le daban un mordisco solo para después tener que averiguar qué hacer con el resto de la barra de granola si querían guardarla para más tarde. Entonces, fueron a su cocina y desarrollaron la primera formula para obtener su PowerBar. Allí, notaron que, con una textura espesa y pegajosa, podrían abrir la envoltura y darle un mordisco a la barra, luego, envolverla y ponerla alrededor del manubrio y seguir montando en bicicleta otro rato más. luego, cuando volvieran a tener hambre, podían despegarla del manubrio y darle otro mordisco y envolver el resto alrededor del manubrio una vez más. Un poco caricaturesco y al la vez magníficamente innovador.

6. Por ejemplo, aprendí que aunque el consejo que me habían dado era basarme en el trabajo de los demás y no optar por un tema que fuera "demasiado controversial", mi patrón era el opuesto: la controversia llevó al interés y este al logro.

7. De nuevo, estas eran tendencias y patrones que nunca hubiera intuido de otra manera. Caso en cuestión: cuando colaboré con aquellos que eran reconocidos como estudiosos prolíficos y expertos en cómo publicar lo hice mucho peor que cuando colaboré con compañeros que, como yo, todavía estaban tratando de entender cómo hacerlo.

8. La definición formal de impresión 3D: consiste en un proceso para hacer un componente depositando una primera capa de un material poroso fluido y después un material aglutinante; estos pasos se repiten según sea necesario hasta que se elimine el material no unido y se obtenga un producto final.

Capítulo 6

1. En caso de que tengas curiosidad, la paleontología es el estudio de los fósiles, en tanto que la arqueología es el estudio de artefactos y restos humanos; la paleontología se ocupa de la vida en el entorno geológico del pasado, como fósiles de animales y plantas, mientras que la arqueología se centra más en el estudio de los restos de los seres humanos y sus culturas pasadas.

Capítulo 7

1. Él ha comentado varias veces lo graciosos que le resulta que yo sienta tanto aprecio por el trabajo de Tatiana. De hecho, durante nuestras discusiones, ha logrado convencerme de que me ponga de su lado con solo hacerse pasar por ella con tal de hacerme sonreír.

2. Podría seguir y seguir comentando sobre Tatiana y su brillante método, explicando cómo le está enseñando a mi hija sobre autoconfianza: "¿Eres un caballo o un burro? Porque estás tocando como si fueras un burro. Por favor, anímate como si fueras un caballo majestuoso y entonces la gente te verá como un caballo majestuoso". O cómo le está enseñando sobre la importancia de los fundamentos: "Al tocar, debes practicar la 'posición abierta' todos los días. Recuérdalo, es todos los días. Es como tomar tu medicina. Es lo principal en la interpretación del violín. Como tu familia, que es lo principal en tu vida".

3. Y hablando de improvisación reflexiva, como una cosa lleva a otra y luego a otra, Ziv Carmon, el profesor de marketing que estuvo guiándonos a lo largo de la discusión en clase sobre los lentes de contacto para pollos, me envió un correo electrónico después de clase ese día, contándome que estaba buscando un asistente de investigación y quería saber si yo estaba interesada en serlo. Esta oportunidad me llevó a trabajar con él, así como con otra profesora de marketing llamada Jill Klein, lo cual me llevó a la academia y a mi trabajo actual. También en la clase ese día estaba un estudiante llamado Chris Evdemon, quien se convirtió en un querido amigo, ese mismo querido amigo que me llevó al mundo del emprendimiento y la inversión en empresas emergentes, lo que a su vez me llevó a mi trabajo relacionado con el tema de este libro. Y Robert, el compañero "granjero" que con entusiasmo compró mis lentes de contacto para sus pollos, era Robert Dunnigan, quien también se convirtió en un gran amigo y me condujo hacia la lectura de algunos de los libros más profundos que cambiaron mi forma de pensar sobre el éxito, mi trabajo y la importancia de saber construir una ventaja a nuestro favor.

Capítulo 9

1. Yo soy tipo ISFJ (según su sigla en inglés), por ejemplo, y ya que estamos en el tema, mi esposo es ENTP (según su sigla en inglés), que es todo lo opuesto a mí, lo cual hace que las cosas sean interesantes, te lo digo yo. A menudo, cuando no estamos de acuerdo, me apresuro a señalarle que debería dejar de ser del tipo "pensador" y tratar de ser más del tipo "sensible". Pero nunca funciona de ese modo. Ni una sola vez.

2. (Incluso fuera del matrimonio)

3. E incluso si miramos otros modelos de personalidad más validados, nos corresponde recordar que los rasgos de personalidad están en continuo desarrollo. Si asumimos que uno puede obtener una puntuación alta, media o baja en cualquier dimensión de la personalidad, ¡entonces tenemos 243 (3^5) tipos diferentes de personalidades en las que estamos tratando de influir y a las cuales adaptarnos! Eso es solo teniendo en cuenta los "cinco grandes"

rasgos de personalidad —pues si observamos el modelo de los rasgos de la personalidad BFAS 10, obtendremos 59.049 (3^{10}) tipos de personalidad—. O como señaló mi amigo el sicólogo Scott Barry Kaufman: "Si queremos volvernos realmente locos, podemos evaluarnos utilizando el modelo de personalidad AB5C, que tiene 45 rasgos de personalidad en total. Eso nos da 2.954.312.706.550.833.698.643 tipos de personalidad.

4. Pero es curioso cómo funcionan las cosas. Debo decir con toda sinceridad que el Sr. Heine fue el mejor profesor de matemáticas que he tenido y le estaré agradecida hasta el final de mis días por lo que me enseñó.

Capítulo 10

1. Por ejemplo, en algún momento de mi vida puede que yo, como candidata a un cargo, haya o no haya dicho: "No asuma que yo soy mala en ingeniería solo porque soy mujer" o "¿Cree que soy una mala conductora, porque soy asiática?".

2. Todo el tiempo, aunque teniendo cuidado de no caer en repeticiones banas, no fuera que resultaran contraproducentes y que los estudiantes comenzaran a pensar que soy demasiado prevenida en cuanto a las percepciones negativas. No quería dar la impresión de "estar insistiendo demasiado en lo mismo", por así decirlo.

Capítulo 12

1. Aunque, en realidad, siento la necesidad de defender mi alma mater. Obtener mi doctorado en UC Irvine es algo de lo que nunca me arrepentiré y por lo que siempre estaré agradecida. Fue el mejor campo de entrenamiento que pude haber tenido. No cambiaría mis experiencias, ni mi educación allí por nada. Cada persona con la que trabajé en UC Irvine contaba con todo mi aprecio y mis respetos y nunca dejará de ser así. Aquel fue un entorno enriquecedor. Y además, creo que no hace falta decir que mi asesora es absolutamente incomparable. Ojalá cada estudiante de doctorado tenga la oportunidad de trabajar con una profesional tan desinteresada, talentosa y dedicada como ella.

2. Perfecto para alguien con la dieta Paleo, si no fuera por la parte del pan…

www.ingramcontent.com/pod-product-compliance
Lightning Source LLC
Chambersburg PA
CBHW030513080526
44586CB00011B/170